中国农业产业化经营组织演进研究

高 杰 著

科学出版社

北 京

内 容 简 介

农业产业化经营组织的完善是转变农业发展方式、实现农业转型升级的组织基础和必要条件。农业产业化经营组织的演进是遵循内在规律的客观过程，只有在掌握并尊重这一内在规律的基础上才能在实践中有效推进农业产业化经营组织的发展。因此，本书以马克思主义为指导思想，广泛吸收演化经济学、制度经济学以及新古典经济学的理论知识和研究方法，深入剖析农业产业化经营组织的演进过程，总结农业产业化经营组织演进的基本路径和历史规律，以期为我国的农业产业化建设提供可以借鉴的理论成果，为促进农业生产方式转变提供有价值的理论探索和政策建议。

本书理论联系实际，对科研、政策制定具有指导意义，可为农村经济领域学者和科研工作者提供理论借鉴，也可为政府决策制定部门提供参考。

图书在版编目(CIP)数据

中国农业产业化经营组织演进研究 / 高杰著. — 北京：科学出版社，2017.4

ISBN 978-7-03-052554-3

Ⅰ.①中⋯ Ⅱ.①高⋯ Ⅲ.①农业产业化-经营管理-研究-中国 Ⅳ.①F320.1

中国版本图书馆 CIP 数据核字（2017）第 080851 号

责任编辑：张 展 孟 锐 / 责任校对：王 翔
责任印制：罗 科 / 封面设计：墨创文化

科 学 出 版 社 出版

北京东黄城根北街16号
邮政编码：100717
http://www.sciencep.com

成都锦瑞印刷有限责任公司印刷
科学出版社发行 各地新华书店经销

*

2017 年 4 月第 一 版 开本：B5（720×1000）
2017 年 4 月第一次印刷 印张：11 1/4
字数：230 千字
定价：65.00 元
（如有印装质量问题，我社负责调换）

前　　言

　　20 世纪 80 年代，以"公司＋农户"为主要形式的农业产业化经营组织在多地农村悄然出现，标志着我国农业产业化经营进程的启动。经过三十多年的发展，农业产业化经营组织在全国农业经营中迅速涌现，并通过不断演进逐渐走向成熟。农业经营主体组织化程度的提高不仅有效地提高了我国农业的经营效率，也化解了家庭联产承包责任制改革后我国农业中长期存在的"大市场、小农户"的矛盾，改变了农户的弱势地位，有力地保障了农民的经济利益，为我国农业生产方式的转变和农业的转型升级奠定了坚实的基础。

　　随着农业产业化经营的不断推进，相关研究也呈增加趋势，出现大量具有理论和现实意义的研究成果，但对农业产业化经营组织演进过程和规律的研究却相对较少，无法从理论角度对我国农业产业化经营组织的发展给予支持。由于缺少理论指导，在我国农业产业化经营组织发展的过程中出现了忽略组织演进客观规律、盲目推进、严重侵害农户经营自主权和经济利益的情况。农业产业化经营组织的演进是遵循内在规律的客观过程，只有在掌握并尊重这一内在规律的基础上，才能在实践中有效推进农业产业化经营组织的发展。本书以农业产业化经营组织的演进为研究对象，通过构建以"环境-行为-组织演进"为基本结构的分析框架，对我国农业产业化经营组织从形成、成长到成熟的演进过程和机理进行系统研究，以期为我国的农业产业化建设提供可以借鉴的理论成果。

目　　录

第1章 绪 论

1.1 研究的理论与现实意义

农业产业化经营组织的演进是我国农业由传统经营方式向现代经营方式转变的微观基础和重要内容。在尊重客观规律的基础上推进农业产业化经营组织的演进，有利于加快转变农业经营方式、改变农民的市场弱势地位、促进农村经济发展，因此，中央多次强调要"推动家庭经营向采用先进科技和生产手段的方向转变，推动统一经营向发展农户联合与合作，形成多元化、多层次、多形式经营服务体系的方向转变"以"提高农业生产经营组织化程度"。

但是，在我国农业产业化发展的实践过程中，出现了强制农户与企业联合的"拉郎配"及强制农户加入合作组织的现象，不仅损害了农户的经济利益，还人为地干扰了组织演进的正常秩序和进程。而上述问题出现的主要原因在于理论发展滞后于现实，在农业产业化如火如荼发展的同时，相关理论的研究，特别是与农业产业化经营组织演进规律相关的研究却略显乏力，虽然已有部分颇具价值的研究成果，但就总体而言，这一领域的研究尚缺少规范的分析逻辑和理论基础，大部分研究仅限于"经验规律"性研究，而真正深入现象背后，探求农业产业化经营组织演进过程中"因果必然性规律"的研究并不多见。

随着农业产业化进程的加快，对于农业产业化经营组织的研究应更加系统、深入，不仅需要明确相关概念的含义、论证提升农业组织化的意义，更重要的是，要更加深入地把握农业产业化经营组织演进的原因、动力及规律，把握农户、企业及政府在这一过程中的作用和地位。因此，对农业产业化经营组织分析的重点和核心应在于结合我国农业发展实践，系统探索和研究农业产业化经营组织从形成、成长直至成熟的演进过程，归纳出农业产业化经营组织演进的深层次规律，为我国农业组织化提供系统的理论指导和政策建议。

对农业产业化经营组织演进的研究对于丰富和完善我的农业产业化理论体系也有着重要的意义。从20世纪80年代开始，伴随着农业产业化进程的启动，我国理论界开始出现关于农业产业化经营的相关研究；在90年代，农业产业化经营进入迅速发展期，相关研究成果也大量涌现，出现农业产业化理论研究的热潮；进入21世纪以后，随着经济学的发展，许多学者开始从新的理论视角分析和研究农业产业化问题，进一步拓展和深化了我国的农业产业化理论。但是，在我国农业产业化理论体系中，关于农业产业化经营组织的相关研究相对较少，对于产业化经营组织演进的分析大多停留于对组织演进过程的描述上，缺少系统性的分析。因此，采用科学的研究方法构建起规范的研究框架，对农业产业化经营组织的演进过程及演进规律进行系统性的研究，从中归纳和总结出我国农业产业化经营组织演进的规律，这对于完善农业产业化理论体系具有重要的理论价值和意义。

1.2 研究的思路与逻辑框架

本书的研究目的是明确我国农业产业化经营组织演进的过程，并在此基础上总结这一过程的特征和规律，以期在理论上丰富和完善我国农业产业化理论研究，在实践中为推进农业产业化相关政策的制定提供理论参考和政策指导。为了实现上述目标，本书重点解决以下三个问题：①农业产业化经营组织演进分析框架的构建。构建起一个完整的理论框架是本书研究的重要目标，也是全书分析的理论和方法基础。这里需要解答的是如何建立起一个能够科学分析组织演进的理论框架，如何应用这一框架对农业产业化经营组织从诞生到成熟的全过程进行推演和研究。②我国农业产业化经营组织演进阶段和演进方向的梳理。这里需要解答的是如何通过对我国农业产业化发展历程的回顾归纳出产业化经营组织演进的主要阶段，并透过复杂的组织演进表象概括出演进的总体方向和主要的演进节点，为下一步对组织演进的逻辑推演提供明确而简化的研究对象。③农业产业化经营组织演进过程的推演和演进规律的总结，这是本书研究的核心问题和重点内容。这里需要解答如何应用所构建的分析框架分析农业产业化经营组织演进的每一个主要阶段，如何在这一过程中总结出组织演进的规律和特征。

根据研究路线（图1-1），本书第1章为绪论，主要介绍本书的选题背景与选题意义、明确研究路线与逻辑结构、确定研究方法并提出可能的创新点与不足。

第2章是对农业产业化经营组织演进研究理论基础的概述和总结。该章首先对"组织演进"、"农业产业化"、"农业产业化经营组织"等基础概念进行了界定，并对目前研究中经常混淆的几个相似概念进行了对比分析。在此基础上，对西方经济学和马克思主义政治经济学中的组织演进思想进行了概括分析，并对基于交易费用理论、契约稳定性、分工理论及演化理论等不同理论视角下的农业产业化经营组织演进研究成果进行了综述，同时对现有的理论研究作出简要评价。

第3章构建"环境-行为-组织演进"分析框架，并详细介绍这一分析框架的主要内容和内部逻辑结构。该章是后文分析的基础和主要方法，与第2章共同构成了全书的理论和方法基础，首先介绍了新框架构建的思想基础，即马克思的历史唯物主义思想，并从历史唯物主义视角对建构理性主义与演化理性主义进行比较分析，随后对"环境-行为-组织演进"框架的基本逻辑、主要内容和结构层次进行详细介绍。

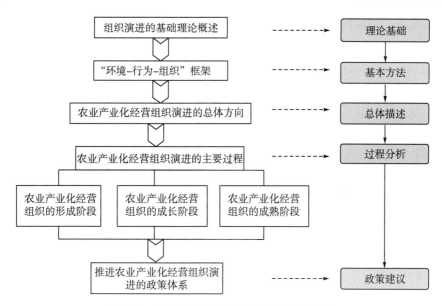

图 1-1　农业产业化经营组织演进的研究路线

　　第 4 章是对我国农业产业化经营组织演进方向及主要组织形式的分析。该章前半部分回顾我国农业产业化经营的源起和发展过程，并对农业产业化经营的发展现状和经营绩效进行理论和实证分析，后半部分是对我国农业产业化经营组织演进方向的概括和总结，从纵向和横向两个角度分析农业产业化经营组织的演进方向，并抽象出我国农业产业化经营组织的演进路径及主要"节点"。第 4 章属于过渡性章节，在全书结构中发挥着重要的作用，同时将农业产业化经营组织演进复杂表象概括为几个重要阶段，并提出每一阶段的代表性组织作为演进过程的"节点"，为后文应用研究框架分析现实中的组织演进提供明确的分析对象，引出了第 5 章至第 7 章的具体分析过程。

　　第 5 章是对我国农业产业化经营组织形成过程的分析。从该章到第 7 章是对"环境-行为-组织演进"分析框架的具体应用，第 5 章以农业产业化经营组织的形成阶段为研究对象，重点分析了农业经营由分散的农户向"公司+农户"组织演进的过程。首先对农业产业化经营组织形成的外部环境进行了分析，然后对特定环境下农户和企业行为及这些行为对组织形成的推动作用进行了分析，在此基础上，总结了农业产业化经营组织的形成路径、特征，以及农户、企业、政府在组织形成过程中的不同地位和作用。

　　第 6 章是对我国农业产业化经营组织发展过程的分析。与第 5 章的分析结构相似，该章也是首先对农业产业化经营组织发展阶段的环境作出实证分析，然后对环境中的主体行为及主体行为对组织演进的推动作用进行了分析。本章重点分析了在"公司+农户"组织向"公司+合作组织+农户"组织演进过程中，农户如何通过横向联合结成合作组织及合作组织与企业间纵向合作关系的建立过程。

　　第7章是对我国农业产业化经营组织演进趋势的分析，实质上是对农业产业化经营组织向成熟阶段演进的分析。该章重点研究下一阶段我国农业产业化经营组织的演进方向及在成熟阶段所表现出的主要组织形式，以农业经营环境变化及主体行为的分析为基础，从横向和纵向两个角度对组织演进趋势作出分析和预测，并指出以合作社、联合社为核心的联结企业与农户的农业准一体化经营组织将是农业产业化经营组织成熟阶段的主要形式。

　　第8章研究的是农业产业化经营组织演进中政策环境如何完善的问题。在分析政府在农业产业化经营组织演进中的作用的基础上，从主体地位、产业政策、公共环境、配套制度体系四个方面提出完善相关政策措施的建议。

第 2 章　农业产业化经营组织演进研究的理论基础

2.1　基　本　概　念

2.1.1　组织演进

1. 组织与制度

1) 组织的内涵和外延

组织是一个内涵丰富的概念，不同研究领域对组织内涵的界定也存在着较大的差异。在社会科学领域中，组织既可以是"过程"，也可以是一种"实体"，作为过程的组织是指按照一定的规则和方式对各要素进行协调，以实现特定的目的程序；作为实体的组织是指各种要素按照一定方式相互联系而成的某种结构。在经济学领域中，对组织研究相对较多的是新制度经济学派，这一学派的学者们大多认同组织本质上是一种契约关系的观点，并从契约安排的角度给出组织的定义。例如，科斯将企业组织定义为用一组关于权威和服从关系的合约结构替代了市场上无数交易契约的结果[1]；张五常补充了科斯的定义，认为企业组织是一种合约安排，市场也是一种合约安排，企业代替市场是一种合约代替了另一种合约[2]；周其仁将组织视为一整套的人力资本和非人力资本的特别合约结构[3]；邓宏图定义的组织是"利益高度相关者的合约选择，它能向作为一个整体的组织成员提供稳定的预期收入流，并足以补偿由于创生组织和运行组织带来的交易成本及其管理成本。"[4]

在对组织内涵进行界定的同时，理论界也给出了组织外延的不同定义。以科斯为代表的新制度学者关注的是企业的特征及其与市场的差异，因此其所称的组织多为企业组织，"组织"与"市场"往往成为两种对立的形式。威廉姆森指出不同交易维度对应着企业、中间组织和市场三种不同的组织类型，提出了与企业、市场相对应的组织形式，但是并没有对其形式进行明确界定。公共选择学派的代表人物布坎南指出，人类社会的组织形态有三种，即纯粹的个人主义行为、私人共同组织的行动、集体行动或政府行动[5]。布坎南虽然从不同层面对组织进行了分类，但是这种分类依据的是行动的成本而非组织自身的特征，并不具有代表性。

本书同意"组织本质上是一种契约关系"的观点，组织是不同主体为实现自身目标而结成的一套契约关系。对于组织所包含的具体形式，本书认为，广义上讲，组织包括一切人类以正式或非正式契约联结而形成的结构，如国际组织、国家、政府、市场、企业、家庭等；狭义上讲，组织包括有统一利益诉求的、以正式契约联结的结构，如政府、企业和各类具有准企业形式的实体（如企业联盟、协会等）。根据研究需要，本书所指的组织为狭义的组织概念。

2）制度的定义

对于制度的研究也是多角度的，如社会学者关注作为准则系统的制度，管理学者关注企业内部运行的规则，经济学者则关注作为协调和治理机制的正式和非正式规则系统。在经济学领域，对制度的定义也是不同的，但是大部分学者都将制度视为法律、规范、规则、习俗、惯例等一切约束社会中主体行为的内容。舒尔茨将制度定义为行为规则，并将制度分为降低交易费用的制度、用于影响生产要素所有者之间配置风险的制度、用于提供职能组织与个人收入流之间联系的制度、用于确立公共品和服务的生产与分配框架的制度[6]；诺思将制度视为"游戏规则"、"博弈规则"，包括"正式的规则、非正式的行为规范及其实施特征"[7]。林毅夫认为制度是人类对付不确定性和增加个人效用的手段，他区分了制度安排与制度结构，指出制度安排是管束特定行动模型和关系的一套行为规则，制度结构就是社会中正式的和不正式的制度安排的总和[8]。斯科特和戴维斯认为，制度是由文化-认知、准则和管制要素及相关的活动与资源构成，制度为社会生活提供稳定性和意义[9]。

3）组织与制度的关系

组织与制度的关系一直是理论长期争论的焦点问题，以诺思为代表的一批学者坚持组织与制度是完全不同的范畴，认为制度是约束社会主体行动的规则，组织是寻利单位，是在一定制度中寻求成员利益的主体。换言之，制度是游戏规则，组织是游戏参与者。"组织获得支持和正当性的程度取决于他们服从当时准则的程度"[9]。在制度变迁过程中，组织是制度变迁的推动者，而非制度变迁本身。而以拉坦为代表的学者们坚持制度与组织的一致性，认为制度概念包含组织的含义，组织内部也有规则，组织是一定范畴内的制度。因此，组织演进也是一种制度变迁。

上述两种观点都反映了制度和组织在某一方面的关系，但是由于组织和制度的概念都包含了社会中主体间的行动关系，所以在很多情况下二者是很难明确区分的。邓宏图指出，"假如从宏观层面看'制度'，制度就是宪政及其宪政逻辑决定的一系列法律。组织作为经济主体受制于'制度环境'，后者构成组织活动的约束条件。但是，从微观层次看，人们甚至把制度定义为一系列的重要组织机构，如政府、大学、公司、基金和宗教组织"[10]。罗必良详细地分析了制度与组织的关系，他从两个角度对组织和制度的关系进行分析：①组织是个体为实现某种目的而建立的具有显著特征的集团，这种集团具有独立的行为准则和规范，这些行为准则和规范是组织的本质特征，从这一角度认识组织，可以说组织是一种制度安排，不同类型的组织是这种制度安排的具体体现；②组织是行动主体，是社会活动中的一种角色，从这个角度上看，组织具备诺思所强调的"行动集团"的含义[11]。

可见，在不同的研究层面，组织和制度间的关系存在差异，在宏观的制度环境中，组织是微观主体，但在微观的组织结构中，又包含着制度安排。本书认为，制度和组织最根本的区别在于制度既是社会行为规则的集合，又指某一集合范围内的具体规则；组织是具有行为能力的不同主体间合约关系的现实载体。"制度是基于对个体之间相互关系进行管理的正式和非正式的规则及限制之上的一个宽泛构架"。"组织是关于个体为追求某些共同目标在特定规则下互动组成的群体，这些特定的规则存在于一般的制度架构之下"[12]。组织行动遵循外部的制度环境和内部的制度安排，同时，组织行动也反过来推动着外部制度环境的变化，组织发展表现为内部制度安排的调整和变革。

2. 组织演进与制度变迁

如果将组织定义为一种契约结构，那么组织演进就是"一种或一整套合约安排替代另一种或另一整套合约安排的过程"[13]。组织演进过程包括组织的形成和发展两大阶段，形成阶段即组织从无到有的诞生过程，发展阶段是组织从一种形态向另一种形态变化的过程，且前后两种形态有本质区别。

制度变迁是新制度经济学研究的核心问题之一，在本章第二部分以综述形式对制度变迁理论进行较为详细的介绍，因此，为说明制度变迁和组织演进间的关系，此处仅介绍两种具有代表性的观点。一是以诺思为代表的制度变迁观点。诺思认为制度变迁是由社会中具有不同意识形态和学习能力的各种组织根据外部条件变化作出行动选择而推动的，组织演进是制度变迁的基础和前提，制度变迁是组织演进的结构[10]。二是以拉坦为代表的制度变迁观点。拉坦将制度和组织等同化，那么他所指的制度变迁概念就包括了组织演进的内容，也就是制度变迁即为组织演进过程。

如前文所述对制度和组织关系的理解相同，本书不赞成将制度变迁与组织演进视为简单的因果或包含关系。制度变迁也包含多个层次的内容，既可以表示整个制度环境的变化，如经济体制变革等；也可以表示某一项或多项具体制度的变化，如法律变更、产权制度变化等。组织演进是组织形态的发展变化，组织内部包含一系列制度安排，那么组织演进本身也就包含着制度变迁，另外，组织演进对外部制度环境产生影响，推动外部制度环境的变迁。因此，组织演进与制度变迁的关系同样难以清晰界定，本书研究的是农业产业化经营组织的演进，主要研究微观农业经营组织的演进过程和规律，因此将制度变迁视为组织演进的外部环境因素，即影响组织演进的变量。

2.1.2　农业产业化

理论界对"农业产业化"这一概念的内涵尚未形成统一的观点，国内外学者从农业产业发展的不同视角给出了各自不同的定义。

国外学者较少提及"农业产业化"这一概念，而是用"农工商综合体"、"农业一体化"等名词表达类似的含义。John M. Davis 和 Roy A. Goldberg 提出了agribusiness 概念，国内译为"农工商综合体"，即农业的生产、加工、运销三方面的综合。Reardon 和 Barren 提出了 agroindustrialization 的概念，指出这一概念主要包括如下内容：①农产品加工、流通和农业投入品的非农供给三方面的增长；②农业食品企业和农业生产部门之间制度安排及组织形式的变化，如部门间垂直协作程度的加深；③农业及相关部门的相应改变，如产品构成、技术、部门和市场结构的变化。Johann Kirsten 认为，如果不考虑各国农业转型过程特征的差异性，agroindustrialization 实际反映的是各国食物体系和纤维体系的重大结构变革，体现了食物体系和纤维体系中农场联合和垂直协调（包括合约联结和一体化形式）的阶段性增加，也包含如加工组织、分配组织和零售组织等更大规模的生产组织通过正式或非正式合约的联合形式。

国内于 20 世纪 90 年代开始出现"农业产业化"的正式提法，1993 年 5 月，潍坊市政府在对山东省农业调研的实践基础上出台了《中共潍坊市委、潍坊市人民政府关于按照农业产业化要求进一步加强地农村社会主义市场经济领导的意见》，首次正式提出"农业产业化"这一概念。《人民日报》的艾丰以社论等形式进一步总结、梳理和丰富"农业产业化"的内涵及意义，他在《论农业产业化》一文中首次明确阐述农业产业化的内涵，认为所谓农业产业化就是以国际和国内市场为导向，以提高经济效益为目的，对农业"实行区域化布局、专业化生产、一体化经营、社会化服务、企业化管理，把产供销、贸工农、经科教紧密结合起来，形成'一条龙'的经营体制"[14]。他还提出，我国实现农业产业化的核心内容就是要在保持土地的家庭承包制及市场经济体制改革大趋势不变的前提下，将分散的农户和越来越大的农产品市场衔接起来。

可见，早期的农业产业化着重强调农业的市场化、商品化经营，强调"以市场为导向，以经济效益为中心"，而未论及农业产业链和产业组织等方面。采用这种界定方式的主要原因在于当时我国农村正处于经营方式变革和农产品市场化改革的起步期，农业经营的首要问题是如何让农户适应从计划经济体制下统购统销制度向市场经济体制下价格机制的转变。

自"农业产业化"概念正式提出后，国内学者们就从多个角度对其进行补充和完善，形成丰富的农业产业化理论体系。总体而言，学者们对农业产业化具体含义的研究主要是从如下两个角度进行的。

一是从产业链整合角度定义农业产业化，强调农业产业化是农业生产与上下游产业部门的衔接与融合。牛若峰是较早研究农业产业化问题的国内学者，他认为农业产业化就是将农业再生产过程中的相关环节连接起来，"构成完整的'龙'型产业链。可以说，农业产业一体化是'农工商一体化、产加销一条龙'发展模式的简称"[15]，并指出，判断一个农业经营实体是否属于产业化经营的核心标准是多元参与者主体是否结成风险共担、利益共享的利益共同体[16]。陈吉元提出将农业产业化定义为"市场化、社会化、集约化的农业"，并认为这一定义能够揭示出农业产业化最本质的内涵和特征。王能应则认为，农业产业化就是国外所说的"农业一体化"或"农业综合经营"，即以分散经营的众多农户为基础，根据市场需求导向，依托农产品加工企业，通过科技、信息服务等手段，把农业再生产过程的产前、产中、产后诸环节连接起来，将农业建设成为包括加工、流通在内的完整的产业体系，并发展运输、销售等关联产业群，实现农业的种养加、产供销、农工贸一体化的经营，将分散的农户纳入社会化大生产[17]。徐金海从产业发展角度将农业产业化定义为，以现代市场经济和现代农业的要求为标准，改造和发展我国仍处于传统自然经济或小农经济的农业，使农业在产业内部和组织内部形成"包括产前、产中、产后诸多再生产环节的、分工协作的、完整或较为完整的'工艺流程'，与市场经济相连接、相适应的社会化、工业化、现代化大生产的发展趋向和发展过程相一致"[18]。

二是从微观的农业产业组织角度定义农业产业化，强调农业产业化是农业经营组织的发展和创新，是农业经营由分散农户向"公司+农户"等产业化组织形式变化的过程。杜肯堂指出，农业产业化强调的是"通过一种合适的中介载体，把联产承包责任制下亿万分散的小农户所面对的国内外复杂多变的大市场直接联系起来，实现农业生产及其后续的农产品加工、运销整个产业链条的有机衔接"[19]；潘耀国认为"农业产业化即农业的工厂化生产"[20]；宋佰谦和吴云指出农业产业化的本质和内涵也是最先从微观的组织层次上表现出来的，因此"农业产业化的核心是生产经营的专业化、企业组织的集成化和管理的企业化"[21]；张文礼指出，农业产业化具有生产专业化、布局区域化、经营一体化、服务社会化、管理企业化、产品商品化和市场化的特征，因此农业产业化的核心是在利益机制驱动下的一体化经营，实质是在新的组织制度安排下，通过市场交换关系，使整个农业产业"风险共担、利益均沾"，以实现传统农业向现代农业转变、农业增长方式从粗放型向集约型转变[22]；周立群和曹利群在山东省莱阳市农业产业化调查报告中明确提出，农业产业化进程是农村经济组织演变和创新的过程[23]；赵志龙将农业产业化视为一种组织制度创新，认为农业产业化就是"公司+农户"等组织形成的过程[24]。

虽然对农业产业定义的角度不同，但从本质上看，上述两种观点其实是相互包含的，从产业链和产业体系角度定义的农业产业化包含了农业经营组织化的内容，从农业经营组织角度定义的农业产业化也强调了"公司＋农户"等组织的形成过程也是农业产业链各环节整合的过程。本书认为，农业产业化是农业经营方式的变革，农业生产方式是农业生产力和生产关系的集合，因此这一变革既包括农业生产过程中要素等物质资源配置方式的变化，也包括农业经营中各主体关系的变化，前者表现为农业产业链各个环节的重新组合，后者表现为农业经营组织形式的变化。因此，对农业产业化内涵的研究既包括对产业链和产业结构的研究，也包括对农业经营组织的研究，选择何种研究视角取决于研究者的研究目的。本书的研究对象是农业产业化经营组织，研究目的在于分析和总结农业产业化经营组织的演进过程和规律，因此，更强调农业产业化中农业经营组织变革这一层面的含义。

2.1.3　农业产业化经营组织的主要形式

关于农业产业化经营组织主要形式的划分，学者们也给出了不同的标准和具体形式。

第一类以契约形式为划分农业产业化经营组织形式的标准。夏英认为农业产业化经营组织可分为公司企业模式、合作社模式和合同生产模式三大类。其中公司企业模式是指个人所有制、合伙制、企业公司制等形式的农工商综合体；合作社模式是指农民通过组建合作社共同进入市场，寻求科技服务的组织形式；合同生产模式是指由农户、农场、涉农企业等农业经营主体彼此间签订载明合同方相应的权利与责任关系的农产品产销合同，通过合同联结形成利益共同体的农业组织形式。周立群和邓宏图按照契约联结方式将山东省莱阳市不同时期的农业经济组织划分为"龙头企业＋农户"与合作社、"龙头企业＋合作社＋农户"与"龙头企业＋大户＋农户"两阶段四种组织形式。在对内蒙古赛飞亚农业科技发展股份有限公司的考察中，周立群和邓宏图又将"公司＋农户＋基地"作为农业产业化经营中的重要组织形态[25]。刘宝龙等根据运行机制的不同将农业产业化经营组织分为契约方式联结、联合农户直接进入市场、企业组织模式三种模式。孙天琦等按照农业企业对市场的替代程度把目前我国农业产业组织演进中资源配置的组织创新分为三大类，即纯粹的市场、农业中介组织（准企业或准市场）和农业企业。向冬梅按照农户在农业生产中的结合方式不同，将农业生产组织结构分为市场型、层级型及市场与层级力量相互作用的混合型组织结构[26]。

第二类以带动主体为划分农业产业化经营组织形式的标准。黄祖辉等根据浙江省农业产业化的实践，总结出农业产业化经营组织的5类形式：①龙头企业带动型，即"龙头企业＋基地＋农户"；②市场带动型，即"专业市场＋农户"；③中介组织引导型，即"中介组织＋农户"；④农村合作经济组织带动型，即

"农村合作经济组织＋农户"；⑤科技推动型，即"科技项目＋农户"。牛若峰将农业产业化经营组织模式划分为龙头企业带动型、合作社等中介组织带动型和专业市场带动型，并认为合作社带动型比龙头企业带动型"更进一步，更可能发展成为自由劳动者联合体"[27]。许淑琴将农业产业化经营组织模式划分为市场带动模式、龙头企业牵动模式、生产基地启动模式、合作经济组织推动模式[28]；涂俊等根据"市场"和"技术"两个维度将农业产业化经营组织分为农户单干型、市场主导型、公司主导型和重点龙头型四类，以交易成本为工具，分析了不同组织模式与不同农业产业特征的匹配[29]。农业部将农业产业化经营组织划分为合同组织模式、合作社组织模式和企业组织模式。

　　第三类以农业产业化发展阶段为划分农业产业化经营组织形式的标准。蒋永穆和王学林从经营组织形式演进的角度对农业产业化经营组织进行了阶段划分，认为农业产业化经营组织的演进经历了"初始、成长、成熟和完善"四个阶段，分别对应"分散经营、'公司＋农户'、'专业市场＋公司＋初级合作社＋农户'和'统一的农业合作组织'"四种经营组织形式[30]。梁静溪等①根据农户和企业利益关系的演进规律，将规模化组织的发展分为三个阶段，即初级阶段、成长阶段、成熟阶段。初级阶段以生产主体型的农业合作经济组织模式为主；成长阶段则包括社区合作经济组织、专业合作经济组织和供销合作社；成熟阶段则包括农地股份合作经济和专业股份合作经济两种组织模式。

2.1.4　农业产业化经营组织

　　学者们普遍认同农业产业化经营组织就是农业产业化的组织形式和实现载体。例如，蔡荣和韩洪云指出，农业经营组织化分为广义和狭义两种界定方式。狭义的农业组织化是农户组建协会等生产团队的过程；广义的农业组织化是以社会经济组织形式与制度来协调分工，形成一个相互联系、相互依赖的有机整体的过程。而农业经营组织是各种协调分工的社会经济组织形式[31]。张培刚明确地界定了农业组织方式"主要是指农业的土地所有制形式及土地的使用规模"，其变革是一种"制度创新"[32]。杨小东将农业经营组织定义为"农业经营活动进行的基础和形式，是农业经营主体对资源配置和交易行为进行选择与协调的结果，也是各主体利用市场实现更大收益的载体"[33]。刘洁用农业企业化经营组织表示农业产业化经营组织的概念，指出在农业生产中对各种要素进行系统协调和整合的实体或机构称为农业生产经营组织，经过企业化改造的农业生产经营组织即为农业企业化经营组织，具体包括家庭农场、农业企业与农业专业合作经济组织[34]。徐金海认为农业产业化经营的实质是农业产业组织形态的演进过程，而这一演进是农户、企业等农业主体进行交易活动的协调方式和契约关系。那么，

---

①　"农业产业化经营组织"含义相近。参见梁静溪，孙庆. 学习与探索[J]，2010，(01)：155-157.

农业产业化经营组织就是这种协调方式和契约关系的具体表现[35]。

2.1.5 几个近似概念的辨析

在研究农业产业化经营组织的文献中，经常出现几个近似的概念，包括"农业产业组织"、"农业经营组织"、"农业生产经营组织"、"农业产业化经营组织"、"农业产业化组织"等。在许多研究中，这些概念都是混用的，但是从含义上看，上述几个概念存在着本质区别，为避免研究中出现混淆，本书对这几个近似的概念作出简要辨析。

"农业产业组织"是指农业作为国民经济中一个产业部门的结构和形态，包含两方面含义：一是农业产业组织结构，即农业产业中各经营主体间的关系、市场的竞争程度、市场结构等，以竞争、垄断等市场特征描述产业组织结构；二是农业产业组织形式，即农业产业中经营主体的组织形式和运行方式，即经营主体的产权结构、组织形态、市场行为等，重点对企业等单个产业组织主体自身进行研究。因此，农业产业组织反映了农业产业的总体结构和特征，第二种含义的农业产业组织与"农业（生产）经营组织"是同义的，反映作为农业经营主体的各种组织自身的结构和特征。

"农业经营组织"、"农业生产经营组织"与"农业经济组织"是同一概念，均指作为农业经营主体的各类组织，农业经营组织与农户共同构成了农业生产主体。根据《农业法》规定，农业生产经营组织，是指农村集体经济组织、农民专业合作经济组织、农业企业和其他从事农业生产经营的组织。换言之，农业经营组织既包括农业产业化经营组织，也包括没有实现产业化经营的一切从事农业经营活动的组织实体，如起源于 20 世纪 50 年代的互助组、初级社、高级社、人民公社等。

"农业产业化经营组织"与"农业产业化组织"的含义相同，都是指作为农业产业化经营主体的各类组织，即在农业产业化经营过程中，农户、企业、合作社等主体通过长期契约形式联结而成的协调农业供、产、加、销各环节的组织形式。农业产业化经营组织首先强调生产经营的产业化特征，即经营涉及农业产、供、加、销多个产业分工环节；其次强调经营的组织化，即原分散经营主体的联合和协作。

从目前的研究情况看，学术界尚未对上述概念作出统一的界定，学者们在研究过程中也经常根据个人理解混淆使用不同的概念，如直接用"农业组织"、"农业经济组织"等代替"农业产业化经营组织"。本书的研究对象为农业产业化经营阶段的各类经营主体，即将农业产业链相关环节间市场交易转化为组织内部交易的组织，因此，本书使用"农业产业化经营组织"表示"公司+农户"、"公司+合作组织+农户"、"公司+合作社联合社+合作社+农户"、一体化的农业企业集团等实现产业化经营模式的农业经营实体。

2.2　组织演进思想

2.2.1　马克思主义经济学中的组织演进思想

马克思运用唯物辩证思想和历史辩证思想对资本主义生产方式进行了深刻的分析和研究，深刻揭示了资本主义经济制度产生和发展的历史过程和支配这一过程的客观规律，指出决定社会制度变迁的根本动力在于社会生产力的进步。可以说，对社会制度及其变迁的分析贯穿《资本论》始终，马克思也成为第一个用动态的、演化的观点系统分析经济组织发展的学者。马克思对组织演进的相关论述包括如下内容。

1. 社会制度变迁的决定因素和过程

马克思从唯物主义的历史发展观角度对人类社会制度变迁的动力和客观规律进行了分析，指出生产力是推动社会前进的根本动力，社会制度是社会生产关系的综合，制度反映社会生产力的变化，同时对社会生产力发生反作用力，人类社会在生产力和生产关系的矛盾统一关系中获得发展，经历原始社会、封建社会到资本主义社会，最终实现共产主义社会。马克思指出，资本主义条件下所有推动生产力进步的因素都同时为新社会的创立奠定基础。资本主义的剩余价值规律、竞争规律推动资本家不断进行积累，改善生产经营条件，客观上促进了生产力的发展。随着社会生产力的发展，资本主义生产关系越来越不适应生产力发展的要求，资本主义基本矛盾逐渐尖锐。

2. 资本主义生产组织方式的演进

马克思通过进行资本主义生产关系发展的历史研究指出，资本主义生产组织方式是一个从量变到质变的累积过程，先后经历了"简单协作"、"工场手工业"、"机器大工业"三个不同阶段。马克思关于生产组织方式的明确论述集中在《资本论》第一卷第四篇"相对剩余价值的生产"中。马克思深入阐述了资本主义生产组织方式演进的历史过程和规律，指出伴随着资本积累进程，资本主义企业的总体规模持续膨胀，资本实力增强，企业内部及企业之间的分工水平也不断提高，推动产业组织化程度提高。

马克思指出，简单协作是"资本主义生产的起点"，在简单协作阶段，资本和劳动的对立显现出来，组织内部形成层级关系，资本家脱离体力劳动成为管理者，并在企业内部建立了管理阶层，"把直接和经常监督单个工人和工人小组的职能交给了特殊的雇佣工人。"

工场手工业的发展催生了新的组织形式，"工场手工业分工通过手工业活动的分解、劳动工具的专门化、局部工人的形成及局部工人在一个总结构中的分组和结合，造成了社会生产过程质的划分和量的比例，从而创立了社会劳动的一定组织，这样就同时发生了新的、社会的劳动生产力"。在工场手工业时期，单个企业的规模较小，产业内企业的数量多，竞争方式比较接近于自由竞争。

进入机器大工业阶段后，工厂制度迅速普及，单个企业生产能力的扩大受制于市场容量，企业间竞争越来越激烈，竞争促使资本集中，市场集中度和进入壁垒提高，竞争向垄断竞争方式转化。随着资本集中度的提高，垄断程度不断提高成为市场结构演化的总趋势，产业越来越为少数大企业所控制，形成了卡特尔、辛迪加、康采恩和托拉斯等形式的垄断组织，市场出现寡头垄断竞争方式。

2.2.2　西方经济学中的组织演进思想

1.　亚当·斯密的组织演进思想

亚当·斯密在《国富论》中对人类社会的文明演进作出了系统分析，他的组织演进思想也集中体现在这一部分。斯密将人类文明历史划分为五个阶段，即低级而粗野的原始阶段、游牧阶段、农业阶段、商业阶段和工业阶段，每一阶段都对应着一种典型的组织形态。而斯密对人类文明演进的分析是以其分工理论为基础的。斯密指出，分工是社会财富增长的重要源泉，而市场规模是影响分工程度的重要因素，"有了分工，同样数量的劳动者就能完成比过去多得多的工作量"，主要原因在于，第一，通过不断重复某一工作，劳动者的生产技能得到提高；第二，分工能够使劳动者专注于某一工作，不需要在不同工作间转换，节约了工作转换的时间和精力；第三，分工促使专门性的机器设备应用于生产中，提高了劳动者的生产效率。

斯密通过对分工的深入研究进一步指出，分工的发展程度决定了社会内部不同部门的发展差异及不同社会之间发展程度的差异。农业和制造业在产业发展程度上的差异主要是由分工差异造成的，"农业上劳动生产力增进总跟不上制造业上劳动生产力增进的主要原因，也许就是农业不能采用完全的分工制度"。同样的，处于文明社会的民族之所以比处于原始阶段的民族更富裕，主要原因就是在文明的社会中形成了更为发达的分工体系。"在一个政治修明的社会里，造成普及到最下层人民的那种普遍富裕情况的是各行各业的产量由于分工而大增……别人所需的物品，他能予以充分供给；他自身所需的，别人也能予以充分供给。于是，社会各阶级普遍富裕"[36]。

可见，斯密高度重视分工的作用，将分工视为社会进步和国家富裕的根源，对人类文明发展、制度变迁和组织演进的分析都是以其分工理论为基础的。因此，可以将斯密对社会制度和组织演进分析的思路总结为市场规模扩大会加深分工，分工深化会促进经济发展，经济发展使人类社会不断进步，每一个社会阶段都对应着典型的组织形式。

2. 演化经济学的组织演进理论

演化经济学以达尔文的进化论和拉马克的遗传基因理论为思想基础，吸收了系统论、人工智能论等多领域、多学科的研究成果，形成一个内容庞杂的理论体系。演化经济学主要研究从个人行为到集体行为的形成机制及相关的组织、制度因素，对组织演进及规律的分析主要集中在组织主体行为及行为与组织结构关系方面。演化经济学正处于多个理论流派共同发展的"范式竞争"阶段[37]，本书以组织生态理论、奥地利学派和新熊彼特学派①对组织演进问题的分析为代表，对演化经济学派的组织演进理论进行简要介绍。

1)组织生态理论

组织生态理论，又称为组织的种群生态学，是 20 世纪 70 年代兴起的一种组织理论。该理论以生物学和生态学的种群观点，研究外部环境对社会组织及组织"种群"的影响。组织生态理论强调环境对于组织生存和演化的决定性作用，并认为组织自身只能适应环境，而无法改变环境。Hirshleifer 用生物进化机制分析人类社会的冲突和合作问题，对组织演进进行分析。他首先明确区分"演进"与"随机"、"周期"、"革命"、"设计"等概念的差异，指出演进是组织不可逆的变化，处于演进之中的组织前后是有本质差异的。演进是社会变迁的一种模式，但不是唯一模式，革命、设计等都是社会变迁的模式。可见，Hirshleifer 所分析的演进是渐进演化过程，是自组织的形成和发展，不包括外部力量的干预和设计因素。Hirshleifer 提出了检验演进过程的经济效益和社会福利标准，并证明了财产的初始设定和法律、习俗的效率取向是关键，是决定组织演化方向的重要因素[38]。

Hannan 等将自然选择的一般思想运用于组织研究，构建了组织生态理论研究的基础框架。他们以达尔文演化论为思想基础，将组织视为有生命力的组织种群，认为组织有适应外部变化的能力。但是，沉没投资，专业性的人力资本、信息，决策制定者的既有思想及组织的成功经验等因素限制了组织的适应性，导致在外部环境变化时，组织表现出对原有状态的"惰性"，旧的组织衰退或失败，被新的能够适应环境变化的组织所替代[39]。

Nelson 和 Winter 也将生物演化论的思想应用于组织演进的分析。他们将组织视为基本的演化和选择单位，异质性组织通过彼此间的相互作用和影响实现组织的目的。组织中存在的各种惯例与生命基因的作用相似，也具有遗传性，是决

---

①　关于新熊彼特学派与奥地利学派的关系在学术界存在争议，部分学者将新熊彼特学派归为奥地利学派，但大部分学者认为两个学派在理论基础和分析方法上存在差异，应属于两个不同的学派，本书也认同二者应分属两个学派的观点。

定组织行为的基础并构成组织行为持续性的来源，能够用来解释组织行为的连续性和组织在面对外部环境变化时的稳定性。组织能够通过创新和模仿有意识地寻求新的惯例，新惯例形成后组织就实现了自身的演化[40]。

Barnett 和 Hansen 认为组织间的竞争激发了组织学习潜力，组织学习进一步加剧竞争，形成组织的"竞争-学习-竞争"循环，他们认为这一循环一方面会加快组织成长并加剧竞争压力，另一方面会因组织能力不足而降低组织成长速度，最终给潜在竞争者进入的机会[41]。

Carroll 和 Hannan 建立了组织种群统计学，对组织生态学的研究框架进行扩展。他们认为，组织学者对各种组织的群落应给予更多的关注，应该采用生物学家解释生物群体存活率和存活条件等问题时所使用的思维方式和方法对组织种群进行统计分析。

鲍尔斯通过建立在随机演化博弈模型基础上的一系列定量分析，揭示了人类历史发展和社会组织演化的过程。他认为制度的起源和变迁源于有限理性的个体在组群内部及组群之间的行动，无论是组群内还是组群间都可能存在各种各样的利益矛盾，对这种冲突的协调需要某种规则，个体的社会互动形成了这种规则或称之为制度，制度取决于个体的偏好，也会影响个体的偏好[42]。

组织生态学关注组织从诞生到消亡的生命过程，以生物学的进化观点寻求组织演化过程中的各种规律。组织生态学开创了一个新的研究领域，并形成了对社会组织形态和演化过程进行分析的专门方法，大大拓展了经济学的研究视角，丰富了经济学的理论工具。但是，作为新兴的经济学理论学派，组织生态学尚未形成成熟的理论体系，多数研究仍依赖生物学的观念和模型，集中于对单一种群演化过程的考察，而对社会组织多样性和组织行为异质性的研究较少。

2）奥地利学派

奥地利学派各代表人物的学术观点非常丰富，但是也较为分散，在理论发展过程中还经历了几次较大的思想变化①，因此对其理论观点进行全面的归纳和概括较为困难。Kirzner 和 Machlup 根据奥地利学派几位主要代表人物的思想总结出了这一学派的八个主要理论观点，即方法论的个人主义、认知的主观主义、分析中的边际主义、边际效用递减假说、机会成本理论、强调时间偏好、认为市场和竞争是一个学习和发现的过程、强调个人决策是对环境适应的行为[43]。

奥地利学派强调经济演化过程中个体的能动性、异质性，演化的时间性、过程性和新奇性等特征。在对组织演进问题的分析中，奥地利学派提出，组织的变化和发展是对环境不确定性的主动适应，而组织演进是由企业家所推进的。"企业家精

①　如奥地利学派对个体认知的观点就经历了从门格尔的主观价值论到哈耶克的主观知识论再到拉赫曼的主观预期论，在秩序形成问题上，门格尔坚持主观主义和个人主义，而哈耶克则认为人的行为既是有意识的，同时也会产生无意识的、非设计的秩序。

神"是奥地利学派在分析组织演进时的核心概念。由于环境充满了不确定性，在不确定性的环境中，企业家能够凭借个人认知持续不断地感知外部条件变化，并作出相应的选择以推动企业(组织)的变化，使其能够在最大程度上适应环境的变化。

Gerald 和 Mario 指出，企业家的行为不仅仅只是根据环境作出数学计算，在解决当前问题的同时，企业家的行为也改变了原有的环境，并对随之而来的新问题作出反应。Kirzner 认为，所有人都会对市场中的盈利机会作出相应的反应，但不同经济主体的刺激性反应有所差别。企业家对市场反应的特征是敏捷的，他们就像天线，可以不断地放大所接收的信号并将其具体化[44]。

Tony Yu 认为，当环境变化后，要求市场中的行为主体间能够形成一种新的交流环境以解决新问题，企业家的发现和创新要求通过共同分享的典型化行为模式形成一个共同的交流环境，而组织能够提供这样一个相互交流的环境。企业家对新的利润机会的探索带动组织的成长，而组织的成长会引致内部资源组合的复杂化，并导致组织成员的不适应，此时需要企业家做好协调成员的工作，以实现组织的顺利发展[45]。

Kalil、Ioannides 等奥地利学派的学者强调组织和结构属于不同类型的秩序，组织是在市场过程中形成但是又与市场不同的自发秩序，组织的发展过程是一种自发性与目的性相结合的演化过程。Kalil 认为组织属于自发秩序，并认为组织秩序和结构秩序是属于同一个实体的两个方面，在结构秩序中不一定存在组织因素，但在任何组织秩序中都包含着结构因素。Ioannides 根据一个基于秩序概念的企业动态过程模型指出，组织的形成是一系列相互联系的过程，组织的发展是一种自发秩序与目的性相结合的演化过程。

奥地利学派的组织演进理论建立于其个人主义和主体能动性的基础上，强调组织形成和发展的动力是"企业家"对环境变化的主观把握和采取的相应行动，强调个人能动性对结构的影响，重视演化过程中个体与环境间的"向上因果"关系，而忽略了环境对个体的"向下因果"影响。

3)新熊彼特主义

熊彼特主义的理论核心是创新。在早期的研究中，熊彼特主要致力于补充并发展新古典的均衡思想，并提出关于经济动态演进的命题。熊彼特将经济过程划分为静态和动态两类范畴，并认为动态的经济过程就是经济演化，指出经济演化过程就是通过对静态均衡的干扰，使经济向一种新的均衡发展。后来，熊彼特逐渐强调非均衡和非连续的质变在经济中的重要作用，把创新看作是经济变化的根本原因，突出企业家精神和创新的作用。在创新与组织演进的分析中，熊彼特认为，自然界之所以能够飞跃，是因为非连续性的质变导致系统形态发生整体质变，他将创新分为破坏性创新和积累性创新，关注创新在组织演化过程中的核心作用，并强调创新与组织规模、市场结构等的双向互动关系。

一批经济学者在批判性地继承熊彼特思想的基础上，形成了"新熊彼特学派"，从研究内容上看，新熊彼特学派有两个分支理论，即以门施为代表的技术创新学派和以弗里曼为代表的制度创新学派。2006年，汉施和皮卡提出综合新熊彼特经济学概念，强调建立起统一的熊彼特主义理论体系。无论何种理论，新熊彼特主义都仍然坚持以创新作为理论分析的核心，侧重于创新-扩散与社会、"国家创新体系"、产业结构、学习过程等微观主体行为、社会制度、技术创新之间的互动分析。在涉及组织问题的分析中，新熊彼特主义从变异、选择和发展的角度对熊彼特的"创造性毁灭"作出了新的解释，指出"经济制度和组织也是演化的，它们也要经历变异、选择和发展的过程，所以经济的结构性转变包括制度结构内的演化和制度本身的演化"[46]。其中，选择过程意味着多样性逐渐消失，随着多样性的减少，演化过程将走向衰竭，而发展意味着新的多样性的产生，因此，发展过程与选择过程相互依赖，共同推动了经济和组织的演化。

3. 新制度经济学的组织演进思想

1)组织形成的原因

新产业组织理论研究的基本问题是组织为何出现、组织与市场的互补替代关系、组织内部结构与组织效率等问题。科斯首先提出"组织为何存在"的问题，并以交易费用概念为基础回答了这一问题。科斯认为，市场交易存在交易费用，组织能够形成长期契约使交易稳定化，并通过层级关系以强制命令方式下达指令，节约交易费用[47]。因此，市场和组织本质上都是契约关系，以组织替代市场实际上是由长期契约替代多次重复进行的短期契约[48]。威廉姆森提出"资产专用性"、"机会主义"和"不确定性"三个交易维度，并指出交易采取何种契约方式进行取决于交易本身的性质，特别是资产专用性的程度[49]，并提出组织演进与制度环境间的逻辑关系，他指出，制度环境决定了不同组织行动所必须遵守的规则，制度环境变化意味着组织行动的比较成本变化，会引致组织调整和重建。另外，威廉姆森还强调公司治理结构变化对制度环境和个人行为的影响[50]。

阿尔钦和德姆塞茨"团队生产理论"解释企业对市场的替代问题，认为企业的实质是团队生产，生产团队之所以演变为企业，是因为团队生产带来的生产高效率引发了激励需求与产出难以计量的矛盾，企业的特征不是拥有权威，而是企业对要素生产率及其报酬的计量能力和对成员机会主义的监督能力强于市场，能节约更多交易成本[51]。

2)制度变迁与组织演进理论

诺思是新制度学派组织演进思想的代表，他系统地阐述了制度变迁和组织演进的动力和过程等基本问题。诺思认为，组织是经济活动得以进行的载体，是一种有目的的实体，是制度构成的基础，"经济活动是通过多种组织形式来进行的"[52]。他以交易成本和效率标准为工具分析了组织的演进过程，指出组织演进就是高效率组织替代低效率组织的过程。其基本逻辑为技术、人口等外部环境变化导致要素相对价格变化，导致潜在利润发生变化，这使得原有的组织形态不能与新的利润分布相适应，那些有可能获得潜在利润的团体会通过各种方式推动原有组织变化或建立新的组织，推动制度变迁的现实力量为"第一行动集团"和"第二行动集团"，组织的演进会逐渐改变制度结构，形成制度变迁，"在稀缺性的经济学框架中，制度和组织之间连续不断地交互作用"。组织演进不一定是有效率的，因为面临着路径依赖，存在"锁定"问题，无效率的组织可能维持，有效率的组织也可能朝着无效率方向发展下去。

诺思在后期的研究中，越来越强调学习过程对于组织演进和制度变迁的重要作用，他指出"心智和文化遗产、个人经验的相互作用形成了学习"。"人类对'非理性'解释的迷恋，如宗教、迷信和原教旨主义信条等，都可能是由心智的某些内在特征引起的，进而产生相应的信念。更好地理解这些信念产生的动力是更好地理解引导社会变迁的选择的一个关键部分"。诺思强调与文化、意识形态等相关的信念体系，认为人口、技术等生产力因素仅是引起相对价格变化的因素，而信念体系是"人类行为内在表现的具体体现"。"当人们的信念存在冲突时，制度会反映那些有能力实现他们目标的人们的信念"。信念体系是个人做出选择的关键，"个人和他们所在组织获得的技能和知识的类型将会塑造人们关于机会和选择不断演化的感知，这将会逐渐地改变制度"。所以，可以说诺思将信念等视为决定组织演进和制度变迁的最重要因素[53]。

拉坦则将制度变迁与组织演进视为同一概念，他明确指出，制度变迁指"①一种特定组织的行为的变化；②这一组织与其环境之间的相互关系的变化；③在一种组织的环境中支配行动与相互关系的规则的变化"。拉坦强调技术发展与制度变迁间的相互促进关系，"导致技术变迁的新知识的产生是制度发展过程的结果，技术变迁反过来又代表了一个对制度变迁需求的有力来源"[54]。他建立了一个制度变迁模型，从制度供给和需求角度分析制度变迁的过程和影响制度变迁的社会与经济行为、组织与变迁的知识供给等因素在制度变迁过程中所发挥的作用。

林毅夫将制度变迁分为诱致性变迁和强制性变迁两类，诱致性制度变迁是指社会主体在响应由制度不均衡引致的获利机会时所进行的自发性变迁；强制性制度变迁是指由政府法令引起的制度变迁。诱致性制度变迁的原因是出现新的获利机会，即原有制度不均衡，经济主体为了获得新的获利机会而形成新的制度安排，而强制性制度变迁的原因既包括新的获利机会的出现，也可能仅仅是不同利益集团间的利益分配冲突，强制性制度变迁是政府主动提供制度供给，保证制度均衡的手段，同时也给政府自身带来费用和效益，因此强制性制度变迁只有在满足统治者利益的同时才能成功，否则将面临政策失败的问题[55]。

3)组织演进的演化博弈思想

青木昌彦继承并发展了诺思、格雷夫等学者的制度观,通过演进博弈模型把诺思制度变迁理论模型化,指出是共有信念系统的演化导致了制度变迁。他指出,在反复博弈的过程中,参与人不断调整博弈的策略,尽力实现自身利益最大化,同时,每一个参与人都会根据他所了解的其他参与人的决策信息得出行动规则,当每一个参与人的个人信念与行动规则相符合时,博弈就形成纳什均衡。在均衡时,每一个参与人都形成了稳定的对他人行动的预期,并建立起关于博弈如何进行的共有信念。在共有信念下,不同参与人之间进行持续博弈,并形成共同接受的制度。因此,青木把制度定义为"关于博弈如何进行的共有信念的一个自我维系系统",并指出,制度的本质就是"对均衡博弈路径显著和固定特征的一种表征",制度的内生性,将博弈重复进行的方式视为博弈规则,"博弈规则是内在产生的,它们通过包括实施者在内的博弈参与人的策略互动,最后成为自我实施的博弈规则"[56]。

在进行制度分析时,青木昌彦把博弈模型分为古典博弈模型和进化博弈模型。古典博弈模型主要用于分析可自我实施性问题,如规范、合同和治理结构等;而进化博弈模型则用于分析以惯例和习俗形式体现的制度的自我实施性[57]。在进化博弈模型中,参与人可以模仿其他参与人的某种策略,使得某一种策略成为各参与人共同选择的主导战略,从而使博弈达到一种渐进稳定的均衡状态,这一过程也是新制度的形成过程[58]。

新制度经济学对组织演进及制度变迁的分析突出了组织和制度间的差异性和特征,强调了组织和制度自身对于经济效率和社会发展的重要作用,并采用了交易费用等新的理论分析方法,极大地拓展了经济学的理论视野。但是新制度经济学的分析实质上并没有偏离新古典经济学派的核心思想,即"从经济学审慎推理的视角考察和反思种种社会建制和制度规则是如何被理性的经济行为人谋划、设计和建构出来,并在理性行为人追求个人利益最大化的理性计算中不断变迁的"①。科斯对组织起源的分析以交易费用为核心,实质上仍是理性人的成本收益计算问题,对制度变迁和组织演进的分析也更多地突出了理性人对不同制度下组织成本和收益的比较[59]。

4. 产业组织理论的组织演进思想

产业组织理论包括产业组织结构和产业组织形式两方面内容。产业组织结构主要是从产业整体角度描述某个产业内部企业间的竞争与垄断关系,产业组织结构是传统产业组织理论的研究对象。产业组织形式是从产业内企业行为角度描述

---

① 韦森为培顿·扬所著的《个人策略与社会结构》(王勇译,上海三联书店,2004)一书的译者序。

产业中单个企业的组织结构、行为方式及经济绩效，新产业组织理论形成后，产业组织结构才成为产业组织研究的一个重要研究领域。

从思想史角度上看，产业组织理论经由结构主义、芝加哥学派发展至融合了新制度学派、组织理论、行为经济学等基本方法的新产业组织理论。不同学派的分析方法和理论观点存在较大分歧，虽然几个学派都以市场结构、经济绩效和组织行为为研究对象，但"哈佛学派更重视市场结构，芝加哥学派更重视企业绩效，而交易成本学派更重视企业行为"[60]。

1)哈佛学派的产业组织演进思想

哈佛学派的产业组织理论又被称为"结构主义"。1959年，贝恩的《产业组织论》问世，标志着产业组织理论的诞生。在对经济绩效的衡量和结构与绩效关系两项经验性研究的基础上，贝恩开创性地提出了产业组织分析的基本框架，即以市场结构、组织行为、市场绩效为基本范畴的"S-C-P"分析方法。市场结构是指影响市场特征，即厂商的规模及分布、产品差异化程度、厂商的成本结构及政府管制程度等。行为主要包括产品定价和非价格行为。绩效主要是对满足特定目标的行为结果进行评价，即对企业行为的效率进行评价。"S-C-P"理论的基本特征如下：

第一，"S-C-P"模型延续了新古典经济学的基本分析方法。在分析市场结构对企业行为和产业绩效的影响时，采用了新古典经济学的均衡思想和边际分析方法，强调不同市场结构中对代表性厂商行为及效率结构的分析。

第二，哈佛学派的产业组织理论以经验性研究为基础。其主要思想都是通过经验性分析得出的，包括关于市场集中度、进入壁垒与绩效的关系等。对经验性分析变量的设定决定了其理论分析过程，这一点也遭到了其他学派的猛烈抨击。

第三，哈佛学派反对垄断，强调政府应重视反托拉斯政策。哈佛学派认为，市场结构在短期内变化不大，可视为外生变量，市场结构、组织行为和绩效之间存在着密切的单向因果关系。基于此，哈佛学派强调若要改变市场绩效，必须从决定行为和绩效的市场结构入手，通过政府的产业政策调整和改善不合理的市场结构。因此，哈佛学派强调政府对产业的管制，特别是对各种非竞争性市场的立法和干预。

哈佛学派对产业组织演进的分析包含在其对产业组织结构与企业行为、行为与经济绩效的分析之中，认为产业组织演进主要表现为产业组织结构的变化。产业组织自发演进的结果是产业由竞争向垄断发展，而垄断是低效率的，在哈佛学派的观点中，这一过程与其称为"演进"，不如称为"衰退"，因为垄断会给垄断厂商带来垄断租金，而整个产业的经济绩效将下降。因此，该学派认为，真正的产业组织演进应该是政府通过行政、法律等形式的干预阻止、拆分垄断，将垄断市场还原为竞争性市场。

哈佛学派建立了产业组织理论的分析框架和分析范围，在经验分析的基础上拓展了新古典经济理论对于产业和组织行为的分析，确立了产业组织作为经济学重要研究方向的地位。但是，在分析方法上，哈佛学派强调经验分析，在理论逻辑中，"结构-行为-绩效"模型实际上将市场结构、企业行为和经济绩效视为简单的单向决定关系，削弱了模型对经济现象的解释能力。

2)芝加哥学派的产业组织演进思想

哈佛学派对市场结构因素的过度重视使其忽视了对组织行为的研究，另外，结构-行为-绩效的单向因果关系假设与现实情况有很大差异。这些缺陷使哈佛学派遭到以斯蒂格勒、弗里德曼等为代表的芝加哥学派的猛烈攻击。芝加哥学派否认"结构-行为-绩效"间的单向关系，认为三者之间存在互为因果的关系，并提出了理论的核心模型——竞争性均衡模型。芝加哥学派认为，在长期中市场能够实现帕累托最优状态，而反对垄断必然带来垄断租金的观点，因此其政策建议与哈佛学派相反，芝加哥学派反对政府干预市场，反对政府的反托拉斯法。

芝加哥学派分析了厂商规模、市场集中度与产业周期和经济效率的关系，指出在产业发展初期，市场范围狭小，产业内部分工尚未展开，产业中的企业多为全能型企业；到产业发展中期，市场范围扩大，企业内部分工向企业间分工发展；到产业成熟和衰退时期，市场范围缩小，市场分工再次转化为厂商内部分工。所以，市场范围和产业生命周期是影响市场集中率的重要因素，高集中率是产业发展历史过程的特征。在产业发展过程中，企业有多种最佳规模，垄断性企业的存在也是其生存的最佳形式，垄断带来的高利润率是生产效率的结果，而不应视为资源配置低效率的指标。

芝加哥学派的产业组织演进思想体现在其对市场结构、企业行为和经济及绩效的互动研究之中。芝加哥学派主张产业的自由发展，即企业能够在不同环境中选择最适合生存的规模，不同产业结构的存在都有其合理性，只要是企业在市场中自发行为选择的规模都可视为企业的最佳规模。因此，可以将芝加哥学派的组织演化思想视为一种理性演化过程，在市场环境中，理性的企业自发行动，通过企业间竞争最终形成一定的组织规模和产业结构，只要是遵循市场自由原则的过程都可视为合理的演化过程，演化是自发的，外部的干预会破坏这一过程，最终影响经济绩效。

芝加哥学派反对政府对市场的干预，体现了弗里德曼等的自由主义思想，讨论了结构、行为、绩效之间非单向线性相关性，指出了三者之间具有相互存在、相互决定的复杂关系，在一定程度上弥补了哈佛学派的缺陷。但是芝加哥学派强调理论自身的逻辑性而经验性研究不足，许多结论与现实的拟合度较差。

3）新产业组织理论的组织演进思想

新产业组织理论出现在 20 世纪 70 年代后期，该理论吸收和借鉴了大量新的经济学分析方法，包括新制度理论、博弈论、信息理论，与注重市场结构、组织行为与绩效的分析框架不同，新产业组织理论更加关注企业与市场的关系、企业存在的组织形式及内部结构等，将组织内部结构和外部环境的互动作为研究的重点。新产业组织理论是一个庞杂的理论集合，通常将不属于传统产业组织理论的观点和流派都囊括在新产业组织理论范畴内，代表性理论包括可竞争市场理论[61]、新制度经济学的交易费用理论、产权理论、契约理论、博弈理论、演化理论等。新产业组织关于组织演进的观点主要包括：

（1）可竞争市场理论。可竞争市场理论侧重对产业的进入壁垒进行分析，鲍莫尔（Baumol）、帕恩查（Panzar）和韦利格（Willing）等提出"完全可竞争市场"概念，并指出，只要存在进入竞争或潜在进入条件，那么潜在进入者会通过采用"打了就跑"的策略消除垄断价格带来的超额利润，因此，无论在何种市场结构中，厂商都会采用竞争性行动，保持接近于完全竞争的定价水平。可竞争市场理论的观点与芝加哥学派相近，都认为垄断不一定带来垄断租金和损害市场效率，因此，政府不应该通过反垄断政策干预市场，而应保持行业中存在充分的潜在竞争压力，也即较低的进入壁垒。

（2）博弈策略行为理论。博弈策略行为理论主要研究不完全竞争市场中企业的行为。策略行为理论包括两大类研究内容：第一类重点研究企业行为与未来市场需求函数和成本函数间的关系，包括企业的过度生产能力策略、品牌多样化策略等理论模型；第二类研究竞争者对事件估计信念的策略性行为，包括与进入遏制和退出引诱相联系的限制性定价策略、掠夺性定价策略、研发竞赛策略等[62]。通过借用博弈论中参与人反应函数的分析方法，博弈策略理论对厂商策略性行为、市场绩效与结构三者间的分析更加深入。

（3）企业的委托代理理论。委托代理理论重点对企业内部的"委托代理问题"进行分析。委托代理理论将企业视为一系列契约的联合，在契约关系中，委托人授权代理人从事某些符合委托人利益的活动，并赋予代理人部分决策权利。但是，委托人和代理人之间存在信息不对称、目标不一致、权利不对等的问题，因此存在代理人为自身利益而从事损害委托人利益的"委托代理问题"。如果委托人不能有效地监督或缺乏足够的激励机制，那么代理人就会出现偏离企业最大化目标的决策行为，最终损害委托人利益。因此，委托代理理论的核心是寻求减轻"委托-代理问题"的激励机制，包括企业内部的治理结构和外部的控制权市场建设等。

新产业组织理论扩展了产业组织理论的研究视野，使其不再局限于对市场结构、行为和绩效及三者之间相关性问题的分析。新产业组织理论分析了企业因何存在、企业内部产权安排和组织结构对效率的影响等问题，将产业组织理论的分析重点由企业外部延伸至企业内部，强调了企业作为产业组织微观基础的存在性、差异性和能动性，改变了传统产业组织理论对企业自身长期忽视的状况。但是新产业组织理论以多种理论为分析基础，形成了不同的学派，缺少作为一个理论流派的统一性和完整性，对产业组织问题的分析也缺少一致的分析方法和理论基础。

2.3 对农业产业化经营组织演进的分析

2.3.1 基于交易费用理论的分析

在交易费用概念提出后，学者们将其广泛运用于各种制度分析和组织形式考察中，我国学者也采用交易费用分析方法从多维视角考察和分析农业产业化经营组织及其演进过程。基于交易费用角度分析农业产业化经营组织演进的学者认为，农业经营组织演进的主要动因是节约交易费用，但就交易费用产生原因和组织演进从何种角度节约交易费用等问题，学者们的观点又存在差异。罗必良等以威廉姆森的资产专用性理论为基础，从资产专用性程度、交易频率和不确定性三个维度考察"公司＋农户"和"公司＋中介组织＋农户"两种组织形式在交易费用方面的效率，并指出引入中介组织是克服"公司＋农户"交易费用较高缺陷的重要途径[61]。蔡荣和祁春节通过比较研究指出，专业合作社的形成有效地降低了"公司＋农户"组织的运行风险，实现了交易费用的节约，因此节约交易费用是"公司＋企业"组织向"公司＋合作社＋农户"组织演进的重要原因[62]。杨明洪基于外生和内生交易费用理论解释了农业产业化经营组织演进的动因，指出节约内生交易费用是组织生成和演化的动因，从"公司＋农户"到农业中介组织的参与，一个重要的原因就是为了在外生交易费用一定时节约内生交易费用[63]。刘洁和祁春节运用交易成本理论分析了影响公司和农户间契约安排的因素，指出交易的不确定性、治理成本和契约各方权力安排等因素是其中较为重要的因素，因此要通过组织演进形成契约保障机制来增强公司与农户间契约的稳定性[64]。

2.3.2 基于契约稳定性的分析

农业产业化经营组织本质上是各主体间的一系列契约关系，许多学者从增强契约稳定性的角度对农业产业化经营组织演进的动因和路径进行了分析。周立群和曹利群通过考察山东省农业产业化发展的实践指出，合作社和"龙头企业＋农户"是农业产业化早期的组织形式，但是由于合作社发展规模有限，"龙头企业＋农户"面临契约约束不足的问题，引入中介组织能够有效增强契约的稳定性，但是由于契约的不完全性，"企业＋中介组织＋农户"组织仍需要通过组织创新实现进一步完善[65]。生秀东指出，由于契约不完全和机会主义行为的存在，"公司＋农户"组织面临高违约率问题，需要通过引入合作社实现组织形式演进破解这一契约困境[66]。李彬以不完全契约理论为基础分析了"公司＋农户"组织中主体间契约关系的不稳定性，并指出要针对契约不完全性产生的原因完善公司与农户间的契约关系，实现组织的发展和完善[67]。张春勋以农产品交易的关系契约分析为基础，分析了"公司＋农户"组织中存在的不确定性与相应的契约选择之间的逻辑关系，并认为，重复交易中通过对对方互惠行为的认可和信息分享可以强化信任关系，降低农户机会主义行为，增强契约的稳定性[68]。

2.3.3　基于分工理论的分析

部分学者认为，不同的组织是协调专业化分工的不同形式，因此应采用分工理论探讨农业产业化经营组织演进的内在规律。基于分工理论的分析多以古典和新兴古典经济学的分工思想为基础，强调分工与组织演进间相互促进的作用。罗必良等用分工和专业化理论分析了农业产业化经营组织演进路径和方向与政府目标及政策手段之间的关系[69]；徐金海对专业化分工与农业产业组织演进的内在逻辑进行理论与实证分析，将专业化分工作为生产经营的组织形式演进的内在逻辑[70]；蔡志强和刘禹宏以杨小凯"消费-生产者"分工模型为基础，分析了农业产业组织演进的动力机制，指出产业组织演进的动力机制主要归因于专业化经济效应、规模经济效应、交易成本和管理成本等因素的综合作用[71]。

2.3.4　基于演化理论的分析

基于演化理论对农业产业化经营组织进行分析的学者将组织视为处于社会有机环境中的机体，能够通过自身调整适应外部环境的变化。孙天琦和魏建将农业产业组织分为市场、准市场和农业企业，并根据生物"共生"理论分析指出，农业组织化能够产生"剩余"，对"剩余"的追求促使个体实现组织化[72]；蔡荣和韩洪云对农业经营组织演化的经济学机理进行了梳理，指出农业经营的外部环境和内在技术的变化必然引起农业组织本身的变化[73]；曹阳应用演化经济学的组织共生理论对我国农业中多种组织形式共存的现状进行了说明，并指出农业产业化的组织形式将发展成为一个多样化组织形式共生的组织群，不同组织形成以功能分工为基础的互补性利益联盟[74]。

2.3.5　农业产业化经营组织演进理论的简要评价

国内外关于农业产业化经营组织演进问题的研究已经取得了大量的科研成果，我国学者对于我国农业产业化经营组织的研究也已达到了较高的水平，为我国农业发展提供了可供参考和借鉴的理论观点和建议。但是，从该领域研究的总体情况来看，仍存在如下局限。

1. 相关的基本概念尚未形成统一的理论界定

虽然国内自 20 世纪 90 年代就兴起了对农业产业化和产业化经营组织研究的理论高潮，但是由于缺乏可借鉴的研究成果和研究方法，许多研究都是在对局部实践总结的基础上作出的，未能形成较为规范的研究范式和科学方法。近年来，随着产业组织理论的发展，以及新制度经济学、演化经济学等新理论思想的传播，国内学者也开始重视用较为规范的理论对农业产业化和产业化经营组织进行分析，并取得了丰富的研究成果。但是，由于前期研究中已经对相关定义作出界定，近几年的研究者往往直接引用既有定义，而较少对研究对象作出明确的内涵界定。这导致在研究过程中出现两个问题，一是原有定义多为归纳式定义，多从外部特征等角度对相关概念作出界定，而近期的研究多从不同理论视角对研究对象的内部规律等作出分析，经常出现基本概念与研究内容不符的现象；二是部分研究者对概念的使用较为随意。例如，既有研究中，经常出现"农业组织"、"农业产业组织"、"农业产业化经营组织"等概念混用的情况，概念的混乱导致研究对象的不清晰，也难以形成规范性的分析框架。

2. 规范的研究框架有待建立

目前，国内学者对于农业产业化经营组织及其演进问题的分析较为分散，没有形成统一、规范的研究框架。规范研究框架的缺失导致相关理论研究缺乏系统性，从既有研究成果来看，表现出研究视角和观点较多，而研究方法尚不规范的特征。在农业产业化和产业化经营组织领域的研究中，学者们采用了新古典经济学、制度经济学、博弈论、行为经济学和演化经济学等多个学科的理论方法，从不同视角对相关问题进行分析。但是由于涉及理论基础较多，研究方法和思想基础难以统一，对于农业经营组织的研究尚未形成权威的、统一的研究方法，即使是使用同一理论工具进行分析，不同的研究者也采用了不同的研究视角和思路。

3. 缺少对农业产业化经营组织演进的动态过程和演进规律的系统分析

组织演进的动态过程和演进规律是把握农业产业化经营组织演进本质的重要内容，这一领域的研究对于准确理解我国农业产业化发展的规律和趋势、正确制定指导农业产业化发展的相关政策措施有着极为重要的意义。但是，现有的研究成果多数以既定的农业经营组织为研究对象，描述性分析较多，而对农业产业化经济组织演进动态过程的规律性分析较少。农业产业化经营组织演进过程中的契约形式、产权安排及运作机制、绩效如何等问题均有待解答。对农业产业化经营组织演进的路径、推动组织演进的动力机制等问题的研究也处于起步阶段，尚未形成较有影响力的研究成果。

第3章 农业产业化经营组织演进的分析基础
——"环境-行为-组织演进"分析框架

农业产业化经营组织是农业产业化经营的微观组织载体，其演进过程也是组织演进一般规律的具体体现。本书将农业产业化经营组织演进作为分析对象，系统性地考察农业产业化经营组织形成和发展的动态过程，归纳出支配这一过程的客观规律和特征。要实现这一研究目标，首先必须以一个逻辑完整的理论分析框架为基础和支撑。

通过第2章对组织演进理论的综述发现，现有理论分析尚未形成统一的框架体系，不同流派间的理论基础、分析方法及具体结论差异较大，各理论间缺乏统一性和一致性。因此，本章的主要任务就是构建起组织演进的基本分析框架，为研究农业产业化经营组织的演进过程提供理论基础和分析工具。

本书认为，如果组织的本质是社会生产关系的外在表现，那么组织演进本质上就是社会生产关系不断适应生产力发展的过程，因此，对组织演进过程及规律的分析也不能脱离生产力和生产关系这一历史范畴。本章以马克思历史唯物主义为思想基础，借鉴演化经济学、行为经济学及制度经济学的相关理论，构建起以"环境-行为-组织演进"为核心的分析框架，通过对外部环境、主体行为和组织演进三者间关系的分析，总结出组织演进的一般过程和基本规律，并为研究农业产业化经营组织的演进过程提供分析基础。

3.1 "环境-行为-组织演进"框架的思想基础
——历史唯物主义

3.1.1 历史唯物主义对社会发展的分析

马克思开创了历史唯物主义分析方法，并对人类社会的演化规律及趋势进行了科学的分析和预测。在方法论的哲学基础上，马克思摆脱了那种"排除历史过程的、抽象的自然科学唯物主义"[75]，指出，自然主义或人道主义与唯心主义和德国古典哲学中的唯物主义不同，是"同时形成了使它们一致的真理"[76]。马克思强调以这种自然主义或人道主义哲学思维作为新的分析历史客观规律的思想基础，虽然没有明确提出"历史唯物主义"这一概念，但马克思在许多论著中都提及了其与唯心主义的不同，恩格斯在《卡尔·马克思政治经济学批判》第一分册中，明确提出德国无产阶级的政治经济学是建立在唯物主义历史观的基础上的。

　　历史唯物主义思想贯穿于马克思对人类社会及其运行规律的分析过程，通过"生产力-生产关系"框架，马克思将推动历史发展的客观因素和在发展过程中人的主观能动作用有机地结合在一起，对资本主义生产方式及人类社会发展规律进行了深刻而科学的剖析。马克思强调历史发展的连续性和演进性，将人类社会发展的历史视为"一种自然史的过程"[77]。恩格斯也指出"我们的理论不是教条，而是对包含着一连串相互衔接的阶段的那种发展过程的阐明"[78]。人类历史是客观的，社会发展受到不可违背的客观规律的支配，社会所表现出的人与人的经济关系，即生产关系是由社会客观的物质条件，即生产力水平决定的。"物质生活的生产方式制约着整个社会生活、政治生活和精神生活的过程。不是人们的意识决定人们的存在，相反，是人们的社会存在决定人们的意识"[79]。生产力与生产关系间的矛盾是推动社会发展的根本动力，当以社会结构等各项制度为外在表现的生产关系能够与生产力水平一致且顺应生产力发展趋势时，生产力和生产关系形成良性的协调互动，推动社会生产力的发展和各项社会结构的进步。随着生产力的发展，既有的生产关系就会逐渐成为生产力进一步发展的束缚，这时社会将出现改革甚至革命，推动原有生产关系的演进，社会结构也随之发展，人类社会进入一个新的阶段，即实现了社会的发展。"社会的物质生产力发展到一定阶段，便同它们一直在其中活动的现存生产关系或财产关系发生矛盾……那时社会革命的时代就到来了。随着经济基础的变更，全部庞大的上层建筑也或慢或快地发生变革"[80]。

　　在对"生产力-生产关系"问题的分析中，马克思并没有脱离人和人的行为而抽象地对生产力和生产关系进行分析，相反，在具体分析过程中，他特别重视对人和人的行为的分析，强调人与环境、主观意识与客观条件间的辩证关系。马克思认为，社会发展最终的目的是实现人的全面自由，将人从物质的约束中解放出来，实现"人与人之间和人与自然之间极其明白而合理的关系"[81]。在分析社会经济发展规律的过程中，马克思以现实中人的行为为起点和基础，将人置于其所处的社会环境中，分析人的主观能动性与客观世界的互动过程及这一过程的规律和趋势。他强调，人是社会性的，社会中人的行为受到其所处的物质条件、社会制度等外部客观世界的影响，"不管个人在主观上怎样超脱各种关系，他在社会意义上总是这些关系的产物"[82]。但同时人的主观能动性对客观世界具有反作用力。在社会中，人的行为必然受到社会生产力水平的约束，必然体现出时代和阶级的特征，"人们用以生产自己必需的生活资料的方式，首先取决于他们得到的现成的和需要再生产的生活资料本身的特性。这种生产方式……在更大程度上是这些个人的一定的活动方式、表现他们生活的一定形式、他们的一定的生活方式……个人是什么样的，这取决于他们进行生产的物质条件"[83]。马克思同时强调，人是社会结构的构建基础，是各项社会制度和组织的构成主体。

　　对人和人的行为分析的重视始终贯穿于马克思的具体分析过程中。在《资本论》中，马克思系统分析了资本主义生产方式的运行特征及规律，指出资本对劳动的支配是资本主义生产方式的核心，资本家和工人的行为代表了其所处的社会阶层的特征，资本家是人格化的资本，其行为体现了资本的逐利性，因此资本家必然要千方百计地追求利润；工人是劳动力的所有者，在失去生产资料后只能依靠出卖自身的劳动力获得生存机会，其行为也只能是在资本家的命令下从事生产活动。资本对劳动的支配反映为资本家对工人的雇佣和剥削，这构成了资本主义生产方式的全部内容，并表现为资本主义企业制度、土地关系、法律关系等社会结构特征。当生产力发展到一定程度，资本家对利润的无限欲望和不断追求行为成为改变这种制度的潜在动力，工人阶层的壮大和工人能力的增强使其具备了反抗资本家剥削的力量，并通过革命等手段改变原有生产关系，建立新的社会制度。可见，马克思对社会规律的分析并没有忽略人和人的行为，而是辩证地论述人的行为与"物质条件"的关系及这种关系对社会发展的推动作用。

马克思的历史唯物主义思想和"生产力-生产关系"分析框架是研究人类社会运行规律的科学方法和有效工具，也为后世许多经济学派的创立和发展提供了思想源泉和理论基础。包括演化经济学、新制度经济学等在内的对新古典经济学进行批评、修正或补充的诸多学派都能看到其理论思想对马克思主义的学习和借鉴。人类社会呈现出纷繁复杂的表象，如果仅就这些表象进行说明，甚至仅通过对表象的简单综合就试图得出社会运行规律，那么这种研究的解释力和科学性都值得怀疑。而马克思本人及马克思主义的其他学者以历史唯物主义视角对人类社会进行分析，通过复杂的社会现象直抵决定这些现象背后的规律，总结出"生产力决定生产关系，生产关系反作用于生产力"的真理性命题，为经济学分析构建了科学的方法论基础。

基于此，本书以马克思历史唯物主义方法论为基础，在对农业产业化经营组织演进的研究过程中，始终坚持马克思的"生产力-生产关系"思想，将主体行为与客观环境相联系，分析环境对行为的决定性影响及主体行为对组织演进的推动作用，透过农业产业化经营过程中表现出的各种现象寻找到决定农业经营组织演进的深层次、内在性的规律。

3.1.2　历史唯物主义视角下的建构理性主义与演化理性主义

理性是人类社会存在和发展的基础，没有人的理性，一切社会行动及规则将失去意义，成为纯粹动物性的本能行为。对人的理性问题的研究实质上是对社会变迁整体机制及规律的研究。古典学派的学者们首先认识到人的理性行为对社会经济的重要意义，但是并没有主张人具有洞察一切的"完全理性"，而是将人的理性置于客观环境之中，研究二者的互动性及对经济的影响。但是，经过新古典经济学的改造，"完全理性"成为经济学的"内核"，并以个人的完全理性为基础建立了一般均衡分析，形成了以建构理性主义为基础的主流经济理论。近年来，随着演化主义等经济学流派的出现和兴起，社会发展过程及规律的研究理论日趋丰富，这些学派反对新古典经济学的完全理性假设，认为经济分析不应以个人的理性为基础，而应研究个人与其赖以存在的社会环境间的关系，因此提出了与建构理性主义相反的演化理性主义观点。

建构理性主义（constructivism）认为人有意识地发明和设计了社会结构，各种制度都是人根据理性原则精心设计的结果。建构主义的主要观点包括：第一，人的理性是一切人类知识和经验的来源，理性是超越一切认知而先验存在的，通过理性推理，人能够获得需要的信息；第二，人类社会的一切规则都是由具有理性的人创建的，人清楚地了解自身及所处的环境，能够根据实际需要设计出符合预期结果的制度；第三，只有符合人的理性或被理性验证过的内容才能被充分相信，一切未经过理性证明的规则都不应被执行。当人的理性能够构建起人类社会的规则和制度时，那些未经理性证明的、自发实现的结构都是不可取的。

演化理性主义（evolutionism），又称进化主义，认为社会结构和制度不是人为主观创立的，而是在漫长的历史过程中逐渐累积形成的，社会发展是个人之间通过行动的相互协调、互相适应并且不断试错的有机过程。演化主义的主要观点包括：第一，人的理性不是孤立或超越社会背景的，而是通过历史发展获得的，所以理性是经验性的，不同环境中人的理性是不同的；第二，社会规则不是由人设计的，而是在长期的人类行为互动中演化而成的，是人类行动的自发过程，社会中的演化规则支配着人的行动；第三，理性不能证明一切，社会上自发形成的规则即使未被理性证明，也不一定是应该被抛弃的，有些传统、惯例等是无法被建构和证明的，但作为人类历史演化的结果，同样是有意义的。

建构理性主义的典型代表是新古典学派，演化理性主义的典型代表是奥地利学派。长期以来，经济学领域关于建构主义与演化主义两种方法论基础哪一种更加科学、更适应经济学未来发展趋势的争论一直存在。建构理性主义强调人的理性的作用，认为人具备创立、改变社会结构的能力，合理的制度能够被设计；演化理性主义强调社会客观规律对人的决定作用，认为社会是一个有机的系统，其发展变化是社会中个人行动选择的协调结果，人的行动受社会规则的严格约束，被人为设计的制度往往成为约束人行动的因素。从根本上讲，二者的差别在于将理性赋予了不同的对象。建构理性主义将理性赋予个人，强调个人的完全理性和独立行动，人能够获得并处理决策所需的信息，因此能够独立作出决策；而演化理性主义则将理性赋予个人所处的外部结构或环境，强调外部环境对人行为的塑造和影响，而在一定程度上否认了人具有能动性，否认了人作为认知主体的作用。

从历史唯物主义角度上讲，构建理性主义与演化理性主义本质上是一致的，两种理论都是一种具有"神谕"性质的理性，都反映了社会中个人行为的某一个侧面，区别仅在于这两种理性赋予的对象不同。建构理性也是演化理性，因为人的行为也在客观上构成了环境的演化过程，同时演化理性也是建构理性，因为在社会环境中行动的个人能够通过主观认知获得相关信息，并有效地选择最具适应性的行动，但是两者又都是片面且偏激的，建构理性过于强调人的理性的无往不胜，认为个体能够超越整体，个人能够为社会确立规则，建构主义强调人的完全理性，使人具有"神性"；而演化理性过于强调所谓社会的"自然法则"，忽视个体的作用和个体行动对整体的影响，强调自然法则对人自身智慧的替代，塑造了一个支配人的"神"。综上所述，本书认为两种观点都有失偏颇，均无法科学地认识到人与环境间的辩证关系，也难以真正认识到社会发展的本质规律。

正如前文所述，马克思对社会经济规律的研究没有脱离人和人的行为，而是以"人"为出发点，以"现实的人""社会的人"为中心展开经济研究的，是对"人"的历史的、辩证的认识。马克思对人的认识超越了狭隘的"建构或演化"观，而是利用唯物史观和辩证法的观点深刻剖析了人的理性及人与外部世界的关系。马克思认为，人的社会经济活动构成一个复杂的综合系统，对社会经济问题的研究应以这个综合系统为考察背景。在研究过程中，他一直将经济学与人类学、历史学、生物学等多学科相结合，形成开放式的研究方法和体系。在对人的认知上，马克思指出，一方面，人的本质是"社会关系的总和"，社会经济中的人只是经济范畴的人格化，其动机和行为由这些经济范畴所涵盖的经济关系决定。人处于社会环境中，单独的个人不能完全把握外部环境，对其而言，环境具有一种支配性的力量，使其不得不按照"异化"的规则行动。另一方面，个人具有经济利益，"把人与社会连接起来的唯一纽带是天然必然性，是需要和私人利益"[84]。个人具有追求经济利益和满足物质需要的意愿和能动性，能够在一定条件下积极地实施满足自身利益要求的行为，历史本质上是人为追求自身目的而进行的活动，社会运动是个体选择和行为的综合。部分演化经济学者采用的"适应性理性"在一定程度上反映了个体心智模式与外部环境间的互动，认为个体能够根据经验法则采取行动，节约有限的认知资源[85]。黄凯南将这种理性称为"认知理性"，即拥有完全生物神经系统的个体通过认知过程（包括生物调节过程、个体学习过程和社会学习过程等），建立起应对外界环境刺激的稳定认知模式，并认为这种认知模式的作用在于提高个体处理内外部相关机能和信息的能力，增强个体对环境的适应性[86]。

可见，对人和人的理性认识应该是全面而客观的。一方面，人不是孤立的存在，不能超越其所处环境而自发具有理性，也无法将习俗、感情等因素精确折算成成本收益指标，然后根据精确的计算来作出行动决策；另一方面，人具有认知能力和学习能力，人不仅仅是外部规则的盲目遵循者，还能够通过学习从环境中获得信息，并将这些信息加工成关于如何采取行动的知识，随着知识的积累，人通过主观行动影响、改变外部环境的能力不断增强。以偏好为例，偏好是个人对事物喜好程度的主观判断，包括口味、习惯、情感等人的内在评价标准。主流经济学假设偏好是稳定的，并且具有完备性和传递性，稳定的个人偏好是新古典经济学消费者理论建立的基础。但是，许多学者通过实验方法对个人偏好进行检验，发现偏好并不是稳定的，而是情境依存的，即对同一个人而言，在不同状态下，对同一事物的评价不同。偏好的情境依存体现在个人行为的许多方面，如人行为表现出的损失厌恶和禀赋效应①等。偏好虽然是个人的主观评价，但是人是具有适应性理性的，人的主观评价标准往往受到社会行为规范、道德标准的影响，当环境变化时，个人偏好往往发生变化，因此，本书反对稳定性偏好假设，赞同个人偏好是情境依赖这一观点。

可见，人的理性是与外部环境互动生成的，既是"建构的"，也是"演化的"，同时又超越了"建构"和"演化"。在历史唯物主义视角下，社会中的个体同时具备建构理性和演化理性两种特征，但又超越这两种理性所界定的内涵，形成一种新的理性范畴，即个体既遵守着社会规则，也塑造着社会规则。个体的行动受到所处环境的制约，但个体具备认知能力，能够在环境中学习，逐渐增强对环境的适应和把握能力。

3.2 "环境-行为-组织演进"框架

在马克思历史唯物主义方法论的启示下，本书尝试构建一个"环境-行为-组织演进"理论分析框架。这一新框架的建立以马克思的历史唯物主义思想为基础和指导，在研究方法和内容上广泛借鉴了制度经济学、演化经济学、行为经济学及博弈论等西方经济理论的研究方法及理论，以及国内学者的相关研究成果。"环境-行为-组织演进"框架建立的主要目的在于将外部环境、个体及个体行为与组织演进相联系，形成一个研究组织演进的综合性分析框架，系统性地对组织的演进过程、演进机理及内在规律进行分析。

3.2.1 "环境-行为-组织演进"框架的基本逻辑

"环境-行为-组织演进"框架的基本逻辑是环境影响主体行为，而主体行为推动组织演进(图3-1)。但这一过程并不是简单的单向因果关系，而是一个涉及多因素的复杂有机演化过程。"环境-行为-组织演进"框架将外部制度和技术环境、个体的认知模式、行为特征及偏好、主体间互动与协调等多个变量融入对组织演进过程的分析，其基本逻辑包括：

第一，环境是影响社会经济中主体行为的关键因素，在不同的外部环境条件下，个体行为的预期净收益不同，其行为选择也存在差异。但环境对主体行为的

---

① 损失厌恶指人们对损失所赋予的价值要高于对获得同等收益所赋予的价值，如人对丢失的财物的价值评价高于对获得同样价值财物的评价；禀赋效应是指一个人愿意出售其所拥有的物品的最低价格比他愿意为同样物品支付的最高价格高。

作用效果受到行动主体对环境主观认知的影响,习俗、历史、感情和文化等因素影响个体对环境的判断及环境变化后的行动决策。

第二,主体行为推动组织演进。组织演进是个体行动互动与协调的结果,组织中的个体作为行动主体,根据外部环境和自身认知做出行动选择,各主体间的行为相互影响,形成互动关系,经过协调实现主体间行为的均衡,组织也随着主体间行为的互动与协调经历演进-稳定-演进的动态过程。

第三,组织演进的过程是环境适应性弱的组织被环境适应性强的组织逐渐替代的过程,这一过程是"建构"与"演化"相结合的过程,是"自组织"与"他组织"(设计)混合的渐进累计过程[87]。

第四,组织演进的最终目的是通过提高组织的适应性实现组织中个体福利的提升。组织演进的核心动力是不同环境中个体对自身经济利益的追求。

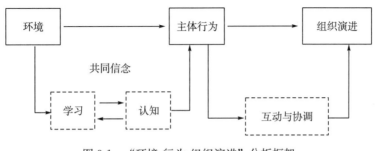

图 3-1　"环境-行为-组织演进"分析框架

3.2.2　环境分析

环境是经济主体行为的客观背景和外在约束,对社会中每个个体的行为都具有重要的影响,因此,本书将环境作为分析组织演进问题的起点。广义而言,环境泛指主体之外与主体存在相关性的事物的综合,即行为主体所处的外在物质和非物质条件的综合,包括自然环境、经济环境、文化环境等诸多子集。由于环境所涉及范围十分广泛,往往都要根据研究内容和研究目的的不同对环境进行界定和分析。

1. 技术环境与制度环境

本书研究的是组织演进过程中环境对主体行为的影响,因此将环境限制在与经济行为主体进行决策有关的外部因素范围内,从生产力和生产关系两方面研究环境及环境对主体行为的影响,将环境分为技术环境和制度环境两个层次。其中,第一个层次是技术环境,包括资源要素禀赋等有形环境和信息技术等无形环境,反映主体行动过程中人与物质条件的关系;第二个层次是制度环境,包括法律、规则、传统、习俗等正式和非正式的制度,"是一系列用来建立生产、交换与分配基础的基本的政治、社会和法律基础规则"[88]。

技术环境反映的是生产技术、信息等改变生产函数关系、提高劳动生产率的知识性要素的发展程度。张培刚指出，技术就是生产要素的结合关系，技术进步就是能增进利益的要素组合方式；熊彼特把技术创新定义为将从未有过的生产要素和生产方式的新组合引入生产体系，从这一定义来看，技术应该是生产要素和生产方式的组合；纳尔逊将技术分为物质技术和社会技术两类，物质技术是指物质生产过程中行为人所遵循的惯例，社会技术是指行为人与其他行为人交往之中遵循的惯例。从这一意义上讲，纳尔逊实质上将物质技术归于生产力范畴，将社会技术归于生产关系范畴。本书用技术和技术环境表示人对物质要素的利用能力，技术环境包括一切反映人与物质要素关系的内容。

制度环境包括正式制度和非正式制度两类，正式制度包括法律、规则、政策等有意识创造的一系列社会行为法则，非正式制度包括传统、习俗、惯例等人们在长期交往中无意识形成的社会行为规则。从制度形态上讲，影响个体行动的制度主要包括产权制度、市场制度、国家制度和意识形态。其中，产权制度是规定产权所有者拥有对财产的处置、收益等权利，良好的产权制度能够鼓励主体有效利用自身财产，提高全社会的资源使用效率；市场制度主要是指约束行为主体交易活动的各类安排，包括契约制度、金融制度、保险制度等。广义的国家制度包括国家的管理形式、结构形式、选举制度、政党制度、决策制度、司法制度、官吏制度等政治制度，反映了主体的社会地位及政治权利。意识形态代表了非正式制度的根本内容，包括行为主体的思想观念和文化特征等，反映了主体在行动过程中的内在倾向[89]。

从根本上讲，技术环境决定制度环境，制度环境是技术环境内在要求的生产关系表征，技术环境不直接作用于个体行为，而是通过制度环境的激励和约束影响人的行为。

2. 环境的特征

环境的特征包括：①环境处于不断变化之中。环境变化既可以是连续的、渐进的，如欧洲中世纪生产力和生产关系长期而缓慢的发展；也可以是突发的、激进的，如工业革命带来的生产力环境的巨大变化及相应出现的革命性制度环境的变化。②突发、激进的环境变化带来的不确定性较强，环境中的个体往往难以在变化之初及时调整行动以适应环境，因此表现出对变化的不适应，甚至抵制；连续的、渐进的环境变化带来的不确定性较弱，环境中的个体能够根据变化调整行动，也较少表现出对环境变化的不适应①。③环境变化表现为生产力环境的变化

---

① 韩兰和弗里曼（1977）用变异性、质地和不确定反映环境特征。变异性衡量环境变化的速度，根据变异性不同，环境分为激进变动和渐进变动两类；环境质地表示变化过程的连续性，根据质地不同，环境分为"光滑"或连续变化的环境和"粗糙"或间断变化的环境；不确定性反映环境变化带来的风险程度，也可视为前两类指标的衍生特征，一般激进变动的环境带来的不确定性较强，渐进变动的环境带来的不确定性较弱。

和制度环境的变化两种，但环境变化的起点和根本原因是生产力环境的变化，而导致生产力变化的原因包括自然条件的变化和科学技术的进步，如 19 世纪 50 年代美国技术进步带来生产中的规模经济，推动了美国产业环境和企业组织环境的变革[90]。④环境是一个要素相互联系、相互作用的有机综合体系，各类环境要素的互动共同推动环境系统的整体变化。生产力环境的变化要求制度环境的相应变化，而制度环境的变化也会推动生产力环境的变化。但是生产力环境变化后，制度环境的变化可能是自然而稳定的，也可能需要经历冲突过程，因为制度环境中的习俗、惯例等文化因素有强大的惯性，使人们有遵循固有思维方式和行为习惯的倾向，往往表现出对社会制度变革的抵制，这也使制度环境变化具有时滞性，并可能将制度引入另一种偏离生产力发展要求的变迁路径上。

3.2.3 行为分析

主体行为是组织演进的直接推动因素，也是分析组织演进过程及规律的核心内容。本书主要从主体行为的基本假设、行为过程及行为特征三方面对个体行为作出分析。

1. 行为假设

自亚当·斯密提出"经济人"假设后，西方经济理论一直将这一假设作为分析经济问题的核心思想之一，并在原有含义的基础上不断修改这一假设。"经济人"假设一方面说明人的逐利性；另一方面，通过这一假设，斯密阐述了"看不见的手"这一市场运行的内在机制。但是，值得注意的是，斯密所提出的"经济人"是遵守社会道德、努力追求自身经济利益的人，而并没有强调基于信息获得能力的个人理性对决策的影响。

斯密之后，新古典经济学者将"经济人"概念向完全理性与自利性方向扩展，并提出了"理性人"假设，突出了以个体稳定偏好和计算能力为前提的个人理性决策过程，强调拥有完全理性的个体总能够作出使自身收益最大化的决策，并以此为核心构建了一套理想化的市场交易机制，形成了以一般均衡分析为基础的主流经济学理论体系。

"理性人"假设提出后，以制度学派、奥地利学派等为代表的各个"非主流"经济学派从不同角度提出了反对性观点。总体上讲，这些反对性观点分为两类，第一类观点是对个人理性的根本性否定，以早期制度学派和奥地利学派为代表，如凡勃伦等制度学者认为习惯、规范等是引导人类行为的重要因素，"经济理性"并不是人类的天性，而是一种后天的才能[91]，要通过学习等行为逐渐获得。哈耶克认为人的心智模式有不可逾越的阻碍，个人理性的作用十分有限，在人类社会发展过程中，人的行为是遵循外部演化规则的，而不是遵循所谓理性原则的。第二类观点对"理性人"假设的批判相对温和，以行为经济学派和新制度学派为代表，认为个人理性有存在的价值和意义，但是个人理性是有限的，如西蒙和卡尼曼等学者提出"有限理性"假设，认为受客观环境和认知能力的限制，人不可能是完全理性的，因此他以信息有限性替代完全信息，以满意目标替代最优目标，将信息的不完全性、信息处理成本和新古典理论未涉及的决策者目标函数引入分析过程，对行为人的完全理性假设进行了修正。新制度学派的代表威廉姆森和哈特分别从交易费用和产权两个角度对不完全契约进行了分析，指出人是有限理性并具有机会主义行为倾向的，因此不完全契约中存在"敲竹杠"等问题。

在本书的分析中，将主体行为假定为"适应性理性"，与演化经济学者提出的"适应性理性"概念内涵相似，本书所指的"适应性理性"既反映个体对外部环境的适应，同时也强调个体对认知能力的主动运用，强调个人理性对外部环境的反作用。人具有认知能力，因此人具有以自我判断为基础的理性，同时人也生存在客观环境中，其理性必然受到外部因素的影响，因此，理性是有限的，但是能够通过与外部环境的交流和反馈获得发展。人的理性是在主客观互动过程中形成和发展的，正如前文在关于建构理性主义与演化理性主义一致性的论述中所得出的结论，理性是"建构的"也是"演化的"，是人的主观认知与客观环境共同作用的结果。

2. 信念与学习行为

1)信念和信念体系

如果将组织演进过程视为不同环境状态下主体间行动相互作用和相互协调的过程，那么行动者所持有的信念决定了这一过程中每一个主体行动时对其他行动者可能采取的行动的预期和对自身采取不同策略所获得的收益的预期。因此，对信念的理解是研究主体行为的关键内容。

信念指行为人按照某种观点、原则和理论行动的内在心理倾向，是人行动的"内在约束"。"人在任意情境中将会怎样做，将取决于他们的偏好和信念"[92]。诺思认为，"心智模式"的初始基础是人通过基因遗传获得信息，随后加入个人的经验积累，在与外部环境的不断交互中，个人逐渐形成稳定的对外部信息的处理方式和行为倾向，这种被环境多次证实的、稳定的"心智模式"即为信念，相互联系的信念组成"信念体系"。

信念构成了个人在特定环境中采取何种行动的主观认知基础。马克斯·韦伯在《新教伦理和资本主义精神》一书中对信念、行为与制度变迁做出了开创性的研究，论述了新教伦理作为一种宗教信仰对西方国家个人行为和资本主义经济发展的影响。阿玛蒂亚·森指出，由同情、道德伦理和社会习惯等具有社会性的"内在约束"决定了人的行为动机和他们的选择性行为。在演化博弈理论中，信念被视为参与人对博弈规则和支付结构的认知及对其他人行动的预期。

　　信念和信念体系是主体对行为与结果间关系的理解，是对其策略集中每个策略期望支付结果的认知。信念构成了行为主体内在的认知系统，决定了在特定环境状态下，主体倾向于采取何种行动及行动的方向。人的行为受外部客观环境和内部主观认知或心理特征的共同影响，外在的刺激引发内在的反应，但是二者并非直接的因果关系，而是通过信念体系将外在的各种刺激转化为主体的主观认知后，主体根据认知做出各种行为反应(图 3-2)。萨缪·鲍尔斯与其同事在 15 个不同的社会结构中进行最后通牒博弈的实验，实验结果证明了社会生产和分配规则对个人人格、习惯、信念等的影响。可见，信念和信念体系是连接外部环境与主体行为的关键因素，外部环境与行为人的信念和偏好共同决定主体的行为结果。

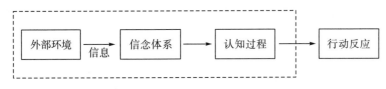

图 3-2　环境、信念与主体认知

2)学习过程

　　学习是通过教授或体验而获得知识、技术、态度或价值的过程，是行为主体"在与环境互动中不断调整和创建信号联结的过程"[93]，是"人们将根据他们如何将某一种情况分类，以及根据来自他们个人的经验和他们关于别人在相似情况下的经历知识，调适他们的适应性行为"[94]。学习过程是"信念体系"被修改、完善或摒弃的过程，是主体认知与环境互动的过程，通过学习，个体的信念和信念体系将获得发展和完善。

　　对学习行为的研究源于心理学领域，包括认知主义学习理论和行为主义学习理论两大理论体系。认知主义学习理论认为学习过程是在某一环境中，学习主体通过内心积极处理和组织，形成认知结构的过程，认知主义学习理论强调主体的认知过程是外部刺激与个人反应之间的中介，因此在学习过程中，主体的认知是学习效果的关键；早期的行为主义学习理论认为学习是刺激与反应的联结，外部刺激带来相应的反应，新行为主义学习理论认为主体学习的主要方式是操作性条件反射，即主体在环境刺激中可以自发地做出多种反应，如果对其中某个行为进行强化，该行为发生的概率就会提高。

　　通过借鉴心理学的相关成果，部分经济学者将学习理论应用于解释环境与个体间的信息反馈及个体间的行为互动过程，提出了经济学领域的学习理论。诺思将人类环境视为物质环境和社会文化环境组成的复杂系统，系统中的个体能够通过主动行动适应环境，通过持续地与环境和其他个体互动进行"学习"，并根据学习的经验改变自身行为方式。诺思将心理学的"共享心智模型"引入经济解释，他认为，理解经济变迁的关键是理解参与者的信念对制度激励强度的决定作用。参与者的信念决定了参与者的行为，进而决定制度的激励强度，而学习就是个体在自身信念体系的基础上，对从"新奇经历"中获得的经验所包含的各种信息进行选择的过程，是信念体系筛选信息的方式。只有当一个社会能够通过建立"良好的"学习过程以从中获得解决"新奇困难"的信息时，才能够实现经济发展的成功[95]。诺思将学习过程视为个体信念体系发挥作用的过程，认为学习是人类在"非各态历经"的世界中获得新信息的方式，学习是以下两个过程的综合。一是在一个通过既定的信念系统过滤各种由经验获得的新信息的过程；二是个人与其所处的社会群体处理在不同时间所面对的不同经验。学习过程对于人类建立制度框架，减少不确定性发挥着重要作用。但是诺思并没有对人类的学习过程进行进一步详细分析，也没有详细论述学习与信念体系的关系及其与参与者行为的关系。

学习行为的分类方式很多，从认知的视角将学习分为无意识学习和有意识学习两大类。无意识学习也被称为强化学习，是指行为主体倾向于采用在过去曾经产生过高收益的行动，而避免采用产生低收益的行动。在强化学习过程中，主体采用某种行动的概率与该行动曾经带来的收益呈正比，与该行动曾经带来的负效用呈反比。强化学习是一种简单的、生理式的学习模式，是由人趋利避害的本能倾向引发的行动，但强化学习的应用较广，如组织采取激励和惩罚机制改变组织成员采取某种行动的频率，并将行动固化为成员的无意识行为倾向。

有意识学习包括弱意识的惯例学习和强意识的信念学习。惯例学习是指环境变化后，主体采用原有的某种学习模式获取新环境的相关信息，而主体采用哪种原有模式取决于他对于哪种模式更熟悉。惯例学习是主体通过无意识的学习倾向有意识地改变其行为，即行动主体在环境变化后采用某种学习模式是一个无意识的过程，而其根据环境变化调整行动是一个有意识的过程。惯例学习的主要方式是模仿，主体模仿那些流行性的或看上去产生高收益的行为。信念学习是一种强意识学习模式，指环境变化后，主体将有意识地通过各种方式去获得新信息，这一过程中，主体将消耗较多的时间、精力等认知资源。信念学习是主体有意识的学习过程，当环境变化后，主体愿意使用更多成本搜寻新信息为其行为决策提供参考。随着环境变化的加快和人类社会知识累积的增长，信念学习已经成为一种较为常见的学习模式，在组织演进过程中，行为主体愿意消耗一定成本获得新的行动决策信息，以增强行为对环境变化的适应性。从学习的来源将学习模型分为基于心理的学习模型、基于理性的学习模型、适应性模型、信念学习模型、由计算机科学和生物学所激发的模型等[96]。

另外，章平和戴燕将学习划分为基于强化的学习模型和基于信念的学习模型两种基本模式，其中基于强化的学习模型的含义是参与人没有形成有关其他参与人如何行动的信念，因此，其下一阶段的行动只来自于上一次博弈行动所获得的支付。基于信念的学习模型的含义是在重复博弈中，参与人通过对过去博弈信息的观察，形成对其他参与人下一步行动的预测，并根据其对他人行动的预测选择期望支付最大的策略[97]。

　　近年来，学者们建立了随机信念学习模型、贝叶斯理性学习模型、神经网络学习模型和经历加权吸引学习模型等学习模型以模拟更加复杂的学习过程和行为。

　　3)学习过程与社会的信念体系

　　具有适应性理性的个体对外部环境刺激的理解形成个体信念体系，而不同个体的信念体系具有差异性，那么个体行为也会表现出异质性和多样性。但社会中的个体行为并非孤立的，不同个体间的行动需要相互协调以实现不同参与人行动间的均衡。因此，在分析个人行为过程中的一个重要内容就是明确具有不同初始偏好和信念的个体如何在与其他主体相互作用的过程中，根据环境变化来调试自身行为，以实现主体间行动的协调，实现这一过程的主要机制在于主体的学习行为。

　　学习是一个组群内个体间行动协调的重要途径。诺思等提出了"共享学习"的概念，指出从个人层次的学习到社会层次的学习过程是"共享心智模式"的演化过程，通过知识的代际传承和模仿传递，社会形成了一套共同的信念体系，减少了个体对同一环境信息认知的差异，增强了共同行动的一致性。加入学习过程的行动反应机理应调整为如图 3-3 所示的形式。

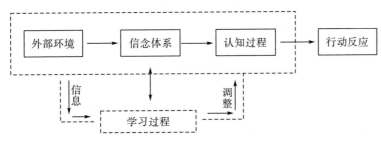

图 3-3　加入学习过程的环境、信念与行动反应

3.2.4　组织演进分析

1. 组织与组织演进

　　组织是具有利益相关性的个体为实现共同目标而通过正式或非正式契约联结形成的群体关系。组织具有内部规则和外部的表现形式，内部规则是由组织成员共同同意的约束各成员行为、确定成员间关系的显性或隐性的规章制度，外部表现形式是某一组织区别于其他组织的各种外在表征，如组织名称、组织规模等。

　　组织演进是组织内部各参与主体相互间关系及相应外部形态的发展演变过

程，是一种新组织关系对原组织关系的替代。组织演进与组织发展不同，组织发展具有两种形式，一是既有组织自身的局部调整，如组织规模的扩大或缩小；二是组织关系的根本性变化，如新组织的形成、组织参与者契约关系的变化等。组织演进指组织发展的第二种形式，因此，可以说组织演进是组织发展的一种形式，但组织发展不一定是组织演进。

组织的本质是成员间的契约关系，因此，判断组织演进的主要标准是组织的契约结构是否发生了较大的变化，组织的契约结构是指各缔约主体间的权利和责任安排。契约结构的变化意味着成员间权利关系发生改变，只有当这种关系发生变化时，才能判断组织实现了质的发展，由一种组织演进成为另一种组织。

2. 组织演进的特征

从动因、过程等角度来看，组织演进具有如下特征：

第一，组织演进的外部动因是环境的变化。组织演进的根本目的是增强环境适应性而获得更高的组织收益。如果将组织视为一个具有独立行动能力的社会主体，当技术进步或政策改变带来新的潜在利润时，那么作为逐利性的组织将通过调整自身结构力图获得潜在收益。当组织既有的内部契约关系束缚组织逐利行动时，组织就有动机改变原有契约关系、建立新的契约关系，通过组织演进实现对环境变化的适应，因此，潜在收益"诱致"组织实现演进，而带来潜在的收益的环境变化是组织演进的根本动因。

第二，组织演进是组织成员间行动相互协调的结果。组织由具有独立行动能力的组织成员组成，组织成员是组织行动的主体。组织的逐利性是组织成员逐利性的反映，组织行动是由组织成员行动推动的，是成员间行动冲突和协调的结果。当外部环境变化带来新的潜在利润时，组织成员将根据相关信息采取行动以获得潜在利润。组织成员间既存在共同利益，也存在利益冲突，在行动过程中，各成员形成博弈关系，通过个体行动间不断冲突和协调最终实现均衡，形成新的组织关系。但要注意的是，基于成员间博弈均衡结果的组织演进可能是有效率的，能够实现组织演进既定目标，也可能是低效率的，因为成员间的博弈结果不一定是最优的。

第三，组织演进表现出"路径依赖"特征。新组织的形成和对原有组织的替代是以原组织为起点的，既有组织的契约结构和运行方式将对组织演进过程产生影响，因此，组织演进表现出"路径依赖"特征，新组织的演进方向和最终结构要受原组织成员既有利益结构、权利关系、信念和偏好等因素的影响。当外部环境变化后，组织成员有通过组织演进追求个人利益的动机，但是原组织运行过程中累积形成的规则、惯例已经形成组织成员个体认知的重要内容，这些认知会对成员的行动形成一定约束，同时原组织中部分成员的利益可能会因组织结构变化而受损，这部分既得利益者会反对甚至采取行动阻碍组织向期望目标演进，因此，组织演进的过程及轨迹是参与人行动策略的结果，同时受到参与人初始权利结构的影响。

第四，组织演进是"演化"与"建构"过程的统一。一方面，组织演进的直接动因是组织成员的自发行动，组织演进以"演化"为基础。组织中的各成员是组织演进的行动主体，在获利动机的诱致下，各成员根据相关信息进行决策，做出行动反应，经过冲突和协调的反复过程，成员间的分散行动最终到达均衡状态，实现组织演进。另一方面，组织成员的自发行动会出现协调失灵等问题，使组织演进偏离预期目标或提高演进过程的成本，当出现协调失灵问题时，需要组织内部或外部的权威力量干预组织演进过程，将演进过程引导向组织预期目标。可见，组织演进是"演化"与"建构"过程的统一，"演化"是组织演进的基础，"建构"是引导演化方向的手段，只有在符合组织成员行动意愿的基础上，对演进过程的干预才是有效的，组织演进过程是自发秩序和人为设计两种"力量"共同作用的结果[98]。

3.3　"环境-行为-组织演进"框架的结构层次

组织演进的根本动因是环境变化，直接推动力量是作为行动主体的组织成员的行为，因此，"环境-行为-组织演进"框架对组织演进的分析分为两个层次，第一个层次研究"环境-行为"关系，重点分析主体如何获得关于外部环境的相关信息及个体以何种机制处理外部信息，以形成行动决策；第二个层次研究"行为-组织演进"关系，将主体行为作为组织演进的自变量，分析组织成员间的行动互动过程及成员行动在组织演进过程中的作用。

3.3.1　环境与行为

人的行为受外部环境的影响和制约，不同环境中，人的行为表现出不同的特征。西方主流经济学长期以经济主体的逐利性为分析基础，关注拥有完全信息的个体如何通过计算进行行为决策的过程，而忽略了外部环境对个体行为的影响，使经济学成为"把人类行为当作目的与具有各种不同用途的稀缺手段之间的一种关系来研究的科学"[99]。持有演化思想的部分学者则强调环境对个体行动的决定，认为个人不具备能动性，个人理性对行为的作用十分有限。如前文所述，这两种观点实质上就是经济学长期存在的关于"建构理性"和"演化理性"的争论，是对个体与环境关系的两种极端回答。在现实中，个体与环境的关系是介于两者之间的，即个体行为受外部环境的影响，但是个体具有认知能力，能够通过学习获得关于环境的知识，并通过理性计算选择自身的行动决策。环境对主体行为影响的具体过程为：

第一，环境变化的信息被行动者感知后，行动者根据自身信念体系和偏好对信息进行筛选。根据组织生态理论，生物体单元的生态位主要取决于以下两个方面，一方面是主体与外部环境间所进行的物质、能量、信息的交流转换状况；另一方面是主体自身的"新陈代谢"，也就是主体内部不同组成部分的运行状况及各部分之间相互协调的状况[100]。当外部环境发生变化时，行动者能够通过各种信号感知到变化，如要素相对价格的变化、行动约束的变化等。随后，这种客观的关于环境的信息进入行动者的认知体系，个人以长期行为过程中累积而成的认知体系为标准，不断对新信息进行检验、过滤，筛选出相对重要的信息并对其进行选择、加工和处理，最终形成关于环境变化的新的个人主观认知，即新的信念体系。

第二，个人的信念体系和偏好是内生的，具有情境依赖性，环境变化的相关信息也会对个人的主观认知系统产生影响。具有适应性理性的个体在获得外部环境相关信息的同时，逐渐塑造、改变着自身的认知系统。适应性的个体具有情景依存偏好，当外部环境变化后，主体的偏好可能发生变化，同时，以习俗、传统等文化特性为主要内容的个人信念体系也是由遗传和习得共同塑造的，通过文化传递等学习方式，文化特性处于不断演化之中，个人信念体系也经历不断的变化和重塑。

第三，主体获得对环境变化的认知后，通过学习过程形成行动倾向。对环境变化作出判断后，行动者形成可供选择的多种行动方式，最终采取何种行动依赖于行动者的学习过程。组织演进过程是多个主体共同行动的过程，单一主体行动的预期支付依赖于其他参与者的行动，即在行动主体的策略集合中，不同策略对应不同的预期支付。在组织演化过程中，行动者通过强化、模仿或信念学习等方式对其他参与者的行动做出最佳反应，形成行动倾向。

3.3.2　行为与组织演进

组织是组织成员的集合。在组织中，每一个具有适应性理性的成员都能够根据环境做出于己有利的行动选择，行动者之间的策略互动推动了组织演进。因此，如果将组织视为一个由多个个体组成的群体，那么组织的演进过程就是一定环境条件下，群体中个体间策略互动的演化过程，每一种组织形态的实现都是一个主体策略互动的稳定均衡结果。但是，共同行动会出现协调问题，导致组织演进陷入低效率状态，此时，需要外部力量的干预，推动组织演进进入高效路径。

1. 个体策略互动与稳定均衡

人是具有适应性理性的，当外部环境变化后，个体会通过认知体系对外界信息进行处理并作出行动决策，但是群体中的个体具有异质性，个体之间具有不同的偏好和信念，因而群体中也存在不同的行动策略，群体演化过程就是个体根据对他人策略的预测而调整自身行动，通过主体策略的互动最终达到群体的稳定，此时，组织演进进入一个相对稳定的状态，即面对一定程度的随机干扰，群体能够自发收敛于某一状态，即实现稳定均衡（策略）状态。当外界环境变化带来的冲击较大时，群体将进入新一轮的演化过程，并趋向于一个新的稳定均衡状态。

组织中个体的策略互动及稳定均衡结果受到博弈框架的影响。根据参与者是否受某种事前的协议约束，博弈分为合作博弈和非合作博弈；根据参与者间利益是否冲突，博弈分为共同利益博弈和冲突博弈（图3-4）。组织演进过程中，上述几种类型的博弈结构都会出现，但是大多数组织成员都是具有个人利益的独立行为人，往往不存在约束其行为的、可实施的事前协议，同时，组织主体间既有共同利益，也存在利益冲突，因此在现实的组织演进过程中，非合作博弈和冲突-共同利益博弈（参与者既有共同利益也存在利益冲突）较为常见。在具有非合作和混合利益结构特征的博弈中，给定其他参与者行动的前提，行为人会选择自身收益较高的行动，参与者策略互动的稳定均衡结果可能是帕累托最优的，即实现组织演化预期目标和参与者的共同利益，也可能是次优的，即组织演化的预期结果未能实现，参与者也未能获得预期收益。

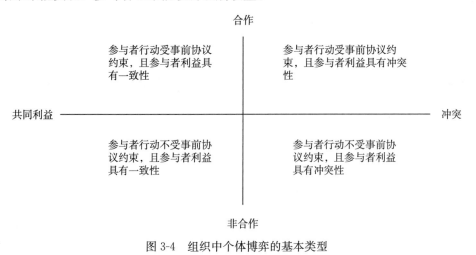

图 3-4   组织中个体博弈的基本类型

2. 协调问题与组织演进效率

在博弈过程中，会出现参与者之间的非合作行动导致的协调失灵，当协调失灵以较大可能性出现时，就会产生协调问题。协调问题是组织有效演进的阻碍因素之一。虽然在组织演化博弈过程中，具有适应性理性的参与者能够根据相关信息和对其他参与者行动的预测作出行动决策，但是由于协调失灵问题的存在，博弈不一定能够实现参与者预期的最优结果。如在囚徒困境、信任博弈等博弈结构中，参与者之间的非合作行动往往导致协调问题的产生。协调问题产生的一个重要原因是某一主体的行动对其他人效用的影响，鲍尔斯以一个两人协调行动博弈为例将协调问题进行了如下分类（表3-1）。

表 3-1　协调问题的分类[101]

战略	外部性	
	负外部性：$u_A<0$	正外部性：$u_A>0$
替代：$u_{aA}<0$	渔民悲剧	团队生产
互补：$u_{aA}>0$	炫耀性消费	财政竞争

注：a 和 A 分别视为参与者 1 和 2 的行动。u_A 为参与者 2 的行动对参与者 1 效用的影响，u_a 为参与者 1 的
　　行动对参与者 2 效用的影响；u_{aA} 为参与者 2 的行动对参与者 1 边际效用的影响，u_{Aa} 为参与者 1 的行
　　动对参与者 2 边际效用的影响。若 $u_{aA}=u_{Aa}<0$，二者行动为替代战略，否则为互补战略。

3. 外部干预与协调问题的解决

在多个参与者共同行动的过程中，协调失灵问题经常发生，如表 3-2 列举的类似公共品问题的渔民悲剧和团队生产中的"搭便车"问题等。在组织演进过程中，协调问题使演进陷入停滞或低效率的路径依赖之中，最终的均衡结果往往是次优的，组织演进难以实现预期目标，组织成员也无法通过组织目标的实现来实现个人利益的增加。

如果坚持以个体自发行动为基础解决协调问题，那么存在三种主要方法。第一种方法是改变制度结构，如改变产权结构、改变组织内部激励机制等；第二种方法是改变互动的基本结构，如通过庇古税使个人承担其行动的外部成本；第三种方法是改变行动者的偏好，使其具备社会偏好，即由理性的利己主义者变为利他主义者。但是上述三种方法都是理想化的解决方案，实际操作性有限，改变制度结构可能带来较高的内生交易费用，庇古税的征收面临技术和效率的双重约束，而建立主体的社会偏好又缺乏现实条件的支撑。

协调问题的存在使组织演进不能完全依靠组织成员的自发行动，在演进过程中，还需要组织内部或外部权威力量的干预和引导，帮助独立行动的组织成员克服协调问题，实现组织演进的预期目标。但组织演进过程首先是一个组织参与者自发行动的过程，是个体根据环境变化作出行动决策的过程，因此，对个体行动进行干预的前提是符合组织参与者共同利益，并且选择正确的干预时机和干预方式，否则将干扰组织的自发演进过程，使组织演进路径偏离预期目标。

第4章　我国农业产业化经营组织的演进方向与主要组织形式

从 20 世纪 80 年代农业产业化经营萌芽出现至今，我国的农业产业经营已经走过了近 30 年的历程。根据产业化自身的发展程度及发展特征，可以将农业产业化经营的发展大致划分为三个阶段①。第一阶段是从 20 世纪 80 年代中期到 90 年代中期，为农业产业化经营的产生阶段，是我国农业产业化由萌芽到初步形成的过程。在这一时期，农业产业化经营在个别地区出现，逐步替代原有的农户分散经营，并通过模仿等学习方式逐渐向周边区域扩散。在该阶段，农业产业化经营组织的主要形式是简单的、以产品供销契约联结的"公司+农户"组织。第二阶段是从 20 世纪 90 年代中期到 2010 年前后，为农业产业化经营的成长阶段，是我国农业产业化快速成长的过程。在这一阶段，农业产业化经营在更广泛的区域内大规模出现，在全国范围内对原有的经营模式造成冲击。产业化经营方式经历不断的探索和改进，以产品供销契约联结的"公司+农户"组织经过演化，发展成为以商品契约和要素契约联结的、多层次的"公司+中间组织+农户"组织。第三阶段是从 2010 年开始预计到 2020 年，为农业产业化经营的成熟阶段，是我国农业产业化经历调整并趋向成熟的过程。在这一阶段，农业产业化经营发展速度放缓，农业产业化经营组织经历调整和完善的过程，并形成"公司+合作社联合社+农户"等更高级的经营组织。

本章重点对我国农业产业化过程中产业化经营组织的形成和发展历程进行研究，从纵向和横向两个角度对农业产业化经营组织的演进方向进行分析，并概括出演进过程中的几种代表性组织形式。

4.1　我国农业产业化经营组织的演进方向

农业产业化经营组织的演进路径是以分散经营的农户为起点，向成熟的产业化经营组织演进的轨迹。农业产业化经营组织是农业与第二、第三产业的结合，同时也是农户由分散经营向联合经营转变的过程，因此，根据演进方向，可将农业产业化经营组织的演进分为纵向演进和横向演进。纵向演进就是农户与产业链相关环节经营主体结合的过程，如农户与加工、销售企业，农户与上游生产资料

---

① 由于我国农业产业化经营组织的发展阶段尚未形成明确的划分，而且组织演进是一个连续的过程，难以对演进的不同阶段作出明确的时间段划分。所以本书仅以组织发展速度和主要形式为划分标准，将我国农业产业化经营组织的演进划分为三个阶段，其中各阶段间的时间界限并不是绝对精确的。

供应者等的联合；横向演进是各类农户合作组织形成并成为农业产业体系中重要环节的过程。农业产业化经营组织的形成和发展是纵向演进和横向演进的综合过程，通过纵向演进，农业产业化经营组织能够有机融合农业产业链相关环节的经营主体，将市场交易转化为组织内部交易；通过横向演进，农业产业化经营组织提升了农户间的组织化程度，使农户能够借助集体力量增强自身的市场地位和盈利能力。

从纵向演进角度来看，我国的农业产业化经营组织经历了从分散农户到以简单商品契约联结的"公司＋农户"，再到以合作社联合社为核心的"公司＋联合社＋农户"的演进过程；从横向演进角度来看，则经历了从农户联合建立农业合作组织到合作组织功能不断完善的过程。在我国农业产业化经营发展的实践中，不同地区产业化经营组织的具体演进路径存在差异。部分地区首先实现了纵向演进，形成了"公司＋农户"的组织形式，然后通过农户联合建立合作组织实现横向演进，形成了通常所说的"公司＋合作组织＋农户"的组织形式。部分地区则首先实现了横向演进，建立了农业合作组织，在此基础上，合作组织逐渐与上下游企业联结成为产业链纵向一体化的组成部分(图 4-1)。

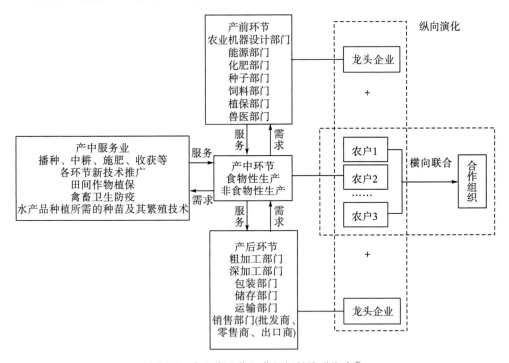

图 4-1　农业产业化经营组织的演进方向[①]

① 此图借鉴了吴玺玫文章的相关内容。参见吴玺玫. 新形势下农业产业化组织结构形式探析. 华中农业大学学报(社会科学版)，2010，(02)：41.

4.1.1　农业产业化经营组织的纵向演进方向

农业产业化经营组织的纵向演进就是农业生产部门与上下游产业部门间由分散到紧密联结的过程，或者说是农业产业链各环节通过整合建立起相互协调、共同发展的现代产业体系的过程，即通常所说的"农工商一体化、产加销一条龙"式的农业经营形式。

从组织生态理论视角看，农业产业化经营组织的纵向演进就是农户、合作组织、涉农企业等不同经营主体之间通过某种联结方式建立起的互惠共生体系，这与自然界中的生物群落聚集现象类似，即不同种群之间形成互惠共生的有机整体。因此，可以以共生理论为基础对农业产业化经营组织的纵向演进进行分析。

1. 组织生态学中的共生理论

"共生"是自然界和人类社会共同存在的普遍现象。种群之间及种群内部生物个体之间存在竞争关系的同时，又存在着相互影响、相互受益的关系，需要通过彼此间的协作互补形成物种间的协同进化。因此，共同激活、共同适应、共同发展是共生的深刻本质[102]。

1）共生理论的基本观点

（1）共生的含义。德国生物学家德贝里（Anton Debary）首先提出"共生"概念，他指出，共生是指两种或多种不同种属的生物在同一环境中建立起的相互依存、共同存活、协同进化的系统。

共生系统分为寄生、偏利共生、互惠共生三种模式，其中互惠共生又分为非对称互惠共生和对称互惠共生两类。寄生模式是指系统内共生主体之间不能形成新能量，只存在一方向另一方的能量转移，有利于一方进化而不利于另一方进化。偏利共生模式能够产生新能量，但只有某一共生主体能够获得新能量，这种模式对一方有利而对另一方的影响是中性的。互惠共生模式中能够产生新能量，各共生主体都能够获得新能量。根据各共生主体在分配中获得的收益是否对等，互惠共生模式又可分为对称性互惠共生模式和非对称性互惠共生模式。非对称性互惠共生模式是指各主体间利益分配是不对等的；对称性互惠共生模式是指各主体间形成对等的利益分配机制[103]。

（2）共生系统的构成。共生系统是由共生单元、共生基质、共生界面、共生环境和共生能量五大要素组成的有机整体。①共生单元即共生系统的组成主体，是指构成共生体或共生关系基本能量的生产和交换单位，是形成共生系统的基本组成；②共生基质也被称为共生引力，是共生单元之间能够相互识别并形成共生关系的联系和基础；③共生界面是指共生单元之间的接触方式和机制的总和，是共生单元之间进行物质、信息和能量传导的媒介或平台，它是共生关系形成和发展的前提条件；④共生环境是共生单元之间形成和巩固共生关系必须具备的时间联系、空间联系及其他必要外部联系。共生单元以外的所有因素的总和构成共生环境；⑤共生能量是共生系统生存和增值能力的具体表现，是共生系统质量提高和数量扩张的前提。

（3）共生系统形成的过程。作为各共生主体协同演进的有机整体，共生系统的建立是各主体间相互影响、相互协调的结果。总体而言，共生系统的形成过程分为识别、适应、整合三个阶段（图4-2）。

共生关系的识别 → 共生关系的适应 → 共生关系的整合

图 4-2　共生体系的形成过程

第一阶段，共生主体间的识别阶段。在共生系统建立之前，系统内各主体间要经历一个相互识别的过程，识别过程是共生关系形成的基础和前提。识别是指主体根据一定标准选择共生对象的方式和过程，通过识别过程，共生主体之间能够建立起基于共同利益的协同关系。

第二阶段，共生主体间的适应阶段。由于不同主体间存在差异，个体间相互识别后不能马上进入共生状态，而是首先经历长期的相互磨合过程，在结构和功能上进行调整以实现彼此间的相互适应，形成共生系统内部的有机耦合机制。

第三阶段，共生主体间的整合阶段。共生主体相互适应后，双方进入共生的整合阶段，此时，各共生主体开始相互影响，彼此间交流的深度和广度不断加强，在此基础上，各主体形成以功能为基础的功能分化，不同主体形成分工结构，最终形成一个整合各主体功能，并保持各主体特性的共生系统。

2）共生理论在经济学中的应用及相关成果

在经济学领域，共生理论多用于研究不同组织间分工、协作与共同发展的过程与机制，如产业集群的形成、产业链各环节的共同发展等。在国内，袁纯清通过拓展和重新界定理论内容，将共生理论发展成为一种研究社会问题的理论工具，开创了社会共生理论研究的先河。他较早运用共生理论对经济组织问题进行研究，提出共生不仅是一种生物现象，也是一种社会现象；不仅是一种自然现象，也是一种可塑状态；不仅是一种生物识别机制，也是一种社会科学方法。胡守钧提出"社会共生论"的构想，认为社会共生是人的基本存在方式，任何人都生活在人与人、人与自然的共生系统之中[104]。

在具体应用方面，现有的研究多利用共生理论的基本观点分析产业集群、组织结构等问题。程大涛运用共生理论对企业集群的组织结构、发展形态、运行机制进行研究，提出了基于共生关系的集群企业衍生模式及运行机制，并进行了定性的实证研究[105]。李梅英对企业生态系统的共生模式进行了研究，指出企业生态系统的共生运行方式具有互惠共生、自组织共生和异质共生等特点[106]。张志明和曹钰分析了影响企业共生体创新的因素，并提出了集群企业共生创新的路径[107]。曹阳指出我国农业产业化经济组织的基本模式是多样化组织形式"共生"的"组织群"，在"组织群"里，各主体间形成以功能分工为基础的互补性利益联盟[108]。

2. 农业产业化经营组织纵向演进的动因及条件

1) 组织纵向演进的动因分析

农业产业化经营组织的纵向演进体现了组织共生系统的形成和发展过程。从共生视角看，农业产业化经营组织的纵向演进就是各农业经营主体从分散到协同演进的过程，具体表现为农业经营的主要形式由农户分散经营到"公司+农户"组织，再到"公司+中间组织+农户"组织。从根本上讲，我国农业产业化经营组织纵向演进的动因是外部的环境变化。环境变化后，组织行动主体通过积极行动寻求共生对象以增强组织环境适应力，从而建立起异质性主体共生的农业经营组织。具体而言，企业、农户、合作组织等农业经营主体建立共生系统的动因包括：

第一，市场竞争加剧后，各分散的农业经营主体有通过联合获得市场地位、提高经济收益的内在要求。我国农业生产力的进步增强了农产品的供给能力，同时农产品市场化改革建立了农产品的市场竞争机制。市场竞争机制的建立提高了农业资源的配置效率，但在原子式的竞争环境中，每一个分散的经营主体都面临着市场份额狭小、缺乏价格控制能力、容易陷入恶性竞争等问题，换言之，市场竞争加剧后，分散经营主体的生存风险提高，因此，各分散主体都希望能够通过与其他主体建立共生系统，提高自身生存和发展的能力。

第二，市场交易环境的复杂化使得交易费用不断提高，通过建立共生组织，各主体能够节约交易费用。市场竞争的加剧同时意味着市场交易环境的复杂化，每一个经营主体都面临着大量的市场信息，需要对这些信息进行收集、识别和处理，并根据相关信息作出经营决策，同时，对分散的经营者而言，每一次交易都需要寻找交易对象并通过讨价还价确定交易价格。交易环境的复杂化带来交易费用的增加，而通过建立共生关系，将农业上下游部门间的市场交易转化为组织内部交易，能够有效节约交易费用。因此，节约交易费用的内在要求也是推动主体建立共生关系的现实原因之一。

第三，通过建立共生关系，能够以各共生主体的优势互补促进农业产业体系的发展，从而实现各主体的共同演化。与其他产业相比，我国农业产业发展缓慢，其中一个重要原因在于农业尚未建立能够整合产业链各环节的现代产业体系。农业产加销各环节主体共生关系的建立，能够实现主体间分工协作、优势互补，建立起现代农业产业体系的组织载体，推动农业产业的整体发展，进而实现各共生主体的共同演化。

2）组织纵向演进的条件分析

根据共生理论，农业产业化经营组织的演进，或者说农业经营主体共生系统建立的条件是共生界面的形成。共生界面是指共生主体之间接触方式和机制的总和，或者说是共生主体之间物质、信息和能量传导的媒介、通道或载体，它是共生关系形成和发展的基础[109]。在共生界面形成后，农业经营各主体能够在统一的平台上进行物质和信息的交流，识别共生对象，通过适应和整合建立起共生系统。

本书认为，现代农业经营制度环境的建立和农业经营公共设施的发展为农业经营组织的共生系统提供了共生界面。具体而言，共生界面包括市场化、社会化的"硬件"设施，如道路交通、信息通讯、市场网点等，也包括现代市场制度、法治环境、市场经济意识等"软件"条件。

随着农产品市场化改革的推进，以价格机制为核心的现代市场体系已经基本建立，农产品商品化率不断提高，农业生产的社会化程度不断提升。在硬件设施方面，我国的道路交通建设取得了巨大成就，全国大部分省市实现了公路"村村通"，优化了农产品运输条件，现代信息技术也逐渐在农业经营中得以运用。在软件建设方面，我国市场体系正处于不断完善的过程之中，维护市场秩序的相关政策和法制环境基本形成，农业经营主体的市场意识也得到不断的增强，有效约束了市场主体的行为。因此，从我国农业发展的现实情况来看，已经基本具备农业经营组织共生系统建立所需的共生界面。

3. 农业经营组织共生模型及稳定性分析

共生理论对共生体系演化及稳定性的分析多采用 Logistic 增长模型，因此，本书也以该模型为基础对农业组织共生系统的动态过程及稳定性进行分析。

1）龙头企业与农户的共生系统

从组织生态学视角看，每一个"公司＋农户"组织可以视为一个龙头企业与诸多分散农户组成的共生体系。在这一共生系统中，龙头企业具有核心地位，分散的农户则处于相对弱势，形成"卫星式"组织集群（图 4-3）。

为简化分析过程，假设企业和农户均面临外生的产品价格，那么其收益可以用各自的产量表示。设企业的潜在产量为 N_1，实际产量为 Q_1；农户的潜在产量为 N_2，实际产量为 Q_2。R 表示产量的自然增长率。另设，在未形成共生关系之前，分散农户面临的市场风险不断增加，其产量将出现负增长，那么企业和农户

图 4-3　龙头企业与农户形成的共生系统

的产量增长模型可用如下的 Logistic 方程表示：

$$\frac{\mathrm{d}Q_1}{\mathrm{d}t} = R_1 Q_1 \left(1 - \frac{Q_1}{N_1}\right) \tag{4-1}$$

$$\frac{\mathrm{d}Q_2}{\mathrm{d}t} = R_2 Q_2 \left(-1 - \frac{Q_2}{N_2}\right) \tag{4-2}$$

如果双方形成共生关系，那么龙头企业和农户之间产量将相互影响，$\alpha > 0$ 表示每一个农户的产量对龙头企业产量的影响系数，$\beta > 0$ 表示龙头企业产量对农户产量的影响系数。因此共生模型可表示为

$$\frac{\mathrm{d}Q_1}{\mathrm{d}t} = \begin{cases} R_1 Q_1 \left(1 - \dfrac{Q_1}{N_1} + \alpha \dfrac{Q_2}{N_2}\right) \\[2mm] \dfrac{\mathrm{d}Q_2}{\mathrm{d}t} = R_2 Q_2 \left(-1 - \dfrac{Q_2}{N_2} + \beta \dfrac{Q_1}{N_1}\right) \end{cases} \tag{4-3}$$

上述微分方程组得到的均衡解为 E_1：

$$(Q_1, Q_2) = \left[\frac{N_1(1-\alpha)}{1-\alpha\beta}, \frac{N_2(-1+\beta)}{1-\alpha\beta}\right]$$

企业和农户实现共生的条件是 $Q_1 > 0$，$Q_2 > 0$，即 $\alpha > 1, \beta < 1, \alpha\beta > 1$ 或 $\alpha < 1$，$\beta > 1, \alpha\beta < 1$。

在均衡点 E_1 处对微分方程进行一阶泰勒展开，得到

$$\begin{cases} \dfrac{\mathrm{d}Q_1}{\mathrm{d}t} = R_1 \left(1 + \alpha \dfrac{Q_2}{N_2} - 2 \dfrac{Q_1}{N_1}\right)(Q_1 - Q_1^*) + R_1 Q_1 \alpha \dfrac{Q_2 - Q_2^*}{N_2} \\[3mm] \dfrac{\mathrm{d}Q_2}{\mathrm{d}t} = R_2 Q_2 \beta \dfrac{Q_1 - Q_1^*}{N_1} + R_2 \left(\beta \dfrac{Q_1}{N_1} - 1 - 2 \dfrac{Q_2}{N_2}\right)(Q_2 - Q_2^*) \end{cases} \tag{4-4}$$

系数矩阵

$$\boldsymbol{A} = \begin{bmatrix} R_1 \left(1 + \alpha \dfrac{Q_2}{N_2} - 2 \dfrac{Q_1}{N_1}\right) & R_1 Q_1 \alpha / N_2 \\[3mm] R_2 Q_2 \beta / N_1 & R_2 \left(\beta \dfrac{Q_1}{N_1} - 1 - 2 \dfrac{Q_2}{N_2}\right) \end{bmatrix} \tag{4-5}$$

把 E_1 代入 $\boldsymbol{A}$，得到稳定均衡条件为

$$\alpha < 1, \beta > 1, \alpha\beta < 1$$

上述条件意味着单个农户对龙头企业产出水平的影响较小（$\alpha < 1$），而龙头企业对农户产出水平的影响则较大（$\beta > 1$）。这也印证了在"公司＋农户"组织中，

龙头企业与分散农户间经济实力、市场地位等方面的差异，龙头企业是共生系统的核心，占据优势生态位，其行为对农户会产生较大影响。

此共生系统存在的主要问题在于农户与企业间地位的巨大差异容易导致农户处于依附地位，龙头企业获得支配地位后，凭借其实力占据大部分共生能量，在收益分配中侵占农户利益。因此，随着环境的变化，分散的农户逐渐具备了改变弱势地位的能力，要求占据有利的生态位，开始通过族群内部的联合建立合作组织，"龙头企业＋农户"共生系统逐渐被"企业＋中间组织＋农户"共生系统取代。

2）企业与合作组织的共生系统

合作组织形成后，其代表农户与企业建立长期合作关系，换言之，原龙头企业与农户间的共生关系发生了变化，农户不再直接与企业发生关系，而是通过各类合作组织与企业建立起共生系统。这类共生系统的主要表现形式为"企业＋合作社（协会）"组织或"企业＋合作社联合社"组织，在系统中，共生双方地位较为平等，具有对称共生的特征（图4-4）。

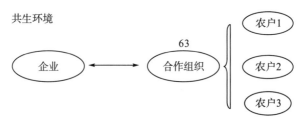

图 4-4 　"企业＋合作组织"共生系统

与"公司＋农户"共生系统类似，"公司＋合作组织"中企业和合作组织的产量变动趋势可表示为

$$\frac{\mathrm{d}Q_1}{\mathrm{d}t} = R_1 Q_1 \left(1 - \frac{Q_1}{N_1}\right) \tag{4-6}$$

$$\frac{\mathrm{d}Q_2}{\mathrm{d}t} = R_2 Q_2 \left(1 - \frac{Q_2}{N_2}\right) \tag{4-7}$$

式中，Q_1、N_1 仍代表企业的实际和潜在产量；Q_2、N_2 代表合作组织的实际和潜在产量。与农户分散经营不同的是，合作组织具有独立应对市场风险的能力，因此其产量增量为正。

用 $k(>0)$ 表示合作组织的产量对龙头企业产量的影响系数，$w(>0)$ 表示龙头企业产量对合作组织产量的影响系数。因此共生模型可表示为

$$\begin{cases} \dfrac{\mathrm{d}Q_1}{\mathrm{d}t} = R_1 Q_1 \left(1 - \dfrac{Q_1}{N_1} + k\dfrac{Q_2}{N_2}\right) & \tag{4-8} \\[2mm] \dfrac{\mathrm{d}Q_2}{\mathrm{d}t} = R_2 Q_2 \left(1 - \dfrac{Q_2}{N_2} + w\dfrac{Q_1}{N_1}\right) & \tag{4-9} \end{cases}$$

微分方程组的均衡解为 E_2：

$$(Q_1, Q_2) = \left[\frac{N_1(1+k)}{1-kw}, \frac{N_2(1+w)}{1-kw} \right]$$

企业和农户实现共生的条件是 $Q_1 > 0$，$Q_2 > 0$，即

$$kw < 1$$

在均衡点 E_2 处对微分方程进行一阶泰勒展开，得到

$$\begin{cases} \dfrac{dQ_1}{dt} = R_1 \left(1 + k\dfrac{Q_2}{N_2} - 2\dfrac{Q_1}{N_1} \right)(Q_1 - Q_1^*) + R_1 Q_1 k \dfrac{Q_2 - Q_2^*}{N_2} & (4\text{-}10) \\[3mm] \dfrac{dQ_2}{dt} = R_2 Q_2 w \dfrac{Q_1 - Q_1^*}{N_1} + R_2 \left(1 + w\dfrac{Q_1}{N_1} - 2\dfrac{Q_2}{N_2} \right)(Q_2 - Q_2^*) & (4\text{-}11) \end{cases}$$

系数矩阵

$$\boldsymbol{A} = \begin{bmatrix} R_1 \left(1 + k\dfrac{Q_2}{N_2} - 2\dfrac{Q_1}{N_1} \right) & R_1 Q_1 k / N_2 \\[3mm] R_2 Q_2 w / N_1 & R_2 \left(1 + w\dfrac{Q_1}{N_1} - 2\dfrac{Q_2}{N_2} \right) \end{bmatrix} \qquad (4\text{-}12)$$

把 E_2 代入 $\boldsymbol{A}$，得到 $kw < 1$ 为稳定均衡条件。由于共生系统是对称的，可得 $K < 1$，$w < 1$。

上述稳定均衡条件表示，在企业和合作组织组成的共生系统中，双方对对方的影响是有限的，自身产量对对方产量的影响均小于 1。这也说明了在"公司＋合作组织＋农户"经营组织中，经济实力较为接近的企业和合作组织具有独立的经济地位和发展空间，二者之间能够相互影响、协同发展，与"公司＋农户"组织相比，因一方对另一方依附而产生的合作收益分配不平等问题得到缓解，农户的经济利益得到有效保护。

4.1.2　农业产业化经营组织的横向演进方向

农业产业化经营组织的横向演进是指农户从分散经营向联合经营转变的过程，即以农户为主体、以农户间合作为核心的各类农民新型合作经济组织的产生和发展过程。与纵向演进相对应，农业产业化经营组织的横向演进方向强调的是农业经营过程中农户在某一个或多个经营环节中的水平联合。横向演进的组织载体为各种农民合作经济组织，即在家庭承包经营的基础上，农户共同参与、按照合作制或股份合作制方式运行的经济组织。

农民合作经济组织的具体组织形式包括农民专业协会、农民专业合作社和股份合作社。农民专业协会（或称专业技术协会）是从事相同或类似产品生产的农户为获得生产过程中的技术和信息支持而成立的互助性组织，专业协会属于非盈利的社会团体组织，主要依靠会员缴纳的会费运营。农民专业合作社是农户自愿联合组成的自治性组织，"以通过共同所有和民主控制的企业来满足其经济、社会

和文化方面的共同需求和渴望"①。我国《农民专业合作社法》规定专业合作社属于非公司制企业法人，并且明确规定，只有从事经营活动的实体型农民合作经济组织才属于专业合作社范畴，而只为成员提供技术、信息等服务，不从事营利性经营活动的农民专业技术协会、农产品行业协会等不属于农民专业合作社。股份合作社具有股份制与合作制的双重性质，从法律地位角度讲属于企业法人。在1992年国家农业部颁布的《关于推行和完善乡镇企业股份合作制的通知》中规定，"股份合作企业是两个以上劳动者或投资者，按照章程或协议，以资金、实物、技术、土地使用权等作为股份，自愿组织起来，依法从事各种生产经营服务活动，实行民主管理，按劳分配和按股分配相结合，并留有公共积累的企业法人或经济实体"。

1. 农民合作的理论基础

1) 合作与非合作博弈

博弈论对合作问题的研究包括非合作博弈理论和合作博弈理论。非合作博弈理论一般用于分析集体选择行为，适用于分析集体成员间利益存在冲突时行动的相互作用及均衡。在非合作博弈理论中，个人理性是分析的基础，每个参与者作出个人最优决策，但沟通成本、契约的不可执行性和成员间的信任问题都会导致参与人的最优决策偏离集体最优策略，进而导致博弈结果偏离帕累托最优结果。在合作社中，成员间普遍存在利益冲突，因此非合作博弈能够用来解释合作社的组织结构、决策过程、分配机制等多方面问题。如 Staatz 用非合作博弈框架分析了合作社的组织结构，Sexton 建立了一个合作社成员的集体选择模型，用非合作博弈理论解释了合作社成员行动对集体决策的影响。

合作博弈是指参与人能够通过谈判达成具有约束力的协议的博弈。合作博弈强调团体理性，强调效率、公正和公平原则，在达成可强制执行的协议后，博弈参与人通过合作行动达到博弈最优均衡的状态。合作博弈的实现要求具备如下要素：第一，能够在行动前达成具有约束力的合作协议。通过谈判建立契约约束博弈各方的行为，并利用监督机制来惩罚违背契约的行为。第二，参与人的共同目标。合作博弈的基础和前提就是博弈各方能够通过合作行为获得更多收益，并且能够对收益分配达成一致。第三，信息共享。与非合作博弈不同，合作博弈允许参与人在行动过程中进行信息交流，实现信息共享。学者们于20世纪80年代开始使用合作博弈理论对合作社问题进行分析，Sexton 将合作博弈理论运用于分析合作社内各成员所提供的产品和服务的定价决策；Karantininis 和 Zago 通过建立一个合作博弈模型对农户加入合作社的决策及在开放或封闭的组织下合作社的最优规模，并指出不同性质的合作社效率不同[110]。

---

① 1995年9月国际合作社联盟第31届代表大会通过的《关于合作社特征的宣言》。

2)农户合作的演化过程

主流的博弈理论是以参与人的完全理性为基础的，但是在大多数情况下，人的行为都表现出有限理性，甚至非理性，因此，要解释现实世界中合作的实现过程，就必须改变完全理性假设，以有限理性为基础分析在行为交互过程中合作的实现和稳定问题。受生物学启发，演化博弈理论提出了以有限理性为基础的演化稳定策略(ESS)和复制者动态(RD)模型，并将其作为分析群体中个体合作行动的重要理论基础。演化稳定策略和复制者动态都是源自生物学领域的概念，前者用于说明在一定环境中，主体行动间相互影响下的行动适应性问题[111]；后者用于说明群体中成员的策略选择问题，即成员如何根据自身和他人策略的相关信息作出下一阶段的策略选择。在演化博弈理论中，演化稳定策略被解读为"如果一个群体中大部分成员都采用某种策略，并且这种策略优于其他策略，那么这种策略就是演化上的稳定策略。"艾克斯罗德指出，一个演化稳定策略应该具备三个性质：①强健性，即可以在一个由采用多种多样的复杂策略构成的多样化环境中繁荣成长；②稳定性，即策略一旦完全建立就能阻止任何变异策略的入侵；③初始成活性，即个体能够在不合作占优势的环境中取得立足之地[112]。复制者动态是指群体中成员会根据自身策略收益和采取其他策略的成员的收益进行比较，选择是否继续采取相同策略。只有所有成员不再改变自身策略时，群体才是稳定的，即实现了演化稳定均衡。演化学者通过一系列理论模型和实验对族群成员间的合作问题进行研究，艾克斯罗德组织了两轮计算机竞赛实验演技合作的演化过程，结果证明，"一报还一报"(tit for tat)策略是一种演化稳定策略。王雷通过对 26 个群体的博弈实验证明，在有限次"囚徒困境"博弈中，群体中的初始合作率与群体中个体间的持续合作率成正比，这意味着，合作的进化与合作的初始情况密切相关。合作具有扩散性，当群体中采取合作策略的个体比例达到临界值时，其他个体也将采取合作行动，实现合作的群体将具备竞争优势，实现稳定发展[113]。

3)偏好的异质性与合作的实现

演化经济理论将利他偏好和个体的异质性引入对合作问题的分析，指出在群体中，人具有异质性，即存在强互惠者、利己者和合作者等不同性质的个体。利己者总是关注自身利益，只有合作对自身有利时才会选择合作行动，并从来不对违约行为进行惩罚；合作者总是无条件合作，但不对违约行为进行惩罚；具有强互惠性动机的参与者在社会交往过程中更倾向于合作，并具有利他性，愿意承担惩罚违反规范者所需成本以提高合作率来增进群体的福利。参与人的异质性决定了行动结果的不同，在一个由利己者、合作者和互惠者共同组成的群体中，如"囚徒困境"博弈中，如果参与者包括互惠者和自利者两类异质性参与人，那么即使是一次性博弈，也可能出现(合作，合作)均衡结果。在一些如公共品共同供给的博弈中，一定数量具有互惠动机参与人的加入能够通过"无私地"对背叛者实施惩罚而促使自利性参与人选择合作策略。当社会上具有互惠动机的参与人达到一定比例时，合作将成为一种自发实现的行动结果，社会将自发实现并保持高度合作的状态。

2. 农业产业化经营中横向演进的组织载体——农民合作经济组织

1)农民合作经济组织的发展历程

在废除人民公社体制，确立了以家庭承包经营为基础、统分结合的双层经营体制后，我国市场经济体制改革开始不断向农村推进，在集体经济组织职能不断弱化的背景下，农业生产过程中迫切需要形成新的组织以满足分散农户对于市场信息、技术、服务等方面的共同需求。部分地区农户通过自发联合或在大户、村领导等的带领下逐步建立起各类合作经济组织。1980 年四川省郫县成立了养蜂协会，同年 5 月，广东省思平县牛江镇杂优稻研究会成立。但由于缺乏相关政策支持，加之农民受历史因素影响而产生的"恐合"情绪，20 世纪 80 年代中期前的农民合作仍处于萌芽状态，多为小范围农户自发联合的、以提供技术服务为主的协会组织。直至 1984 年，中央一号文件明确规定农民可以不受地域限制，自愿参加或组成不同形式、不同规模的各种专业合作经济组织，农民通过自发联合实现组织化的进程才正式启动。从 80 年代中期开始，各类合作经济组织开始出现，并呈快速发展势头。根据组织出现速度及发展规模，可将我国农民专业合作经济组织的演化过程大致划分为如下几个阶段：

第一阶段：起步阶段(20 世纪 80 年代中期至 90 年代中期)

20 世纪 80 年代中期，全国开始出现一批以提供技术和信息服务为主、具有农民合作性质的专业技术协会和专业技术研究会。这些协会或研究会多为农业专业户或科技能人等利用个人影响或与当地的农科协组织、科研推广站等合作成立的，最初仅是向本村农户推荐新品种、新技术等，通过农户间合作实现规模经济，以降低技术引进成本。随着农产品流通体系改革进入新阶段，农户不断遭遇"谷贱伤农"的困境，为解决农产品流通问题，改变农户被动适应市场的弱势地位，一些农业科技协会开始拓展服务领域，为农户提供生产资料购买和农产品运输、销售等服务。同时，新的专门针对农产品销售领域的销售专业合作社也开始大规模出现，到 1990 年，全国各类农民专业合作组织达到 123.1 万个，其中生产经营型 7.4 万个，占 6%；服务型 41.4 万个，占 33.6%；专业技术协会 7.7 万个，占 6.3%。

第二阶段：迅速发展阶段(20 世纪 90 年代中后期至 2010 年)

进入 20 世纪 90 年代中期后，农村市场经济体制已经初步确立，农村经济得到较大程度的发展，但是买方市场格局的形成使农产品销售问题成为农业发展的一大困扰，在农资价格不断上涨、农产品"卖难"的市场条件下，农户家庭经营性收入的进一步增长受到抑制，许多农民开始寻求非农就业渠道，劳动力开始大规模从农业和农村流出，土地抛荒问题初步显现。现实环境的改变使农民更倾向于通过借助合作组织解决个体无力解决的问题，对农民合作经济组织的功能有了新的要求。90年代中期以后出现的各类合作组织，虽然许多仍以协会冠名，但是其功能已经由以技术服务为主转向了以产品销售为主，生产同类产品的农户通过合作共同寻求稳定的销售渠道，为保证组织稳定和正常运行，各成员往往通过出资形成合作组织资产，组织成员成为所有者，从这一角度看，大部分农业协会本质上已经属于专业合作社范畴，但是由于缺少相关政策和法律的明确规定，这一时期的合作经济组织并没有形成规范的组织名称、内部治理结构和产权结构。在缺乏约束的情况下，虽然这一时期的农民合作经济组织数量增长较快，但不少合作组织或者由政府直接管理，成为行政部门职能的延伸，或者由企业与政府、大户合办，成为企业收购农产品的采购部门。

2006年颁布的《中华人民共和国农民专业合作社法》是我国农民合作经济组织发展历程中的重要事件，标志着我国的农民合作组织进入了规范发展阶段。《农民专业合作社法》对农民专业合作社的地位、职能等作出了明确的规定，并要求合作社形成规范的产权关系、治理结构、运行方式等。《农民专业合作社法》实施后，以"合作社"冠名的农民合作经济组织开始迅速增加，从2008年开始，我国农民专业合作社的数量以每月1万家的速度在增长。2006年年初，全国各类农民合作社约为15万家，成员2363万户，占全国农户总量的9.8%，带动的非成员农户3245万户，占全国农户总量的13.5%。到2010年年底，农民专业合作社总数达35万家，2006～2010年年均增长率为18.5%，实有成员达2800万户，占全国农户总数的10%，入社农户的收入普遍比非成员同业农户的收入高出20%以上。

在合作社数量迅速增加的同时，各类农业合作经济组织也逐渐步入规范化发展的轨道。第一，明确了合作社、协会等不同组织在经济性质上的差异，改变了各类组织"名实不符"的状态；第二，明确了合作社作为非公司制企业法人的地位，使合作社能够作为市场主体参与农业经营活动，并以现代企业标准建立起较为完善的内部治理结构，合作社成为农民合作经济组织的主要形式；第三，各地农民专业合作经济组织的发展由重视数量向重视质量和规模转变，改变了合作组织规模小、资金有限的状况，有效提升了合作社的经济地位和市场谈判能力，从而发挥其提高农户间组织化程度、带动农民增收的积极作用。

第三阶段：调整完善阶段(2010年至今)

近年来，我国农产品经营环境发生了一系列新的变化，推动农民合作经济组织进入了调整完善时期。在调整完善阶段，一个最为显著的发展趋势就是农民专业合作社的联合，原来分散的合作社开始通过联合重组建立起合作社联合社。合作社联合社的出现和发展反映了农业产业化经营环境变化的客观要求，最近几年，农产品国际国内市场均出现了新的变化，市场竞争日趋激烈，要求农业经营实现规模经济和范围经济。而我国合作社虽然确定了较大的发展，但是单个合作社的规模仍偏小，资本实力和技术创新能力等有限，为了尽快适应农业经营环境的新变化，确保农户能够通过合作获得更高的经济收益，各个合作社之间开始通过横向合作建立起覆盖面更广、带动能力更强的合作社联合社。

目前，山东、江浙、北京、天津等地区已经出现了合作社联合社，全国其他地区也出现了建立合作社联合社的趋势。从发展的实践和趋势来看，我国的合作社联合社大体有三种具体形式，第一种类型是同行业的农民专业合作社联合建立的同业型合作社联合社，如山东寿光地区的蔬菜种植联合社、北京的奶业联合社等；第二种类型是同地区不同行业的农民专业合作社联合建立的同域型农民专业合作社联合社，如上海嘉定地区各合作社联合建立的为会员社提供信息、协调、培训等服务的合作社联合社；第三种类型是同地区的不同行业的农民专业合作社为开展某项服务活动而自愿联合组建的同项型农民专业合作社联合社，例如，为解决各合作社的产品销售问题，江苏省盐城市鼎仪农产品专业合作社联合盐城市内28家农民专业合作社，共同出资组建的盐城市苏合农产品销售合作社联合社[114]。

2)农业产业化经营组织横向演进的特征

横向演化过程就是农业经营各主体间在同一环节的联合，主要指农户之间的合作。我国农业产业化经营组织的横向演进经历了从农户间松散合作到紧密的产权联合的过程，从演进过程来看，我国农业产业化经营组织的横向演进具有如下特征：

第一，从内容上看，农业产业化经营组织的横向演进经历了"技术合作—联合销售—共同生产—产权联合"的过程。

在农户技术合作阶段，某一区域内生产同类产品的农户为获得技术支持而联合成立技术协会等组织，通过协会进行技术交流和引进，部分协会还为会员提供采购生产资料等服务。严格意义上讲，这一阶段农户的横向联合组织并没有真正参与到农业经营过程中，因此仅能视为农业产业化经营组织横向演进的起点。农户之间是松散的合作关系，组织规模较小，大多数组织并没有较为规范的管理和运营规则，因此组织稳定性较差。随着对稳定的农产品销售渠道需求的增强，农户间的横向合作开始向销售领域延伸，通过建立产品供销合作组织解决分散农户的市场销路和市场地位问题。这一阶段，农户间的合作主要集中在销售环节，建立供销组织，共同寻找市场并与需求方谈判，为农户争取更合理的经济利益。在联合销售阶段，组织成员间行动的一致性增强，组织更加稳定，运行向规范化方向发展。市场竞争的日益激烈对产品提出了更高的要求，小规模的农户家庭生产在产品质量和成本上均不占优势，为获得比较优势，部分地区的农户开始进行联合生产，通过建立农产品生产基地对产品生产进行统一的规划和布局，形成规模效应，取得市场竞争优势。在联合生产过程中，需要对土地等生产要素作出整体规划，但分散在家庭手中的土地使用权阻碍了土地配置效率的提高，因此，农户间开始形成以土地使用权联合为基础的产权合作，建立了土地股份合作社等新型的农民合作组织。

第二，从演进动力上看，农业产业化经营组织的横向演进经历了"自组织—他组织—自组织与他组织结合"的过程。早期的技术协会、合作社等大多为农户自发建立的，体现了"自组织"特征。20 世纪 90 年代中期后，许多地方政府为加快农业产业化进程，开始以行政力量引导、推动农户联合，这一时期诞生的许多合作组织都具有"他组织"性质，在政府的推动下，全国各类协会、合作社数量急剧增加，但是，部分地区政府过于重视合作组的数量，而忽视了组织规模和运行效率等质量问题，甚至出现了强制农户联合的过度干预问题，部分合作组织就是在违背农户意愿的情况下建立的，未能发挥出联合农户的作用。进入 21 世纪，特别是 2007 年以后，政府逐渐退出农民合作组织的直接干预，而通过法律、规范等为组织发展提供宏观的制度环境，并在农户合作过程中出现非最优结果时帮助农户克服协调问题等行动阻碍，引导农户间行动向最优状态趋近。因此，这一阶段的组织演进体现出"自组织"与"他组织"两方面的混合作用。

第三，从组织形式看，农业产业化经营组织的横向演进经历了"小规模、功能单一的合作组织—合作社联合社"的过程。在形成和发展的过程中，我国的农民合作组织经历了从小规模、功能单一的技术协会等组织向大规模、提供综合服务的行业协会演进的过程。在形成阶段，合作组织多为仅向农户提供技术支持或加工、销售等某一单项服务的组织，组织规模通常较小；进入发展阶段，合作组织所提供的服务逐渐多元化，涉及技术、销售、加工、生产资料采购等多环节内容，组织规模呈现扩大趋势；近年来，在一些农业经济较为发达的地区，出现了合作组织之间、合作组织与公司之间的横向合作，建立了合作社联合社、农产品行业协会等综合性、大规模的合作组织[115]。以黑龙江讷河的合作社联合社为例，讷河市由 18 家种植专业合作社组建了优质高蛋白大豆种植专业合作社联合社，联合社的成员社分布在全市 9 个乡镇 66 个村，入社农户 7560 户，社员 28720人。2011 年，联合社采购化肥 4000 吨，每吨化肥比市场价节支 600 元，共为农户节支 240 万元。采购大豆种子 354 吨，市场销售高蛋白大豆种子最低价每斤2.8 元，而联合社团购价每斤仅 2.3 元，共节支 35.4 万元，仅此两项为入社社员总节支 275.4 万元。由于联合社产量大、大豆质量稳定，还吸引了全国各大收购企业以各种优惠条件主动寻求合作[116]。

4.2 我国农业产业化经营组织的演进路径及主要组织形式分析

4.2.1 农业产业化经营组织的演进路径

农业产业化经营组织的演进是组织多维度成长的过程，在这一过程中，一方面，通过产业链上下游部门间的纵向一体化和准一体化过程，实现产前、产中、产后各环节间的有机结合，将部门间的外部市场交易转化为组织内部交易；另一方面，通过同一产业部门生产者间的联合，实现农业生产经营的规模化，将分散的农户整合为各类合作组织。农业产业化经营组织的横向演进和纵向演进是同时进行的，共同推进组织的整体发展，因此，可将农业产业化经营组织的综合演进路径表示如下(图 4-5)。

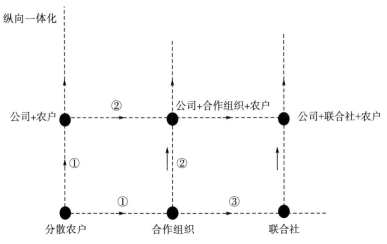

图 4-5 农业产业化经营组织的综合演进路径

第①阶段：分散农户向"公司＋农户"组织演进，同时农户合作组织逐渐形成。这一阶段可视为农业产业化经营组织的形成阶段，从纵向演进方向来看，分散农户与龙头企业之间结成长期的产品销售契约关系，实现了农业生产与销售环节的稳定联结。从横向演进方向来看，农户间合作开始加强，出现了协会、合作社等农民合作经济组织。在不同地区，纵向和横向演化的进程是不同的，部分地区首先出现了称为"订单农业"的"公司＋农户"组织，如山东诸城市对外贸易公司与农户建立的长期合作组织、江浙一带的贸易企业与农户间以出口农产品订单联结而成的组织等，部分地区则是先形成了农民合作组织，如四川、山西等省份部分农户于 20 世纪 80 年代上半期就形成了各类专业协会。但是，早期的合作组织仅为小范围内农户提供技术支持、联合采购等方面的服务，并未真正加入产业化经营环节，因此，这一阶段农业产业化经营组织的主要演进方向是纵向演化。

第②阶段："公司＋农户"组织向"公司＋合作组织＋农户"组织①演进。这一阶段是农业产业化经营组织的发展阶段，是组织横向与纵向演进路径的综合过程，在这一阶段，合作组织加入"公司＋农户"组织，农户代表与企业缔约，强化了生产、加工、销售各环节的分工协作和农户间的合作紧密程度。合作组织的加入改变了"公司＋农户"的组织结构，通过农户联合提高了缔约各方地位的对等程度，并形成了新的组织协调机制，在一定程度上克服了原组织结构中存在的机会主义行为及由此带来的违约问题。

第③阶段："公司＋合作组织＋农户"组织向"公司＋合作社联合社＋农户"组织演进。这一阶段是农业产业化经营组织的深化阶段，核心过程是通过组织的横向演进进一步改变组织结构，实现组织趋向成熟完善的过程。这一阶段与前一阶段组织形式的本质差异在于"组织结构中，核心部门由企业变为合作社联合社，是以联合社为龙头带动农户和上下游企业的组织形式"。农户间借助合作社的联合在更大范围内实现了横向合作，提升了合作组织的实力和规模。规模庞大的联合社凭借规模经济和强大的资本实力获得与相关企业契约关系中的优势地位，成为产业链的核心和龙头，有效提升了农民的经济利益并增强了组织运行的稳定性。

在美国、加拿大等农业强国及我国部分农业经济特别发达的地区还出现了农业企业集团等完全的纵向一体化组织。由龙头企业或实力强大的合作社实施并购，将上下游产业部门整合为具有同一所有权的企业集团，如美国的邦基集团、上海市农工商集团等。但是，本书同意国内大多数学者的观点，即完全的纵向一体化并非我国农业产业化经营组织的发展方向，我国大部分地区农业的基本环境也不适宜发展一体化的农业企业集团。因此，本书对农业产业化经营组织演进的分析没有涉及完全一体化的组织形式。

4.2.2　农业产业化经营组织演进过程的主要组织形式

在农业产业化经营组织的演进过程中，出现了许多具体形式不同的经营组织，本书将演进过程中出现的几种主要组织形式——"公司＋农户"、"公司＋合作组织＋农户"、"公司＋合作社联合社＋农户"作为我国农业产业化经营各阶段的代表性组织形式。本节首先对上述三类组织形式作出具体分析，并在后面的章节重点对组织的动态演进过程进行详细分析。

---

① "公司＋合作组织＋农户"这一表述并不严谨，公司与合作组织之间的契约关系和合作组织与农户间的契约关系是不同的，下文将对这一问题作出进一步分析。

1."公司＋农户"组织形式

"公司＋农户"组织形式是我国农业产业经营阶段最早出现的组织形式之一，"公司"是指龙头企业，"农户"是指分散经营的农户，"＋"表示企业和农户之间的联结机制。龙头企业与农户间通过长期产品供销契约联结在一起，将农业各部门间的外部交易转变为组织内部交易，形成以共同利益为基础的农业经营主体。企业和农户间的契约以产品供销契约为主，契约的主要内容包括企业向农户收购的农产品数量、收购价格和产品质量，部分契约还规定了企业向农户提供技术、生产资料等服务内容[117]。"公司＋农户"组织模式以正式契约的形式把农业生产和销售过程有机地结合在一起，既有效解决了我国农业市场化改革后，分散农户与农产品市场对接的问题，也使龙头企业获得稳定的农产品供给渠道，降低了其市场搜寻和谈判费用。

"公司＋农户"组织的基本运行方式是龙头企业与某一地区的农户分别签订产品供销契约，契约中载明产品的质量标准、对应的收购价格及双方的权责关系。农户根据契约要求生产农产品，并在规定时间将产品销售给龙头企业，龙头企业根据契约价格收购农户的产品，为农户提供一些生产技术支持和农资采购等服务。在组织中，每一个农户仅与企业发生产品供销关系，农户之间不存在合作关系，因此，"公司＋农户"的本质是龙头企业与每一个农户之间契约关系的集合，有多少农户，就存在多少契约关系。通过契约联结，龙头企业与农户形成"风险共担、利益共享"的利益共同体，同时龙头企业和农户间也存在着利益冲突(图 4-6)。

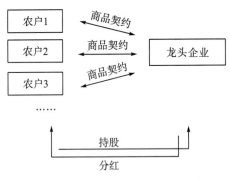

图 4-6 "公司＋农户"组织形式示意图

"公司＋农户"组织中，企业与农户间的利益联结方式包括价格联结型、价格与服务联结型、价格与返利联结型等具体形式。价格联结型包括保证价格与保护价格两种形式，保证价格是指企业与农户在契约中约定未来某一时期农产品收购的价格，保护价格是指公司与农户在契约中规定未来收购农产品的最低价格，一般而言，当市场价格高于保护价格时，企业按照市场价格收购农产品，而当市场价格低于保护价格时，企业则需要按照保护价格收购农产品。价格与服务联结型是指企业与农户之间在达成价格协议的基础上，进一步约定企业向农户提供农资、技术、信息等服务。价格与返利联结型是指企业与农户间在根据契约价格完成商品购销后，企业在每一个生产期末将部分利润按照农户提供产品的数量和质量等标准返还给农户，部分企业还将部分利润用于帮助农户进行生产设施建设等，保证农户与企业分享加工、流通环节的利润。

"公司＋农户"组织的主要缺陷在于由于契约的不完全和缔约各方的机会主义行为导致的高违约率问题。在"公司＋农户"组织中，农户和龙头企业都是追求自身经济利益的理性人，同时也是无法掌握全部信息的有限理性者，双方达成的契约是不完全的，易诱发因专用性投资而产生的"敲竹杠"等机会主义行为[①]。主体间的"敲竹杠"行为严重影响组织的运行效率，契约违约率高、稳定性较差。同时，在"公司＋农户"组织中，实施第三方惩罚缺乏可置信性，龙头企业通过实施第三方惩罚机制获得的补偿较低，而单个农户通过实施第三方惩罚机制支付的成本较高，因此，双方均不愿寻求第三方实施惩罚。

为增强产品供销契约的稳定性，龙头企业和农户不断对组织结构进行调整，寻求新的组织激励机制。在实践中，出现了"两步契约"、建立企业与农户间的股份合作关系等新内容。"两步契约"就是龙头企业与农户之间在商品销售契约的基础上达成投入品销售协定，一般规定与龙头企业签订商品契约的农户所使用的投入品要按契约价格从企业方购入。两步契约一方面可以增强企业对产品质量的控制，另一方面，要素的契约价格往往高于市场价格，企业通过同时提高要素价格和产品收购价格将农户"套牢"在商品契约中，以提高农户的履约率。股份合作关系主要指龙头企业将部分股份出售给农户，使农户成为公司股东，并获得分红，股权联结增强了企业与农户间的利益一致性，在一定程度上克服了农户的机会主义行为。但无论组织内部结构如何调整，"公司＋农户"组织的核心仍然是农产品供销契约关系，上述调整仅仅是为了保障农产品供销契约能够顺利履行，并没有改变组织的实质内容。

2. "公司＋合作组织＋农户"组织形式

"公司＋合作组织＋农户"组织形式在"公司＋农户"组织的基础上增加了一层中间组织，将龙头企业与分散农户间的契约关系转变为企业与合作社、合作社与农户间的多重契约关系。对农户而言，合作社增强了龙头企业与分散农户间的对等性，并提升了农户的组织性，通过加入合作组织，农户在获得利益保障的同时，也增强了行动的一致性和协调性；对龙头企业而言，避免了逐一与分散农户

---

① 当市场价格与契约价格不一致时，双方往往借助契约未明确的内容侵占对方的准租金。当市场价格偏低时，企业提高质量标准压低收购价格；当市场价格偏高时，农户要求企业提高收购价格，否则将产品直接售往市场。

签约的事前交易费用，另外，监督合作组织行为的成本远低于对单个农户行为监督的成本，也节约了企业的事后交易费用。

"公司＋合作组织＋农户"组织产生的前提条件是农民专业合作经济组织形成并成为农业产业化经营的一种组成形式。无论何种类型的农民专业合作组织，其本质和核心都是农户的横向联合，组织的形成过程就是农户由分散经营向合作经营转变的过程。合作组织形成后，一方面作为农户的代表与龙头企业签订商品销售契约，另一方面通过组织内部协调机制与成员农户建立长期稳定的合作关系，通过双重契约联结，龙头企业、合作组织和农户之间就形成了以共同利益为基础、以商品契约和合作关系共同联结的组织结构。由于在"公司＋合作组织＋农户"组织中，实质上包含了契约关系和合作关系两种联结方式，所以，这一表述中，前后两个"＋"的含义并不相同，第一个"＋"表示的是龙头企业与合作组织之间的商品契约关系，第二个"＋"表示的是农户合作形成合作组织，因此，农户与合作组织间的"＋"的实质含义与表示包含关系的符号"∈"相同（图4-7）。

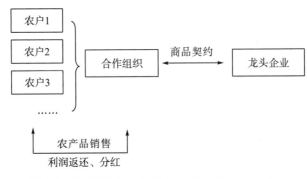

图4-7　"公司＋合作组织＋农户"组织结构示意图

"公司＋合作组织＋农户"组织能够有效克服"公司＋农户"组织的违约问题。合作组织内部的声誉激励机制能够对农户行为形成有效约束。加入合作组织之后，分散农户行为的"社会嵌入性"增强[①]。某个农户的机会主义很容易被其他成员发现，并对其实施"惩罚"，惩罚不仅包括将违约成员驱逐出合作组织，还包括将其排除到村、社的社会交往活动之外，降低其社会收益。通过声誉机制，合作组织有效抑制了其成员的机会主义行为。但是，"公司＋合作组织＋农户"组织的主要不足在于，一是合作组织的发展和壮大受到资产数量和成员稳定性的约束；二是合作组织内部存在的委托-代理问题严重影响了组织运行的效率；三是大部分合作社规模较小，与龙头企业谈判时仍处于弱势地位。

---

① 即农户的经济行为会对其社会活动的收益产生影响。由于农村社会关系较为稳定，合作组织的辐射范围也只限于几个相邻的村、社，农户间生产经营的协作关系同时也成为其社会交往的协作关系，这使得合作组织不仅仅是生产组织，还具有社区性和综合性。

3. "公司＋合作社联合社＋合作社＋农户"组织形式

"公司＋合作社联合社＋合作社＋农户"组织与"公司＋合作社＋农户"组织的本质区别在于形成了一层新的中间组织——合作社联合社。合作社联合社(部分地区称为"行业协会")是统一的农业合作经济组织[118]形式,由成员社共同出资建立,各成员社是其法人所有者,对联合社拥有剩余权利,联合社的内部治理结构依据国家对农民专业合作社的基本要求设置。从组织演进角度讲,合作社联合社是农业横向联合进一步发展形成的以合作社为主要成员的合作组织,是合作社之间的横向联合。虽然个别实力较强的联合社开办了自己的农资生产部门和产品销售部门,实现了产前、产中、产后环节的纵向一体化,形成了"全产业链"式的农业经营组织模式。但是在现实中,包括发达国家的大多数联合社仍通过长期契约形式与企业结成协调成本相对较低的纵向"准一体化"经营组织。因此,此处仅对"公司＋合作社联合社＋合作社＋农户"组织进行分析。

"公司＋合作社联合社＋合作社＋农户"组织的基本结构是小范围内的农户结成合作社,即一定区域内各从事相同或不同产品生产的合作社通过合作结成联合社。联合社一方面以组织协调机制协调各成员社的关系和行动,通过统一的规划和布局实现产业的良性竞争和持续发展,另一方面,代表各合作社与上下游企业签订要素和产品的供销契约。由于联合社是各成员社的实力综合,因此具有较强的市场地位和谈判力,能够在与企业的谈判中获得较高的分配份额(图 4-8)。

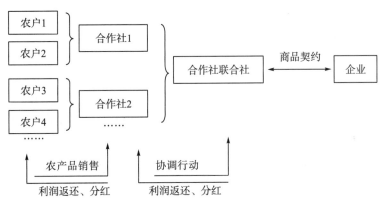

图 4-8　"公司＋合作社联合社＋合作社＋农户"组织结构示意图

合作组织的进一步联合不仅拓展了农户横向联合的范围,使农户能够在更广泛的领域内依托组织力量保障自身经济收益,还能够拓展农业合作的空间范围,实现农业经营过程中要素投入、产品布局等方面的统筹规划,提升资源的配置效率和区域产业布局的合理性。但是,由于规模较大,如何有效控制组织内部协调成本及探索新的治理结构以克服多重的委托代理问题将是组织进一步发展需要解决的重要问题。

第5章 我国农业产业化经营组织的演进过程分析之一：环境、行为与组织的形成过程

农业产业化经营组织的形成过程就是组织从无到有的过程，即农业经营主体由分散农户向产业化经营组织转变的过程，具体而言，就是"公司＋农户"组织的产生及发展的过程[①]。20世纪80年代中期至90年代中期是我国农业产业化经营组织的形成时期。经过家庭联产承包责任制改革，我国农业生产力得到了恢复和发展，并形成了以家庭为基础的农户分散型经营方式。但1984~1985年出现的农产品销售困难及农业生产增速减缓问题说明既有经营方式的不足，进一步转变农业经营方式、实现农业产业化经营成为新一轮农业经营制度改革的核心要求。80年代中期，山东等地出现了以"公司＋农户"为主要形式的农业产业化经营组织，标志着我国农业产业化经营组织的形成，也启动了农业产业化经营组织的演进历程。

我国农业产业化经营组织形成阶段的主要特征包括：第一，农业产业化经营组织的形成过程兼具自组织与他组织的特征；第二，"公司＋农户"组织是该阶段的主要组织形式；第三，组织演进主要体现在农户与企业通过长期契约联结的纵向演进方向。

5.1 农业产业化经营组织形成阶段的环境分析

考察世界农业发展史，可以发现，农业强国的农业产业化经营组织都集中出现在生产力迅速发展、农业经营环境剧烈变化的时期。以美国为例，美国的农业产业化经营组织出现于20世纪30~60年代。经过领土拓展、技术进步和基础设施条件改善，美国农业劳动生产力迅速提升，同时，市场环境日益复杂，分散的农场主无法及时获得市场信息、对抗垄断资本。农业出现严重的生产过剩危机，如小麦的囤积量由1937年的230万吨增加至1960年的3710万吨[119]。为对抗市场风险、稳定预期收益，美国农产品生产、加工、销售等各环节逐渐结合，农场主也开始积极寻求与农业企业建立稳定的契约关系。

农业经营环境包括农业的技术环境和制度环境。技术环境是主体行动的资源

---

① 在我国农业产业化经营发展的不同阶段中，各类产业化经营组织往往同时存在，为使分析过程清晰，本书将每一时期大量出现的组织形式作为该阶段的代表性组织形式。因此，在农业产业化经营组织形成阶段，以"公司＋农户"组织为代表，成长阶段以"公司＋合作组织＋农户"组织为代表，成熟阶段以"公司＋合作社联合社＋合作组织＋农户"组织为代表。

基础，制度环境则是主体在行动中如何共同利用和分配这些资源的规则。生产力决定生产关系，相应地，技术环境决定社会环境，同时，具有认知能力的主体在行动过程中也推动着制度环境的变化。因此，技术环境、制度环境之间形成互动关联的体系，技术环境决定制度环境，制度环境约束主体行动，主体行动的结果反过来推动制度环境的变化，进而推动技术环境的变化。

5.1.1 技术环境

技术环境是社会微观主体所处的生产力条件的综合反映，是决定主体行为及社会经营方式的根本因素。自1978年家庭联产承包责任制改革后，我国农村生产力进入持续发展时期，农业总产值、产品结构、土地单产、农业要素禀赋等都发生了巨大的变化，为农业经营向商品化方向变革准备了物质条件，也提出了变革农业经营组织形式的客观要求。具体而言，这一时期我国农业经营技术环境的变化主要表现在如下两方面。

1. 农业总产出、农产品结构及农民收入的变化

1) 农业总产值持续增加

1979～1995年，我国农业总产值呈持续增加趋势，1995年全国以当年价格计算的农业总产值为20 341亿元，为1978年的14.56倍，年均增长率约为16.04%。其中，1978～1990年农业增加值稳定增长，1991～1995年农业增加值出现了加速增长的态势(图5-1)。农业总产出的增加使农业剩余大幅度增加，为农产品商品化和农村市场化改革奠定了物质基础。

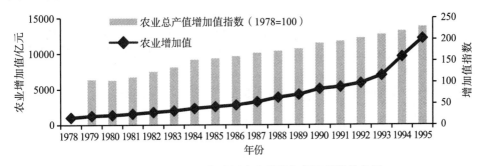

图5-1　1978～1995年我国农产品增加值及指数趋势图

数据来源：改革开放30年农业统计资料汇编

2) 农产品播种面积和产出结构出现显著变化

在农业总产值中，农、林、牧、渔所占比重分别由1978年的80%、3.4%、15%和1.6%改变为1995年的58.4%、3.5%、29.7%、8.4%(图5-2、图5-3)。

种植业产值所占比重持续下降，而牧业和渔业产值所占比重则持续增加。在农作物种植面积中，粮食种植面积呈不断减少趋势，由 1978 年的 80.3% 下降到 1995 年的 73.43%，经济作物面积由 19.7% 增加到 26.57%。在粮食作物播种面积中，水稻、小麦面积所占比重下降，玉米产品播种面积所占比重则出现一定的增加。在经济作物播种面积中，油料、棉麻类作物播种面积呈波动性变化，水果类作物播种面积则出现大幅度增加(图 5-4)。上述农产品结构的变化表明我国农产品商品化率的不断提高，并对农产品市场化改革提出了客观要求。

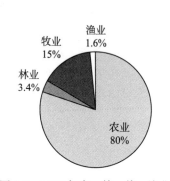

图 5-2　1978 年农、林、牧、渔业产值在农业总产值中所占比重

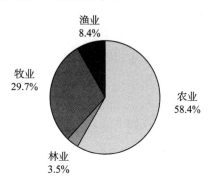

图 5-3　1995 年农、林、牧、渔业产值在农业总产值中所占比重

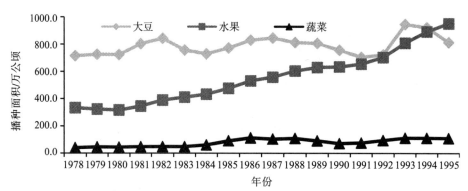

图 5-4　1978~1995 年主要农产品播种面积变化趋势

3)农业经营收入增长，但城乡收入差距扩大

1995 年，全国农村居民农业经营的人均纯收入从 1978 年的 35.79 元/年增加至 1125.79 元/年，年均增长率为 21.11%。其中 1978~1990 年，农业纯收入呈加速增长趋势，1990~1992 年增速有所放缓，至 1992~1995 年，农业纯收入的增长再次呈现加速趋势(图 5-5)。但与此同时，城乡差距却出现扩大趋势，特别是进入 20 世纪 90 年代后，城乡居民间收入差距扩大趋势更加明显(图 5-6)，城市相对较高的收入水平吸引了大批农村劳动力，开始出现大规模的劳动力城乡流动现象。

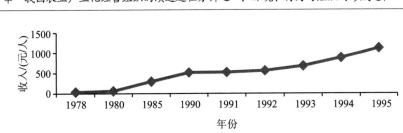

图 5-5　1978～1995 年全国农村居民的农业经营纯收入

数据来源：改革开放 30 年农业统计资料汇编

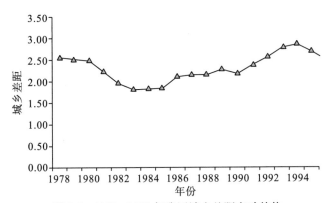

图 5-6　1978～1995 年我国城乡差距变动趋势

数据来源：国家统计局网站 http://www.stats.gov.cn/

2. 农业生产要素数量、结构及配置情况的变化

1）农户生产性固定资产数量及结构的变化

在家庭联产承包责任制改革初期，农户主要依靠劳动和土地等传统要素的投入增加产出，农机设备等现代生产要素在农村使用较少。随着农业经济的逐渐恢复，农户拥有的固定资产数量开始逐渐增加，进入 20 世纪 90 年代，农业生产过程中资本投入开始增加，1995 年全国投入生产的农业机械总动力已经是 1985 年的 1.73 倍，平均每户拥有的机械设备原值为 1985 年的 7.23 倍（图 5-7）。从固定资产结构上看，大型机械设备使用量变动较为稳定，而小型拖拉机和农用排灌机出现持续的增加（图 5-8），这一情况是由我国农户平均耕地面积较小这一客观事实决定的。农业生产性固定资产投入的增加改变了我国农业依靠劳动和土地投入的粗放型增长方式，增强了农户抵御自然风险的能力，也为农业规模化经营创造了条件。

2）农业生产要素的配置情况

随农业内部结构及国家产业结构的变化，农业生产要素的配置也发生变化。第一，农、林、牧、渔各产业比例的变化带动土地、劳动力、资本等生产要素投

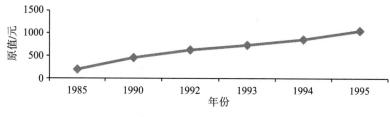

图 5-7　每户拥有的农业机械原值

数据来源：中国统计年鉴 1996

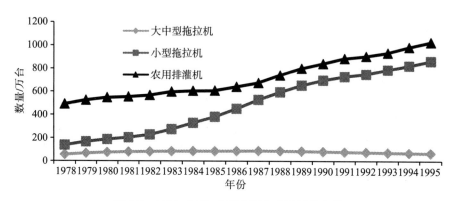

图 5-8　1978～1995 全国主要农业机械投入量

数据来源：改革开放 30 年农业统计资料汇编

入比例的变化。1978 年，在全国 15010 万公顷耕种面积中，粮食作物耕种面积为 12059 万公顷，占总耕种面积的 80.34%，经济作物耕种面积不足 20%，到 1995 年，全国耕种总面积为 14988 万公顷，粮食作物耕种面积为 11006 万公顷，所占比例下降到 73.43%，经济作物耕种面积则上升至 26.57%。第二，农村内部经济结构变化带动农业生产要素向农村第二、第三产业流动。随着农村经济的发展，以乡镇企业为代表的乡村工业和服务业迅速发展起来，农业劳动力等生产要素逐渐流出农业，向非农产业转移。1979 年，全国乡村从业人口 31024.5 万人，农业从业人口 29071.6 万人，占乡村从业人口总量的 93.7%，乡村工业从业人员 897.6 万人，占乡村从业人口总量的 2.9%；至 1995 年，全国乡村从业人口 45041.8 万人，农业从业人口 32334.5 万人，占乡村从业人口总量的 71.79%，乡村工业从业人员 3970.7 万人，占乡村从业人口总量的比重上升为 8.8%（图 5-9）。第三，城市第二、第三产业的发展吸引大量农村劳动力流出农村，涌入城市。随着城市经济改革进程的加快，大量非公有制企业迅速发展对劳动力提出新的需求，许多农村劳动力开始寻求新的就业机会，外出务工人员开始增多，并形成了 90 年代初的"民工潮"现象。据统计，80 年代农民工数量年均增长约 50%，90 年代初期到中期农民工数量年均增长约 15%。

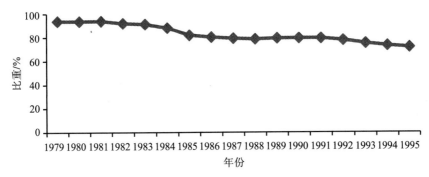

图 5-9　1979～1995 年农业从业人员占乡村劳动力总量的比重

数据来源：改革开放 30 年农业统计资料汇编

5.1.2　制度环境

制度环境反映了行为主体之间的关系，是主体行动所面对的"社会结构"。主体在行动过程中都遵守着既定的社会规则，当社会规则发生变化后，主体行动也会作出相应调整。农村家庭联产承包责任制改革及农业经营领域的相关变革适应了我国农业生产力发展的客观要求，同时也为农业经营主体行动确立了新的制度环境。

1. 家庭联产承包责任制改革使农户成为农业生产主体

1）家庭联产承包责任制的确立过程

始于 1978 年的家庭联产承包责任制改革是我国农业经营制度的一次重大变革，是由农户自发行动与政府引导共同推动的制度变迁过程。家庭联产承包责任制的确立从根本上改变了我国农业经营的基本组织结构，使农户获得了独立的农业经营主体地位，也为农业经营组织形式的进一步演进建立了制度环境。

传统合作经营方式的制度缺陷及农业生产环境的恶化，使以人民公社为基本组织形式的农业经营制度陷入困境，全国许多地区都出现了农民要求实行承包制的现象，1979 年秋，安徽小岗村农户自发实施的"包产到户"取得了成效，得到了县、省直至中央的支持，但由于上层对于承包制的认识仍有分歧，大部分地区的包产、包干改革依然是农户和基层在政策未明确情况下的"冒险"行为。直至 1980 年，中共中央在《关于进一步加强和完善农业生产责任制的几个问题》中提出的"专业承包联产计酬责任制"是适应我国农业发展的经营形式，首次明确提出允许家庭联产承包责任制的存在。

1982 年 1 月 1 日，中央发布了第一个关于农村工作的"一号文件"——《全国农村工作会议纪要》，指出包产到户、到组，包干到户、到组，都是社会主义集体经济的生产责任制，这实际上承认了家庭联产承包责任制作为农业经营的一种形式的地位和现实作用。

在 1983 年的中央"一号文件"——《当前农村经济政策的若干问题》中再次从理论和政策上确立了家庭联产承包责任制的地位和意义,指出实现家庭联产承包经营是马克思主义农业合作化理论在中国实践中的新发展,并肯定了这一制度对于促进我国农业从自给半自给经济向较大规模的商品生产转化,从传统农业向现代农业转化过程中的积极意义。

1984 年,中央在《关于 1984 年农村工作的通知》中提出"在稳定和完善生产责任制的基础上,提高生产力水平,疏通流通渠道,发展商品生产"、"土地承包期一般应延长至 15 年以上",为家庭联产承包责任制的长期稳定提供了产权基础和保障。至此,以家庭联产承包为主的责任制和统分结合的双层经营体制成为我国农村的基本经济制度,以家庭为核心的分散经营成为农业经营的主要组织形式,农户成为农业经营的微观主体。

2)家庭联产承包责任制改革对农户经营的影响

在人民公社制度中,生产队是基本的经济单位,实行以生产队为基本生产和核算单位的农村三级所有制,农户是生产队的成员,根据生产队的统一安排集体劳动,没有独立、明确的财产权利和经营决策权,不具备经营主体地位。生产队以"工分"作为衡量成员努力程度的标准,但由于团队生产中成员的实际努力程度难以计量,"工分"实际上计量的是生产队成员的出工时间,而非真实的劳动时间和劳动强度。因此,在人民公社制度中,农户仅是集体生产的劳动力提供者和参与者,不具备农业经营主体地位,在平均主义分配机制中,农户劳动的边际收益远低于边际成本,在缺乏有效监督机制的条件下,个体农户行动追求的唯一目标是如何节约自身劳动,减少努力程度,"搭便车"、"偷懒"等成为农户的主要行为选择。

家庭联产承包责任制改革从制度上克服了人民公社时期的各种问题,提高了农业劳动者的积极性和生产效率,具体而言,家庭联产承包责任制对农户经营的影响体现在以下几个方面:

第一,农户具备了农业经营的主体地位,是农业经营最基本的生产组织。家庭联产承包责任制确立后,农户获得了对土地的经营权及对家庭私有财产的完整权利,能够自主作出生产经营决策。

第二,农户具有较强的自我激励功能。农户拥有经营过程中独立的决策权和产品收益权,实现了剩余控制权与剩余索取权在一定程度上的对称①,所以农户有动力通过提高努力程度增加收益。

---

① 之所以强调农户剩余权利在"一定程度上对称",是因为在家庭承包制改革初期,农产品价格体制改革尚在进行中,农户必须首先按照国家规定的价格、数量交售农产品,因此剩余控制权是有限的。直至农产品价格体制改革完成,农民才获得了较为完整的剩余控制权力,实现了剩余权利的对称。

第三，分散经营的农户具有传统"小农"特征。在以家庭为基本单位的分散经营条件下，有限的土地规模使农户成为市场价格的接受者，只能依靠增加产量提高经济收益。农户自身的积累和投资能力有限，易陷入低水平的"小农均衡"状态。另外，现代农村金融体系、社会保障体系尚未建立起来，市场风险和自然风险对农户的冲击较大，大部分农户对经营方式的变化仍具有风险畏惧心理，并在确定变化带来的风险前保持观望态度。

家庭承包制最主要的作用在于明确界定了农户个体产权界限，进而保证了制度对个人的激励作用，但是其最大的缺陷在于，分割和分散了土地等生产要素的经营权，造成农业经营规模狭小。家庭承包制度"虽然解决了农民的产权激励，从而解决了生产积极性问题，却肯定不适合于现代农业的发展"[120]。要实现农业的进一步发展，就必须在家庭承包制基础上进一步创新经营方式，建立一种既能够发挥个体积极性，又能够克服土地分散经营问题的农业经营制度。

2. 农产品流通体制市场化改革使农户成为市场竞争主体

1)农产品流通体制改革的历程

农业生产力的恢复和发展带来了农产品产量的大幅度增加和农产品结构的变化，农户手中的大量农业剩余产品需要通过交换进入消费环节，而作为计划调控手段的农产品统购统销制度不仅给财政带来沉重的负担，更为严重的是，在农产品供给和需求结构不断变化的环境中，统购统销制度配置资源的效率过低，因此，迫切需要改革农产品流通体制，建立起一个能够反映社会供求关系和产品价值的农产品市场体系。

十一届三中全会确定了农村市场化改革的方向，启动了农产品流通体制改革的进程。1979 年，中央重新规定了统购派购的农产品范围和种类，并逐年收缩统购统销和限售的范围，至 1984 年年底，国家统购统销的产品范围已经大大缩小，实行统购派购的产品仅剩 38 种，在农产品销售总额中，国家统购派购比重由 1978 年的 84.7% 下降为 39.4%。1985 年，在《关于进一步活跃农村经济的十项政策》中，中央明确提出要逐渐取消农副产品统购派购制度，规定除个别品种外，国家不再向农民下达农产品统购派购任务，转而采用合同定购和市场收购方式，1985 年至 20 世纪 90 年代初，我国实际实行的是农产品合同订购与市场收购的供销"双轨制"。1993 年，国务院颁布《关于加快粮食流通体制改革的通知》，《通知》决定取消粮票和油票制度，敞开供应粮油商品，至 1993 年年底，全国基本上取消了口粮定量的政策，开始实行粮食市场开放供应，价格由市场供求决定。至此，已经实施三十年的农产品统购统销制度基本被废止，全面市场化的流通体制初步建立起来。

2)农产品流通体制改革对农户的影响

农产品流通体制的市场化改革是国家在顺应农户要求的基础上实行的强制性制度变迁。农产品流通体制改革对农户最直接的影响就是改变了农产品价格长期偏低的状态，增加了农户的销售收入。除此之外，改革还对农户及农业经营产生了一系列深远的影响：

第一，强化了的农户市场主体地位。在统购统销制度中，国家强制规定了产品的价格和交售数量，农户的经营权是不完整的，在统购范围内农户失去了产品销售的卖方权利。市场化流通体制确立后，农户获得了独立的市场供给主体地位，能够根据市场价格自由选择产品销售的数量和方式，实现了经营过程中剩余索取权和剩余控制权的基本对称，进一步提升了农户的积极性。

第二，增强了农户的创新动力。市场化改革后，农户直接面对优胜劣汰的竞争机制，随着市场竞争的不断加剧，农户逐渐意识到以传统的"小农均衡"为目标只能面临被淘汰的命运，只有通过使用新技术、探索新的经营方式等创新手段才能获得竞争优势。因此，随着农产品流通体制改革的推进，部分农户开始主动寻求技术支持、寻找新的产品销售渠道、改变分散的经营方式等，这些创新行动也成为农业经营制度变革的重要推动力量。

第三，加大了农户的经营风险。流通体制市场化改革给农户带来收益的同时也加大了农户经营的市场风险，使农户预期收益的不确定性增强。流通体制改革之后，农户面对的不再是由政策确定的产品收购价格，而是由供求关系决定的不断变动的市场价格。对单个农户而言，市场价格和产量是决定其经营收益的两个变量，因此，除自然风险外，市场风险也成为农户收益的主要威胁。由于分散经营的农户对抗风险能力有限，因此增强风险控制能力，减少市场风险对收益的冲击成为农户经营过程中的首要问题。据研究，农产品流通体制市场化改革后，农户面临的市场风险高于自然风险，自然风险导致的产量波动约为6％，而市场价格的波动幅度在20％左右。可见，导致农户收入波动的首要原因为市场价格的波动，而非自然风险的威胁。

3. 放宽政策对劳动力流动的限制，农村劳动力开始流向非农领域

1)对农村劳动力流动管制的放松

家庭联产承包责任制改革后，农户成为农业生产要素配置的主体，原来被集体劳动所掩盖的劳动力过剩问题也凸显出来。在城乡户籍制度和就业制度的严格限制下，农村劳动力大量滞留于农村和农业内部，形成农业剩余劳动力。在存在大量剩余劳动力的情况下，农业的规模化经营和资本、技术的投入必然受到约束，农业生产效率和农民人均收入均受到较大影响。随着城市改革的启动和对外

开放程度的加深，东部沿海地区建立了大批个体、私营及三资企业，这些企业对劳动力形成大量需求，导致城市劳动力市场出现供求缺口。在此背景下，国家开始放松对农业生产要素流动的限制，允许农村劳动力向城市转移。

1984年，中央在《关于1984年农村工作的通知》中首次允许农民自筹资金、自理口粮，进入城镇务工经商，并落户城镇，这标志着我国长期实行的严格户籍制度和就业管理制度开始放松，国家开始允许农村劳动力向城市转移。1985年，中共中央《关于进一步活跃农村经济的十项政策》再次提出鼓励农村劳动力向城市流动的政策，允许农民进入城市提供各种劳务，并要求城市在用地和服务方面提供便利。1986年，在《关于国营企业招用工人的暂行规定》中首次允许农村人口报考国有企业，成为企业工人。

从1988年开始，国家进一步放宽对劳动力流动的限制，开始允许并鼓励农村劳动力大规模跨区流动，在1988年劳动部颁布的《关于加强贫困地区劳动力资源开发工作的通知》中，明确将组织劳务输出、开发贫困地区劳动力资源作为扶贫工作之一，并提出根据"东西联合，城乡结合，定点挂钩，长期协作"的原则，组织劳动力跨区流动。随着国家对劳动力流动限制的放松，农村劳动力开始大规模向城市，特别是东南沿海地区流动，并形成了20世纪80年代末至90年代初的"民工潮"。为规范劳动力流动秩序，防止农村劳动力盲目流出，中央提出加强对劳动力流动过程的管理，要求实现劳动力在产业间和城乡间的有序流动。1993年，中共中央《关于建立社会主义市场经济体制若干问题的决定》中将"鼓励和引导农村剩余劳动力逐步向非农产业转移和地区间有序流动"作为经济管理的重点工作，同年，劳动部《关于建立社会主义市场经济体制时期劳动体制改革总体设想》中提出，建立公平竞争的劳动力市场，打破城乡间、地区间劳动力流动的限制，实现城乡劳动力流动的有序化。

这一时期城乡劳动力流动管理制度的变革是社会生产力发展的客观要求，是对国家产业结构和城乡结构变动的主动适应。对劳动力流动管制的放松使劳动力资源能够在更大范围内自由流动，提高了资源配置效率，也充分发挥出我国劳动力资源禀赋的优势，对于农业发展而言，劳动力的大量流出缓解了农村紧张的人地矛盾，为农业资本、技术的投入和土地规模经营提供了条件。

2)劳动力流出对家庭经营的影响

在城乡就业机会、收入差距及劳动力流动管制政策放松的双重激励下，实现非农就业的农村劳动力数量不断增多。劳动力大规模流出家庭经营的影响表现在以下几个方面。

第一，农户生产过程中的要素投入比例发生变化。在农业剩余劳动力滞留、人地矛盾突出的条件下，农业生产过程中的要素投入以劳动投入为主，大量剩余劳动力的存在一方面使家庭剩余有限，无力进行资本积累，同时，价格低廉而充足的劳动力资源的存在使农户缺乏资本投入的动力，农业成为典型的劳动密集型产业。农村劳动力的转移缓解了人地矛盾，也提升了农业劳动力的价格，劳动力、资本相对价格的改变使农户开始改变要素投入结构，逐渐增加资本投入量。

第二，农户收入多元化，积累能力增强。劳动力外出务工使农村兼业化趋势加强，增加了农村家庭的工资性收入，提高了农村的总体收入水平。1994 年劳动者报酬已经占农村家庭纯收入的 21.54％，外出务工劳动力的收入汇回部分在一定程度上缓解了农业生产过程中货币资本的不足，提升了农户的消费能力和资本积累能力。

第三，农户间的土地流转行为增多。随着农村劳动力转移规模的不断扩大，部分农户出现了家庭劳动力不足以维持农业生产活动的问题，农户间土地流转行为开始增多。由于当时土地承包期较短，土地流转一般只在亲戚、近邻等小范围内进行，流转形式多为土地转包。农村土地流转现象的增多既反映了农村经济结构的变化，也为农村土地制度改革和土地规模化经营奠定了现实基础。

4. 农村非正式制度的变迁

这一时期，除正式制度的变迁外，农村的社会传统、文化习俗、道德规范等非正式制度也发生了改变。正式制度与非正式制度的变迁相耦合，共同形成改革开放至 20 世纪 90 年代中期农业主体行动所面对的新的制度环境。农村非正式制度的变迁主要包括：

1) 农户价值选择由"生存导向"向"经济导向"转变

1979 年后，农业的恢复和发展解决了大部分农户的温饱问题，生存压力缓解后，农户的价值选择也发生了相应的改变，由"生存导向"向"经济导向"转变。在农产品商品化率提高和农产品市场体系建立的背景下，传统的以追求自身生存为目的的行为观念受到冲击，农户开始形成现代的市场意识，根据市场信息和理性的成本收益计算作出经营决策，追求经济收益的最大化逐渐成为农户主导的价值选择，成为"被高度社会化、将货币收入最大化作为行为与动机的社会化小农"[121]。价值选择的转变意味着长期占据我国农民主流意识的传统"小农思想"逐渐淡化，越来越多的农户开始接受经营方式的改变，并出现了一批具备企业家精神、能够带领周围农户提高经济收益的农业"大户"、"能人"，这批农户也成为推动农业经营向产业化变革的"初级行动团体"，并通过"示范效应"带动更多农户改变经营理念和价值选择。

2) 农村稳定的乡土社会关系受到冲击

在长期农耕文明的影响下，我国农村社会形成了封闭性与自给性特征，形成了以家族为核心的稳定的乡土关系，新中国成立后实行的城乡"二元"户籍制度进一步强化了这种稳定性。家庭承包责任制改革和农产品市场化改革后，乡村社会的时空限制被突破，传统的亲缘、地缘关系日益被商品经济关系所替代，即农村发生了"社会结构巨变"[122]，在人际交往过程中，农民的理性成分日益增加，农村的人际关系结构"表现出由情感型向理性型变化的趋势"[123]。同时，农村人口流动加快，农民对土地的依赖度降低，守土恋乡的传统观念出现变化，也对长期稳定的乡土关系形成了冲击。传统乡土社会关系的逐渐瓦解，改变了乡村社会以感情维系的"差序格局"，出现了"差序格局理性化趋势"。新的乡土社会关系改变了农户的信念，进而对其行为产生了影响，农户以市场原则为基础的行动增多，行为规范性增强。如农户间以正式契约形式结成交易、协作等关系，而口头约定等非正式契约所占比重逐渐下降。

5.2　农业产业化经营组织形成过程中的环境与主体行为分析

5.2.1　环境与农户的信念体系

1. 农户的经济性质："道义小农"还是"理性小农"

对农户经济性质的讨论以"道义经济"小农[124]和"理性的"小农[125]假设为核心。

"道义经济"或"道义小农"假设是斯科特根据恰亚诺夫对俄国小农经济性质的研究提出的，所以又被称为"恰亚诺夫-斯科特命题"。"道义小农"假设认为，农户的行为以满足自身消费需要为目的，以尽可能减小风险为原则，因此，农户行为与企业行为不同，农户不采用成本-收益计算方法作出决策，其行动决策的依据是较低的风险程度，"道义小农"长期处于"水深齐颈"的状况中，任何风险对其而言都可能威胁生存。在这种环境中，农户畏惧变化，宁愿为降低风险而放弃高回报，往往选择回报率低但较为稳妥的行动策略。农户间形成稳定而紧密的社会关系，"乡村社区是具有高度集体认同感的内聚型的共同体"[126]，因此，农户具有以共同利益维系的集体主体行动特征。费孝通通过对中国乡村的长期实地调研得出，中国的乡村社会是典型的"差序格局"，农民遵守以家族血缘维系的社会规范和秩序，人口的流动率小、社区间的往来也必然疏少，农民长期生活在"熟悉"的社会中，其行为遵循经验、传统和惯例，是典型的"道义小农"[127]。

"理性小农"假说是波普金继承舒尔茨对传统社会小农行为的分析提出的，所以又被称为"舒尔茨-波普金命题"。"理性小农"假设强调农户行为具备"理性人"特征，以自身经济收益最大化为目标，通过理性的成本-收益计算作出行动选择，并实现既有家庭资源的最优配置，但是由于缺乏资本和技术投入，农户的劳动生产率难以提高，只能维持在"贫困但有效率"的状态。"理性小农"同样抵制风险，但是为了增加预期收益，农户愿意作出投资决策。农户间利益联结并不紧密，村庄内部存在冲突与协调，农户相互竞争并各自追求利益最大化，农户是理性的个人主义者。如吴理财以湖北荆门农民在农田灌溉中的行为特征为例，指出在实践中，农民的行为其实是具有高度经济理性的，但是这种理性只有在特定的生活场景或制度环境中才能显现出来[128]。秦晖认为，我国农产品市场存在的"非理性"特征是农民许多非理性行为的根源，许多看似非理性的农民行为实质上恰恰是农民为适应特殊市场环境而采取的理性行为[129]。

许多学者认为"道义"或"理性"两种对农户性质的划分过于绝对，现实中的农户更多地表现出两种特征的综合，如黄宗智通过对中国农民行为特征的分析得出了农民的行为实际上包含理性与非理性两种逻辑的结论。他认为，农民行为的非理性表现在，在现实的人口压力下，农民的首要目的是满足家庭生存目标，因此，农民的行为是保证最低的产出而非追求利益最大化；农民行为的理性表现在，随着农村商品经济和市场经济的发展，小农在保证生存的前提下会为实现家庭发展和获得更多的货币收入而采用市场化的经营方式。他认为，现实中的农户兼具"道义小农"与"理性小农"的特征，农户既是利润追求者，又是维持生计的生产者[130]。刘滨等根据黄宗智的观点总结出经济环境对于农户理性的影响，指出经济形态的转变是农民行为逻辑变迁的重要条件，认为在自然经济条件下，农民行为主要表现为生存理性，在商品经济条件下，随着市场机制的建立，农民行为的经济理性开始占主导地位[131]。

比较"道义小农"和"理性小农"两种假说，可以看出，二者对农户经济性质的不同判断源于对农户所处生存和生产环境的不同设定。"道义小农"学派分析的是农业生产力水平较低，农民控制风险能力有限的半自给自足环境中农户的行为特征，而"理性小农"学派分析的则是农业生产力已经发展到一定水平，农业商品化率较高，且具有一个较为完善的农产品市场体系的环境中农户的行为特征。"道义小农"和"理性小农"假设对农户行为的分析是一致的，分析的都是拥有有限生产资料、独立作出生产决策的分散经营的小生产者作出的适应环境的决策。两种观点都认为农户行为的目标是实现自身净收益的最大化，"道义小农"强调农户的风险规避本身就是农户控制经营成本的行为，"理性小农"强调农户通过投资获得盈利的动机则是农户增加收益的行为。从这一角度看，两类农户都是理性的。但"道义小农"和"理性小农"都不能全面反映现实中的农户性质，"道义小农"过于强调农户对风险的规避和对稳定乡村关系的维系，忽视了农户具有对风险和收益关系的判断能力，"理性小农"将农户视为具有完全理性的行为主体，并强调农户的个人主义行为，而忽视了市场环境不确定条件下农户获得和处理信息能力的有限性及单个农户在不确定环境中的相互依赖性。

本书认为，农户既是"理性"的，也是具有"道义"的。一方面，农户具有"适应性理性"，现实中的农户都以自身净收益最大化为目标，能够根据获得的信息衡量行动的成本和收益，但是由于存在外部的不确定性和自身能力的有限性，农户并不是完全理性的，而是具有适应性理性，即农户能够在经营过程中根据环境的变化和他人的行动调整自身策略，以增强自身的环境适应性。另一方面，农户在行为互动中形成共同遵守的"道义"规则。具有适应性理性的农户具有学习能力，通过互相模仿、最优反应等学习方式获得关于外部环境的认知，所以农户行为具有交互性，并在相互交往中形成共同规则。

因此，具有适应性理性的农户能够根据外部环境作出决策。在生产力水平较低的状态下，农户处于温饱边缘，农产品商品化率低，对农户而言，最大的威胁是自然风险导致的产量减少，为尽量控制风险，农户的最佳选择是遵循长期积累的生产经验，尊重乡土传统，此时，农户的经济性质更接近"道义小农"，而这种"道义"是农户为保障自身生存而根据现实条件作出的"具有理性的道义行为"。在生产力水平提高、农户基本生存得到保障的状态下，农产品商品化率上升，农户面临的主要威胁是市场风险导致的产品价格波动，农业技术的发展和市场的持续变化使固有的生产经验逐渐失去适用性，农户需要不断计算作出决策选择，但同时，大多数农户并不具备企业家式的创新精神，而是通过观望、模仿逐渐接受各种创新和变化，此时，农户的经济性质更倾向于"理性小农"，是"具有道义的理性小农"。

2. 我国农户经济性质的变化：由"道义小农"向"理性小农"的过渡

农户的经济性质和行为特征取决于其所处的现实环境。在农业产业化经营组织形成阶段，技术环境和制度环境的变化导致我国农户经济性质的变化，即农户的经济性质正处于由保证生存、抵制变化的"道义小农"向追求利润、接受创新的"理性小农"的过渡状态。

20 世纪 80 年代中期至 90 年代中期是我国农业生产力提高、农业经营制度发生深刻变革的时期。一方面，生产力进步为农户参与社会化大生产奠定了物质基础。如前文所述，从 20 世纪 70 年代末开始，我国农业生产力开始迅速发展，表现为农产品产量增加、产品结构优化，农业资本性要素投入比例上升。技术环境的变化使农户摆脱了基本的生存压力，农户的农产品销售、生产资料购买行为增加，逐渐由封闭的家庭生产融入社会分工体系。另一方面，农业经营制度环境的变化使农户成为独立的经营者，自主作出生产经营决策，直接参与市场竞争，农户以追求经营净收益最大化为目标。在家庭承包制改革和农产品流通体系改革中，农户成为农业经营的基本单位，获得了经营主体的地位。

在新的环境中，农户的经营目标和行为方式也发生了变化。第一，大部分农户的经营目标由维持生存转变为获得最大化的经营净收益。农业产品剩余增多后，农户不再将生存作为行动的目标，而更关注自身的积累和发展，获得最大化的经营净收益成为新环境下农户的经营目标。第二，农户开始通过成本收益核算作出经营决策。获得经营净收益的核心问题是如何控制成本、增加销售收益。在市场中，产品和要素价格持续变动，农户需要根据不断变化的信息对每一次生产经营作出成本和收益的估算，以作出最佳决策。因此，成本-收益核算替代传统和习惯成为农户行动的主要依据。第三，农户逐渐接受变化及由变化带来的风险。农业技术变革和生产机械化程度的提高直接增强了农户抵御自然风险的能力，弱化了农户对风险的畏惧，同时，对净收益的追求使农户愿意通过改变经营方式等获得预期收益。第四，传统乡土秩序对农户的约束力减弱。环境的变化改变了传统的农户间关系，稳定的乡村格局随着劳动力、土地等要素的流动而瓦解，以礼治为核心的宗族组织和秩序已经无法帮助农户应对不断变化的社会和经济环境，农户在相互交往中逐渐形成了新的秩序以替代传统的乡土秩序。

可见，在农业经营环境变化的同时，农户的经济性质也经历着从"道义小农"向"理性小农"的过渡。在此阶段，农户表现出对经济利益的渴望，愿意接受创新的农户开始增多，但部分农户仍表现出对变化和风险的担忧。农户逐渐接受法律、市场秩序等现代行为规则，但传统的乡土秩序仍在一定程度上影响着人们的行为。

5.2.2 农户的学习行为与信念体系的变化

1. 学习行为与信念体系

信念决定了农户对环境信息的认知和行为的内在倾向性。农户经济性质变化后，农户普遍持有的信念也发生相应变化。而学习行为是农户信念体系变化的主要机制，外部环境变化后，持有不同信念的农户对于变化的认知不同，采取的初始行动也不同，持有"理性"信念的农户根据环境变化采用改变经营方式的策略，并获得较高的经济收益，持"道义"信念的农户最初拒绝改变，随后在较高收益的刺激下，部分农户开始模仿成功者的策略，模仿的速度取决于持"道义"信念农户的初始比例及其信念的稳固程度。

在农业产业化经营形成阶段，农户经历由"道义小农"向"理性小农"的过渡，农业中持"道义"信念的农户与持"理性"信念的农户并存。其中，持有"理性"信念的农户有动力积极改变经营方式以增加农业经营收益，他们构成农业产业化经营组织建立过程中的"初级行动团体"，随后，越来越多的农户开始行动，共同推动产业化经营组织的建立。在这一过程中，农户的学习行为是持不同信念农户协调行动的关键，而此阶段农户的学习行为主要为模仿学习行为，获得较高收益的先行农户为"示范"和"榜样"，其他农户通过模仿学习其"成功"策略。

2. 环境、学习与农户信念体系变化的过程分析

为说明学习过程对农户信念体系的作用，本书通过借鉴演化博弈论中的复制者动态模型[①]，说明不同环境条件下农户的学习行为与群体中持有不同信念农户比例的变化，即当环境变化后，一个群体中农户普遍持有的信念体系如何借由学习过程由"道义"信念向"理性"信念过渡。复制者动态模型描述的是，当特定行动者采取某一策略的收益高于其他策略时，群体中就会出现模仿者，使用该策略的频率将会增加，应用于解释农户学习行为。复制者动态意味着，当某一范围内部分农户通过采用新的经营策略获得较高收益时，其他仍采用原经营策略的农户将会模仿成功者的策略，那么采用较高收益策略农户的数量将会增加。

为简化分析过程，本书将用生产力水平和社会稳定性作为反映环境状态的定性变量，变化前的环境特征为生产力水平较低、社会较为稳定，变化后的环境特征为生产力水平较高、社会持续变化。根据农户经济性质将一个组群中农户的信念体系分为"道义的"信念和"理性的"信念两类，"道义的"信念指农户持有保守、稳定的农业经营观，抵制变化，遵守礼治、传统和习俗；"理性的"信念指农户以理性的、商品化的观点看待农业经营，愿意为增加收益而改变，遵守法制和市场规则。

1)复制者动态模型与农户的模仿学习行为

用 x_1 表示农户的"道义"策略；x_2 表示农户的"理性"策略；$\pi(x_i, t)$ 表示 t 时刻采取 x_i 策略的支付($i=1$ 或者 2)；$v(t)$ 表示学习速度，即模仿者从意识到成功者策略到采取行动的过程；β 表示特定信念农户数量对不同策略收益差的反应系数，($0<\beta<1$)。那么，$\dot{X}(x_i, t)$ 为 t 时刻采取特定策略农户数量的变动速度。复制者动态模型为

$$\dot{X}(x_i,t) = v(t)X(x_i,t)\beta\{\pi(x_i,t) - \pi(x_i',t)\} \tag{5-1}$$

当首先采取某一特定策略的农户获得较高收益时，其他农户也将改变策略，模仿先行者的产业化经营行为，那么，采取该策略的农户数量将增加，增加的速度取决于不同策略支付的差异以及学习的速度。获得的收益越高，学习速度越快，采用该策略的农户增加速度越快。

2)环境、学习与农户信念体系变化的模型分析

假设在一个群体中，持有"道义"信念的群体数量为 X_1，持有"理性"信念的群体数量为 X_2，两类群体的最大数量分别为 N_1 和 N_2；g_1 和 g_2 表示两类群体的固定增长率；a_1 和 a_2 表示两类群体对对方的影响力，当 $a_1>1$ 时，表示

---

① 此处分析借鉴了黄凯南(2010)应用 Logistic 模型对社会结构变化的分析。

"理性"群体对"道义"群体的影响力更大，当 $a_2>1$ 时，表示"道义"群体对"理性"群体的影响力更大。

那么，两类群体的演变过程分别为

$$\dot{X}_1(t) = g_1 X_1 \left(1 - \frac{X_1}{N_1} - a_1 \frac{X_2}{N_2}\right) \tag{5-2}$$

$$\dot{X}_2(t) = g_2 X_2 \left(1 - a_2 \frac{X_1}{N_1} - \frac{X_2}{N_2}\right) \tag{5-3}$$

方程(5-2)和方程(5-3)分别表示"道义"群体和"理性"群体中个体数量的变化率，通过求解上述方程，可得到如下均衡点：

$$\left\{P_1(N_1,0), \quad P_2(0,N_2), \quad P_3\left(\frac{N_1(1-a_1)}{1-a_1a_2}, \frac{N_2(1-a_2)}{1-a_1a_2}\right), \quad P_4(0,0)\right\}$$

各均衡点的稳定条件为：

当 $a_1<1$，$a_2>1$ 时，P_1 为稳定均衡点，意味着群体中持有"道义"信念的群体数量达到最大化，而持有"理性"信念的农户均改变了原来的信念。"道义"成为农户普遍持有的信念体系。

当 $a_1>1$，$a_2<1$ 时，P_2 为稳定均衡点，意味着群体中持有"理性"信念的群体数量达到最大化，而持有"道义"信念的农户均改变了原来的信念。"理性"成为农户普遍持有的信念体系。

当 $a_1<1$，$a_2<1$ 时，P_3 为稳定均衡点，意味着群体中持有"道义"和"理性"信念的农户共同存在，各占一定比例。

可见，群体中普遍持有的信念体系取决于 a_1 和 a_2 的取值，而不同环境中农户的学习行为是影响 a_1 和 a_2 取值的主要因素。引入复制者动态模型：

$$\dot{X}(x_1,t) = v(t)X(x_1,t)\beta\{\pi(x_1,t) - \pi(x_2,t)\} \tag{5-4}$$

其中 x_1 为"道义"策略，x_2 为"理性"策略，另设：

$$\begin{bmatrix} a_1<1, a_2>1 | \dot{X}(x_1,t)>0 \\ a_1>1, a_2<1 | \dot{X}(x_1,t)<0 \end{bmatrix}$$

环境、学习过程对群体普遍信念的影响可总结为：

(1)当生产力水平较低，社会稳定性较强时，持有"道义"信念农户的策略将被模仿，"道义"将成为农户普遍持有的信念体系。

在生产力水平较低和稳定的社会结构条件下，减少风险对生存的威胁，遵守传统、习俗等经验性规则是农户的最佳策略。与持有"理性"信念农户的策略相比，持有"道义"信念农户的策略更具环境适应性，获得的收益也更高，即 $\pi(x_1, t)>\pi(x_2, t)$，$\dot{X}(x_1, t)>0$，"道义"策略将被采用其他策略的农户模仿，群体发展更快，对持有"理性"信念的群体影响力更大，即 $a_1<1$，$a_2>1$，持有"理性"信念的农户将逐渐改变自身信念，成为"道义的"农户。当群体稳定时，共同控制风险、减少变化、遵循传统和习俗将成为群体普遍信奉的信念体系。

（2）当生产力水平较高，社会结构的稳定性较弱时，持有"理性"信念农户的策略将被模仿，"理性"将成为农户普遍持有的信念体系。

当生产力水平发展到一定程度，社会流动性、变化性较强时，根据环境变化随时调整经营策略，接受变化带来的风险和收益是农户的最佳策略。在市场中，持有"理性"信念的农户更能适应市场竞争，而拒绝改变的"道义小农"难以获得发展机会，即 $\pi(x_1, t) < \pi(x_2, t)$，$\dot{X}(x_1, t) > 0$，此时"理性"群体发展更快，对"道义"群体的影响力更大，即 $a_1 > 1$，$a_2 < 1$，持有"道义"信念的农户将逐渐改变自身信念，接受"理性"信念。当群体稳定时，通过个人计算做出生产经营决策、通过创新增加未来收益、遵守市场规则等将成为农户普遍持有的信念体系。

信念体系的变化是一个渐进的过程，对于一个组群而言，在环境变化过程中，多种异质性信念往往是并存的。在环境变化的初期，生产力水平开始提高，社会结构出现局部变化，此时，持有"理性"信念的农户首先发现潜在的利润机会，改变经营方式，但是由于初始行动的风险较高，预期收益并未明显提高，同时，在长期封闭、稳定环境中形成的"道义"信念影响较深，"道义小农"所占比重较高，所以对"理性"农户策略的模仿速度较慢，"理性"群体竞争力仍然较低。当生产力发展到一定程度，社会结构出现较大变化，"理性"策略收益增加，模仿者学习速度加快，持"理性"信念的群体数量开始增加，竞争力逐渐增强，而持有"道义"信念的群体竞争力减弱，群体开始新一轮演化，并最终实现农户信念由"道义"向"理性"的转变。

在我国农业产业化经营组织形成阶段，农业生产力有所提高，但是总体发展水平仍然偏低，劳动力流动等因素改变了农村稳定的社会结构，但传统的乡土差序格局仍然存在。在此环境条件中，"道义"和"理性"两种信念正处于共存状态，部分农户积极采取改变经营方式的行动，成为农业创新和变革的积极推动者，部分农户不愿改变既有经营方式，对变化持观望态度，只有在创新行为带来的收益较为明确时，才以模仿形式学习"成功者"策略。

5.3 农业产业化经营组织形成过程的主体行为与组织演进过程分析

农业产业化经营组织的形成过程，是农业产业化经营方式实现的过程。从组织演进过程角度看，农业产业化经营组织的形成阶段分为前后两个时期。组织形成的前期可视为组织萌芽期，这一时期，部分地区出现了以"公司＋农户"为主要形式的农业产业化经营组织，组织规模较小、数量较少，组织的建立和发展依靠农户和企业的自发行动，没有外界干预，所以组织形成前期表现出自组织的特征。组织形成的后期可视为组织加快形成的时期，这一时期，既有组织的规模开始增大，全国各个地区的组织数量增多，政府参与组织演进过程，作为外部力量推动组织建立和发展，所以组织形成后期表现出在自组织基础上的他组织特征。

5.3.1 我国农业产业化经营组织的形成路径

农业产业化经营组织的形成是作为组织主体的农户自发行动与政府参与共同作用的过程，所以组织形成体现了自组织与他组织的综合过程。从组织形成的具体路径来看，农业产业化组织的形成经历了如图 5-10 所示的过程。

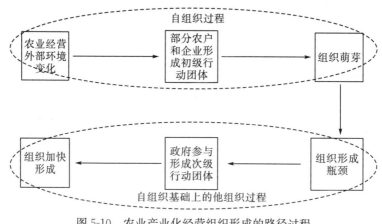

图 5-10　农业产业化经营组织形成的路径过程

1. 农业经营外部环境变化

环境变化引发相对收益的变化，形成了农业经营主体对改变经营方式的需求。例如，我国农产品价格体制改革启动后，农产品统销统购制度逐渐废止，形成了农产品和生产资料的竞争性市场。在竞争性市场中，分散经营的风险提高，而组织化经营能够有效规避价格风险，提高主体收益。因此，农户产生了改变分散经营方式、实现组织化经营的需求。

2. 产生初级行动团体

环境变化后，部分较早意识到潜在收益的农户和企业首先行动，形成初级行动团体。农户需要稳定的农产品需求方，以降低经营风险，企业需要稳定的农产品供给方，以降低交易成本，二者具有利益一致性，都希望通过制度变革建立新的经营组织，形成稳定的契约关系，因此，部分农户和企业积极寻求合作途径和合作方式。

3. 出现农业产业化经营组织萌芽

部分农户与农产品加工、销售企业建立了"企业＋农户"或称为"订单农业”的农业产业化经营组织。这一阶段农业产业化经营组织仅处于萌芽阶段，组织的建立往往依靠个别“能人”和“大户”的带动，主体行动处于无序状态，组织数量少、规模小。

4. 组织形成进入瓶颈期

农业产业化经营组织经历萌芽阶段后，并没有迅速取代分散经营，农户集体行动困境及企业与农户间的协调失灵问题阻碍主体行动实现最优均衡，制度变迁进入瓶颈期。

5. 形成次级行动团体

农业产业化经营组织形成后，有效降低了农户经营风险，提高了农业效率。政府为了增加自身利益和社会利益，有加快产业化组织形成的意愿，因此，开始积极参与推动制度变迁，形成次级行动团体。

6. 政府推动下组织加快形成

政府通过政策和指令推动产业化组织的建立和稳定，农业产业化经营组织的形成进入加快阶段。为克服变迁瓶颈，加快组织形成速度，政府通过行政方式参与制定变迁过程，农业经营组织的演化进入自组织基础上的他组织阶段。

可见，农业产业化经营组织的形成是环境变化后农业经营主体追求更大经济利益所推动的组织发展过程，这一过程体现了组织发展过程中的自我演进与外部强制推动的合力作用，即农业产业化经营组织形成初期体现了自组织的特征，随后政府开始参与组织演进过程，形成在自组织基础上的他组织过程。那么驱动农业产业化经营组织形成的动力因素也可据此分为内部动力与外部动力，内部动力是农业经营主体通过组织演进获得的潜在利润，外部动力主要是政府通过政策指令等手段对主体行为的诱导和强制推动(图 5-11)。

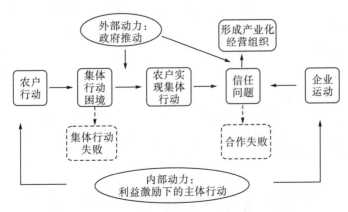

图 5-11　农业产业化经营组织的形成过程及动力

5.3.2 农业产业化经营组织形成的自组织过程分析

农业产业化经营组织形成的内部动因是环境变化后农户对自身经济利益的追求。当外部环境变化后，农业经营主体能够通过经营方式的变化获得更高的经营净收益，在潜在利润的激励下，部分农户有意愿采取推动产业化经营组织形成的行动。所以，在农业产业化经营组织的形成前期，即组织萌芽阶段，体现出明显的自组织特征。

1. 农业产业化经营组织形成前期的自组织特征

自组织最初是物理学领域的概念，后被用于解释社会组织的形成和发展机制问题。从静态上讲，自组织是指一种组织形式，这种组织在形成、发展过程中没有受到外部特定力量的干预，完全依靠组织成员的自发行动推动。从动态上讲，自组织是指组织的演进过程，即在没有外界干预的条件下，组织成员根据某种规则自发行动推动组织形成、发展的过程。

从组织演进角度看，自组织的特征体现在三个方面。第一，组织是组织成员在利益激励下自发建立的，组织的演进过程不受外界干扰；第二，组织成员间行为的协调互动形成共同遵守的组织秩序；第三，组织的演进过程是开放的，通过与外部环境的互动，组织获得发展和完善。

我国农业产业化经营组织形成的初期表现出明显的自组织特征。20 世纪 80 年代中期，随着农业生产力的发展和国家农业政策的变革，农业经营面临的技术环境和制度环境都发生了重大变化，部分农村地区的农户开始采取变革家庭分散经营方式的行动以适应新经营环境，农户与企业自发联合，建立起以"公司+农户"为主要组织形式的农业产业化经营组织。这一阶段，各地农业产业化经营组织的建立均没有政府等外界力量的介入，组织形成过程为典型的自组织过程。

第一，早期农业产业化经营组织的形成是农户与企业等微观经济主体自发行动的均衡结果。同家庭联产承包责任制的诞生过程相似，早期农业产业化经营组织的建立也发轫于农村最基层，是由农户自发变革既有经营方式的行动推动的。在技术环境和制度环境变化后，作为市场经营主体的分散农户面临着农产品滞销、价格波动等风险。为了能够更加有效地适应市场经济，增加经营净收益，部分"理性的"农户开始采取行动，寻找能够稳定市场需求和产品销售价格的新的经营方式。与此同时，部分农业加工企业也希望能够降低采购过程中反复议价带来的交易费用，获得质量和价格稳定的产品供给。在一致利益的激励下，农户和企业达成产品销售契约，建立了最早的"公司+农户"产业化经营组织。这一过程中，除少数乡村基层组织为农户与龙头企业谈判过程提供信息、法律等相关服务外，基本没有外界的参与，组织的建立是农户与龙头企业自发行为均衡的结果。

第二，农户与企业间行动的协调形成组织运行秩序。早期的"公司＋农户"组织本质上是农户与龙头企业间达成的长期双边契约关系，契约的执行依靠缔约方的自觉遵守和相互监督。在"公司＋农户"组织中，农户与龙头企业之间既有利益一致性，也存在利益冲突。在没有第三方参与的情况下，组织成员无法借助外部力量惩罚对方违约行为、维护自身利益，契约执行和组织运行需要作为组织成员的农户与企业间彼此行动互动和协调，形成组织协调机制、激励和约束机制等内部运行秩序。

第三，组织成员行动与环境的互动反馈促进组织的发展。"公司＋农户"组织是一个开放的系统，组织成员根据环境的信息反馈调整自身行动，促进组织内部结构和运行机制的完善。组织与外界不断进行着技术、要素和产品的交换，并在交换中获得外部环境对组织运行的信息反馈。环境所提供的信息反馈是组织成员判断组织环境适应性的依据，根据环境信息，作为组织主体的农户和企业及时调整自身行动及相互间关系，实现组织与环境间的协调。

2. 农户行为与农业产业化经营组织的形成

1）利益激励与农户行为动机

随着农产品市场体制的逐步建立，市场竞争不断加剧，农产品价格波动成为影响农户预期收益的重要因素。对农户而言，通过与企业建立合作关系，能获得稳定的销售渠道，避免市场价格风险，进而提高预期净收益[①]。下面通过比较不同经营方式下市场风险与农户净收益的关系来说明这一过程。

（1）分散经营条件下农户的净收益：

$$r_i = P(\theta)Q - C(Q) - C(\theta) \tag{5-5}$$

式中，r_i 表示分散经营条件下农户的净收益；$\theta(0 \leqslant \theta \leqslant 1)$ 表示单个农户面临的经营风险；$P(\theta)$ 表示农产品预期价格的影响，$\mathrm{d}P(\theta)/\mathrm{d}\theta < 0$；$C(Q)$ 表示生产成本；$C(\theta)$ 表示农户为控制风险所支付的成本，且 $\mathrm{d}C(\theta)/\mathrm{d}\theta > 0$。

（2）实现产业化经营后农户的净收益：

$$r_j = P_o Q - C(Q) - C(\lambda_j) \tag{5-6}$$

式中，r_j 表示参加产业化经营组织后农户的净收益；P_o 表示契约价格；λ_j 表示组织成员为实现组织有效运行付出的努力。

当市场风险为 0 时，$P_o = P_m$[②]，则式（5-6）转换为

---

① 另外，产业化经营组织也能够使农户得到企业在信息、技术和资金等方面的支持，提高生产效率，降低生产成本。为简化分析过程，本书此处仅考虑组织化经营给农户带来的净收益变化。

② 由于产业化组织能够通过契约使预期价格稳定，所以模型假设市场风险不对加入产业化经营组织的农户产生冲击。另外，在"公司＋农户"模式中，契约价格为双方在预期市场价格基础上加入风险溢价，因此此处设市场价格 P_m 为契约价格的期望值。

$$r_j = P_m Q - C(Q) - C(\lambda_j) \qquad (5-7)$$

(3)市场风险 θ 与农户收益的关系如图 5-12 所示。

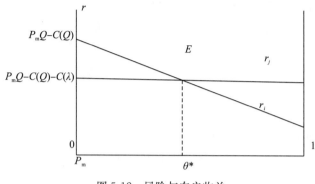

图 5-12　风险与农户收益

如图 5-12 所示，当 $\theta < \theta^*$ 时，$r_i > r_j$，即农户分散经营的净收益高于组织化经营的净收益，此时农业最佳经营形式为家庭分散经营；当 $\theta < \theta^*$ 时，$r_i < r_j$，即组织化经营的净收益高于农户分散经营的净收益，此时农业有实行组织化经营的行动动机。

综上所述，在农业经营环境变化之后，农户采取产业化经营方式能够获得较高的净收益，农户有改变经营方式的激励，与涉农企业建立稳定的契约关系。但是，在上文对此阶段农户信念体系的分析中指出，在环境变化初期，只有部分持有"理性"信念的农户愿意主动采取行动，成为产业化经营组织建立的先行者，而大部分农户长期受"道义"信念的约束，对经营方式的变革持观望态度。因此，在形成的初期，我国农业产业化经营组织大多为具有较强市场意识、愿意承担风险的农户与企业共同建立，并通过"示范效应"激发其他农户的模仿行为。

2)农户与企业间合作的建立

"公司+农户"组织的建立基础是农户与龙头企业的利益一致性。对于农户而言，通过与龙头企业合作，能够解决产品销售和价格波动问题，降低农业经营风险；对于企业而言，与农户建立长期、稳定的契约关系能够节约交易费用，并且增强了企业对投入品质量的控制能力。通过合作农户与龙头企业均能获得组织租金①，但如何分配组织租金成为组织建立过程中各缔约方关注的另一个重要问题，能否就分配问题达成一致也是决定组织能否最终建立的重要环节。

(1)合作与组织租金。通过建立"公司+农户"组织获得比分散经营更高的收益，即获得组织租金，是农户与企业愿意积极寻求合作关系的直接原因。由于"公司+农户"组织中实际上存在多个平行的契约关系，换言之，企业与每一个

---

① 组织租金又称为联合剩余、合作剩余，是指每个参与人从合作中获得的净收益与次优行动净收益的差额。

农户之间都签订了相对独立的契约。为简化分析过程，本书假设存在一个代表性农户，重点分析代表性农户与龙头企业间合作的建立过程。

农户在分散经营方式的净收益为 r_i，加入"公司＋农户"组织后的净收益为 r_j；龙头企业在未与农户合作前的净利润为 R_i，加入"公司＋农户"组织后的净利润为 R_j。那么，组织租金为 $V=(r_j+R_j)-(r_i+R_i)$，如图 5-13 所示。

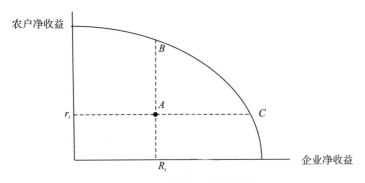

图 5-13　组织租金与谈判集

将 r_i 和 R_i 作为农户和企业合作的机会成本，或称保留收益，图 5-13 中点 A 为二者保留收益的集合。建立合作关系后，实现了净收益的帕累托改进，二者净收益的集合为图中曲线的 BC 部分，对农户和公司而言，ABC 范围内的净收益集合就构成了二者的谈判集，其中位于 BC 部分的集合为纳什谈判解。

通过图 5-13 可见，通过合作能够获得组织租金，实现总收益的帕累托改进，但是对缔约双方而言，组织租金如何分配还要通过双方谈判解决。不同谈判结果可能导致分配结构的巨大差异，甚至导致合作无法达成。

(2)谈判过程与分配问题。在"公司＋农户"组织中，组织租金分配问题的核心就是产品收购价格的确定。如果不考虑交易费用，农户与公司达成的契约价格应该在农户预期的市场销售价格与企业预期的市场采购价格之间，这是合作达成的基本前提。在这一区间中，契约价格如何确定则取决于多种因素，其中最关键的是二者的谈判地位和谈判能力。下面通过动态博弈的讨价还价模型说明二者的谈判过程和分配的确定问题。

设 t 为博弈进行的轮次，δ_1 为农户的贴现率，δ_2 为企业的贴现率，另设组织租金 $V=1$，那么二者所占份额 $v_1+v_2=1$，首先假设保留收益均为 0。谈判过程如图 5-14 所示。

在第一轮($t=1$)，企业首先提出分配方案，企业提出自己获得 v_1，农户获得 $(V-v_1)$，如果农户接受，谈判结束，否则，由农户提出分配方案。

在第二轮($t=2$)，农户提出分配方案为企业获得 v_2，自己获得 $(1-v_2)$，如果企业接受，企业将获得 $\delta_2 v_2$，农户获得 $\delta_1(1-v_2)$。否则，谈判进入下一轮，由企业提出分配方案。

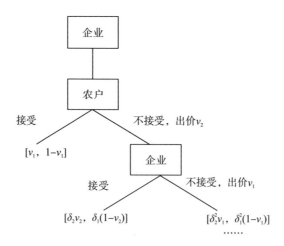

图 5-14　农户与企业的谈判过程

在第三轮($t=3$)，企业提出自己获得 v_1，农户获得($1-v_1$)，如果农户接受，企业将获得 $\delta_2^2 v_1$，农户将获得 $\delta_1^2(1-v_1)$。否则，谈判进入下一轮。

假设农户和企业具有逆向归纳能力，且博弈是平稳的。当 $t=2$ 时，农户能够预测 $t=3$ 时企业会选择 v_1 出价方案，企业和农户分别获得 $\delta_2^2 v_1$ 和 $\delta_1^2(1-v_1)$ 的支付，那么，当 $t=2$ 时，农户为避免博弈进入下一阶段，将出价 v_2 使 $\delta_2 v_2 = \delta_2^2 v_1$，即 $v_2 = \delta_2 v_1$，此时农户获得的支付为 $\delta_1(1-\delta_2 v_1)$；当 $t=1$ 时，企业为避免博弈进入下一阶段，将出价 v_1，使 $1-v_1 = \delta_1(1-\delta_2 v_1)$，解得

$$v_1 = \frac{1-\delta_1}{1-\delta_1\delta_2}$$

在第一轮，企业出价时就将提出这一方案，自己获得 $\dfrac{1-\delta_1}{1-\delta_1\delta_2}$，农户获得 $1-\dfrac{1-\delta_1}{1-\delta_1\delta_2}$。

如果加入保留收益，即分散经营条件下，农户的净利润 r_i 和企业的净利润 R_i，将二者的保留收益视为利润率，即 $0<r_i<1$，$0<R_i<1$，且 $0<r_i+R_i<1$。那么组织租金为($1-r_i-R_i$)，企业的分配份额为

$$v_1 = \frac{(1-r_i)(1-\delta_1)+R_i\delta_1(1-\delta_2)}{1-\delta_1\delta_2}$$
$$= a(1-r_i)+(1-a)R_i = R_i + a(1-r_i-R_i)$$

其中：$a = \dfrac{1-\delta_1}{1-\delta_1\delta_2}$；$1-a = \delta_1\dfrac{1-\delta_2}{1-\delta_1\delta_2}$。

分配谈判的结果为：企业将获得其保留收益加 a 份额的组织租金，农户获得剩余部分。通过上述分析可以看出，决定农户与企业间分配的结果主要受到二者贴现率大小的影响，而贴现率则是由谈判各方的耐心程度、时间成本以及信息量

决定的。在企业和农户缔约过程中，具有谈判经验的龙头企业在谈判中的耐心程度往往强于农户，另外，由于经营规模小，农户需要尽快实现资金周转，所以时间成本也高于企业，并且企业拥有的信息更加丰富，因此在谈判过程中，单个农户的谈判能力较弱，获得的组织租金份额较小，而龙头企业凭借其优势地位占有大部分组织租金。

上述结果出现的前提是谈判能够成功，事实上，虽然通过合作能够获得组织租金，实现农户和企业净收益的帕累托改进，但是如果农户在分配中所占份额过低，与分散经营差额较小，那么农户有可能拒绝与企业合作，出现谈判破裂的结果。此外，上述分析是基于完全且完美信息的动态博弈过程，但现实中，谈判者的信息是有限的，因此谈判结果还受到谈判技巧、谈判者预期等诸多因素的影响。

除了由利益分配不一致导致的谈判破裂风险外，"公司＋农户"组织的建立还面临集体行动困境及协调失灵问题两大阻碍。上述问题的存在使农业产业化经营组织形成早期出现了合作成功率不高、组织规模和辐射范围有限及组织形成速度较缓慢等问题，组织形成一度进入瓶颈期，需要外部力量的参与，推动组织加快形成。

5.3.3　政府介入与农业产业化经营组织的加快形成

农业产业化经营组织出现的基础是农户和企业对环境变化后潜在利润的追求，但是农户和企业自发行为出现的集体行动困境和协调失灵问题阻碍了组织形成。农户集体行动困境是指，"公司＋农户"组织的建立是有成本的，需要农户共同搜寻潜在的合作对象和相关信息，选出代表与企业谈判以确定契约内容，分担各项成本。但是在农户集体行动过程中，单个农户存在"搭便车"倾向，导致农户在集体行动中的努力程度不足，阻碍着组织建立。协调失灵问题是指，由于农户和企业无法确定对方行动的概率，将选择风险占优策略而非支付占优策略，博弈的均衡结构将偏离最优结果。集体行动困境和协调失灵问题的存在阻碍了组织的形成进程，需要外部推动力量帮助主体克服制度变迁瓶颈。在农民合作组织发展不充分的情况下，只能依靠政府发挥推动作用，因此政府的推动是克服组织演进瓶颈、加快农业产业化经营组织形成的外部力量，农业产业化经营组织形成的后期体现出部分他组织的特征。

1. 农业产业化经营组织形成的瓶颈与政府参与的必要性

1) 集体行动困境

在农业产业化经营组织形成初期，参与农户的数量较少，集体行动的一致程度较高。在部分率先参加产业化组织的农户获得较高净收益、发挥"示范效应"

后，在利益激励下，原来坚持"道义"信念的农户开始逐渐转变信念，形成了实现产业化经营的倾向，愿意参加产业化经营组织的农户增多。但随着行动者数量的增加，个体行为的边际收益与成本间差距增大，农户行动的外部性逐渐显现，集体行动将面临"奥尔森困境"。

农户集体行动难以实现的主要障碍在于农户行为存在外部性，即个体行动的社会边际收益高于个体边际收益，而理性农户只根据自身收益和成本行动，导致农户所付出的努力程度不足。这一结论的简单证明过程如下：

设 n 个农户组成行动团体联合建立农业产业化经营组织，组织建立后单个农户的净收益函数为

$$r_j = P(\Pi)Q - C(Q) \tag{5-8}$$

式中，$\Pi = \sum_1^n \lambda_j$；λ_j 表示单个农户的努力程度；$P(\Pi)$ 表示农产品契约价格受到成员努力总水平的影响，$dP(\Pi)/d\Pi > 0$。

另设农户的效用函数为 $u(r_j) = u_j(P，C)$[①]；组织建立需要每一个成员的平均努力程度为 λ_j^t，$\Pi = \sum_1^j \lambda_j = n\lambda_j^t$，此时，

$$r_j = P(n\lambda_j^t)Q - C(Q)$$
$$u_j = u\{r_j, \lambda_j^t\} \tag{5-9}$$

农户最佳努力水平的一阶条件为

$$\frac{u\lambda}{up} = -nQ$$

但是分散行动的农户进行决策时将其他人的行动看做是外生的，即

$$r_j = P(\lambda_1^* + \cdots + \lambda_j + \cdots + \lambda_n^*)Q，-C(Q)$$
$$u_j = u\{r_j, \lambda_j\} \tag{5-10}$$

此时分散农户的最佳努力水平的一阶条件为

$$\frac{u\lambda}{up} = -Q$$

可见，在集体行动中，单个农户的努力程度是次优的[②]，个体普遍存在"搭便车"倾向，均希望能够减少个人成本而享受组织带来的收益，农户整体努力程度不足导致通过共同努力建立产业化经营组织的集体行动难以实现。

---

① 其中 $du/dP > 0$，$du/d\lambda < 0$。

② 可将农业产业化组织视为一种公共品，存在由于正外部性而产生的供给不足问题。即对农户方来说，获得最大组织化收益的条件是每个农户能够考虑他们的努力对组织整体的影响，并基于个人行动对组织收益的边际影响选择努力程度。但是，农户是分散决策的，每个农户付出的努力程度小于组织最佳运行所需要的努力程度。

2)农户和企业间的协调失灵

农业产业化经营组织的建立面临着农户与企业间协调失灵问题的阻碍。组织能否最终建立还取决于二者间的协调和信任程度，只有当企业和农户都认为对方履约行动的概率较高时，才能形成合作关系。下面通过信任博弈[①]模型说明这一过程。

表 5-1 描述了企业与代表性农户之间的博弈关系，设 $c_1 < c_2$[②]，此时的支付结构构成信任博弈，存在两个均衡策略——s_1（履约，履约）和 s_2（违约，违约）。s_1 明显优于 s_2，也即合作对双方来说都是最优结果，但协调问题使次优结果 s_2 也会以一定概率出现。

表 5-1 农户和企业的信任博弈

		农户	
		合作	违约
企业	合作	$r_f,\ r_j$	$0,\ r_j - c_1$
	违约	$r_f - c_1,\ 0$	$r_f - c_2,\ r_j - c_2$

当预期对方合作概率为 ρ 时，农户（企业）的期望支付如图 5-15 所示。

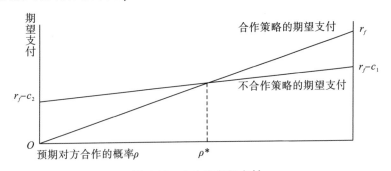

图 5-15 农户的期望支付

采取合作策略和违约策略无差异的概率 $\rho = \rho^{*}$[③] $= \dfrac{r_f - c_2}{r_f - c_2 + c_1}$。当 $\rho^{*} > 1/2$，

---

① 协调问题：若博弈存在多个均衡结果，非最优结果的出现被称为协调失灵，萨缪·鲍尔斯(2006，中文版)将协调失灵以较大概率出现的情形称为"协调问题"。本书所用模型是在鲍尔斯(2006，中文版)巴伦布尔农民信任博弈模型基础上调整建立的。

② $r_f > r_j > (c_1 + c_2)$，企业谈判力往往超过农户方的谈判力，因此设合作为企业方带来的收益高于为单个农户带来的收益，均高于违约成本之和。合作带来组织租金，合作的支付高于违约的支付，因此用 c_1 和 c_2 表示违约给双方带来的剩余的减少。单方违约时，违约方获得的收益高于双方违约的收益，因此 $c_1 < c_2$。

③ ρ^{*} 越大，表示企业选择违约的可能性也越大。由于存在信息不对称，企业无法获得农户如何行动的信息，因此假设农户以相同的概率行动，即当 $\rho = 1/2$ 时，企业合作的期望支付为 $(r_f/2)$，违约的期望支付为 $[r_f - (c_1 + c_2)/2]$。

即 $r_f>(c_1+c_2)$ 时，合作的风险因子[1]高于违约的风险因子($1-\rho^*$)，所以违约是风险占优策略；当 $\rho^*<1/2$，即 $r_f<(c_1+c_2)$ 时，违约的风险因子高于合作的风险因子，合作是风险占优策略。

在农业产业化经营组织形成阶段，由于缺乏监督机制，农户和企业彼此间信任程度不高，形成合作关系的概率较低。从我国实践来看，许多早期建立起来的"公司+农户"组织因为违约问题而解体，这进一步弱化了农户和企业对彼此能够履约的信任程度，阻碍了新组织的建立。

集体行动困境和协调问题产生的根源是行动主体对自身利益的追求，因此在没有外界干预的情况下，依靠主体间行动互动推动组织建立的过程必然出现个体之间、个体与集体之间的利益冲突，组织形成过程将出现瓶颈期。例如，自20世纪80年代中期山东等地第一批"公司+农户"组织出现后到90年代初期，我国农业产业经营组织并未在全国范围内大规模出现，许多地区具有良好的产品基础和投资环境，但由于农户间行动不一致或农户与企业间难以取得相互间的信任，产业化经营组织依然难以建立起来。要突破瓶颈，加快组织形成过程，还需要政府发挥外部推动作用，在符合农户意愿的基础上通过政策引导等方式加快组织形成，实现组织演进过程中自组织与他组织的综合。90年代上半期，我国中央和地方各级政府均将农业产业化经营作为农业发展的重要方向，并颁布了各类政策鼓励农户与企业合作，建立产业化经营组织，90年代中期开始，以"公司+农户"为主要形式的产业化经营组织在全国大量出现，组织形成进入加速发展时期。

2. 政府对于农业产业化经营组织形成的推动作用

1) 政府实施外部激励机制克服集体行动困境

当出现集体行动困境时，可以通过两种途径解决"搭便车"问题。第一种途径是依靠拥有不对称利益的成员付出更多努力。许多早期的农业产业化经营组织是由乡村"能人"、"大户"带领并与周边农户建立的，但是依靠部分主体带动具有偶然性，并且在大规模团体中，利益不对称性并不显著。第二种途径是形成"选择性激励"机制，即通过刺激农户承担组织建立的成本或惩罚"搭便车"者[2]。自我实施激励机制的成本会随着组织规模的扩大而增加，因此，当产业化组织达到一定规模时，需要政府作为激励主体，帮助农户克服集体行动困境。

政府实施的激励机制主要包括正向激励和负向激励两类，正向激励包括对首

---

[1] 当 $\rho^*>1/2$ 时，企业违约的预期支付高于合作的预期支付，即合作的风险因子更高。

[2] 博弈论者将集体行动的困境转化为"重复性囚徒困境博弈"，并证明了在"重复性囚徒困境"条件下，"有条件合作"策略将是理性经济人的最优选择。但是，依靠农户间重复博弈建立产业化经营组织所需的时间长，制度变迁速度仍然较为缓慢。

先行动的农户给予物质和非物质奖励、政府承担部分行动成本等；负向激励主要是对不积极行动的农户实施各类显性或隐性的惩罚。在我国农业产业经营组织形成过程中，政府往往采用正向激励，如对积极参与产业化组织的村民给予更多的资金、技术支持，基层政府与农户共同搜寻合作对象，承担签约成本等。

2）通过完善制度环境减少经营主体行动的不确定性，提高农户与企业间的信任程度

第一，政府承认并推广主体基于利益选择而自发形成的新组织形式，从国家法规层面确立了农业经营制度创新行为的合法性和有效性，消除农户和企业对新经营方式的疑虑。例如，20 世纪 90 年代初，在总结山东等地实践经验的基础上，国家通过一系列政策措施和工作意见鼓励农业产业化经营组织的发展，并在全国范围内积极推广农业产业化经营。

第二，提供相关制度供给，稳定农业产业化经营组织建立的制度环境。农业产业化经营组织的建立不仅是农产品产销方式的变革，还包括农地制度、农村金融、社会保障等方面的全面变革，因此需要政府从宏观政策层面提供相关制度供给。如我国农业产业化形成过程中，政府推行土地使用流转制度，鼓励土地规模经营，并实施对龙头企业的税费优惠政策、启动农村金融制度改革①等。

第三，建立农户和企业间的协调机制。政府利用其权威地位帮助农户和企业解决协调问题，提高组织参与者的信任程度，加快组织形成速度。在契约建立过程中，基层政府往往利用自身信息和信誉优势发挥协调作用，如以政府招商形式为农户搜寻合作企业、在谈判过程中提供信息和法律咨询服务、以政府信誉提供担保等。这些政府行为增强了参与双方进行合作的意愿，加快了产业化经营组织的形成速度。

---

① 1984 年，国家在部分地区试点建立农村合作基金会；1994 年，成立中国农业发展银行；1996 年颁布《国务院关于农村金融体制改革的决定》；随后，成立国家农业投资公司、国家林业投资公司、中国农村发展信托投资公司、中国经济开发信托投资公司等金融机构。

第6章　我国农业产业化经营组织演进过程分析之二：环境、行为与组织的成长过程

　　农业产业化经营组织的成长过程是指农业产业化经营组织由"公司＋农户"组织向"公司＋合作组织＋农户"组织的演进过程。20世纪80年代末至90年代前期，"公司＋农户"组织形式在全国各地大量出现，有效地带动了农业产业化经营的发展。但同时，"公司＋农户"组织面临着高违约率问题的困扰，据不完全统计，在21世纪初期，我国农业订单的履约率尚不足20％。"公司＋农户"组织具有契约约束脆弱性和协调困难的内在缺陷，为克服上述缺陷，"公司＋农户"组织逐渐被"公司＋合作组织＋农户"组织所替代，组织结构的完善也标志着我国的农业产业化经营组织从形成阶段进入了成长阶段。

　　20世纪90年代中期至2010年前后，是我国农业产业化经营组织的成长阶段，这一阶段的主要特征如下：第一，农业产业化经营组织的数量加速增加；第二，农业产业化经营组织形式以"公司＋农民合作经济组织＋农户"为主；第三，各级政府积极参与组织的发展过程，组织发展表现出自组织与他组织作用的结合；第四，组织的发展沿着农户横向联合与产业链各环节纵向一体化两个方向同时进行。

6.1　农业产业化经营组织成长阶段的环境分析

　　进入20世纪90年代后，我国农业经营的技术环境和制度环境发生了一些新的变化。从技术环境上看，农业生产力仍呈现持续发展状态，但是农业产出水平和要素投入水平出现波动，产业竞争力有所下降；从制度环境上看，随着前期优惠政策效用的释放和90年代税收体制、农资价格等的改革推进，农户负担加重，90年代至2000年农业经营的政策环境实质上较前一时期有所恶化，进入21世纪后，国家对农业政策作出调整，启动农村税费改革和减轻农民负担的政策，并推进了农地制度改革、农村社会保障制度改革等一系列相关改革，重新构建了良好的农业经营制度环境。

6.1.1　技术环境

1. 农业总产出增长速度放缓

　　1996～2010年，我国农业总产值呈波动增长趋势。2010年，全国以当年价格计算的农业总产值为69319.8亿元，为1996年的4.31倍，年均增长率约为

10.22％。其中，1996～2000 年农业总产值增长率持续下降，2001～2007 年农业总产值增长率出现较大波动，2008～2010 年农业总产值增长率又出现下降趋势（图6-1）。这一时期我国农业总产值的波动性增长说明，与前一阶段相比，我国农业生产力仍保持着较快发展，但是影响农业经营过程的各类因素也逐渐增多。

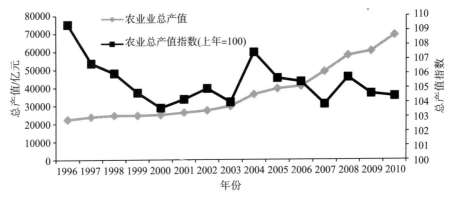

图 6-1　1996～2010 年我国农业总产值及总产值指数

数据来源：中国统计年鉴(2011)

2. 农业产业国际竞争力弱化

1996～2010 年，我国农业产业的竞争力下降。从农产品国际贸易情况来看，1996～1999 年，农产品出口额呈下降趋势，1999～2008 年则呈稳定上升趋势，2009 年后，我国农产品出口额再次出现下降趋势。同期，我国农产品的进口额则呈波动性上升趋势(图6-2)。另外，从农产品贸易差额的变动趋势来看，1996～2003 年，我国农产品贸易顺逆差交替出现，总体保持在顺差状态，2004 年后，我国农产品贸易出现持续逆差，2007 年开始，贸易逆差呈持续扩大趋势（图6-3）。从农产品出口额在出口商品总额的比重来看，则出现了持续下降的趋势，1996 年，我国农产品出口额占出口总额的 9.54％，到 2010 年仅为 3.13％

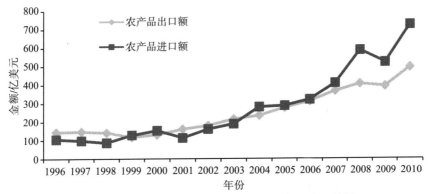

图 6-2　1996～2010 年我国农产品进口总额和出口总额

（图6-4），这一趋势表明，相对于其他产业，在国际市场上，我国农业竞争力出现相对弱化的态势。

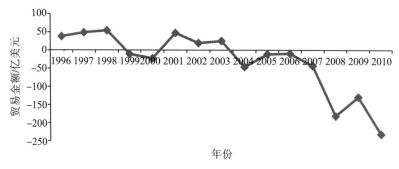

图6-3　1996～2010年我国农产品贸易差额

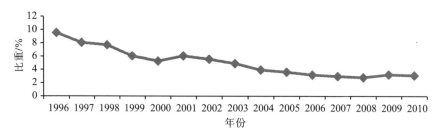

图6-4　1996～2010年我国农产品出口总额占商品出口总额的比重

3. 农户经营性收入增长缓慢，城乡收入差距持续扩大

1996年，全国农村居民农业经营的人均纯收入为1099.04元，至2010年增长至2331元，年均增长率为5.13%，远低于上一阶段农村居民收入的增长速度。其中，1996～2003年，农业经营纯收入呈总体下降趋势，1997～2000年，我国农民收入连续四年持续下降；2004～2010年，农业经营纯收入逐渐增加，其中2003～2008年呈加速增长趋势，2008年之后增速逐渐放缓。同时，城市人均可支配收入则出现了大幅度增加，从1996年的4838.9元增加至2010年的19109.44元，年均增长率为9.59%，城乡间收入差距出现持续扩大趋势（图6-5），不断扩大的城乡收入差距凸显了城乡二元经济结构问题，城乡间的差距进一步加快了劳动力、资金等农业生产要素的流出。

4. 农业要素投入波动幅度增大

进入20世纪90年代中期以后，我国工农之间、城乡之间的差距不断扩大，二元经济结构特征显著。在要素报酬差距的吸引下，农业生产要素持续流向非农产业，导致农业出现土地抛荒、生产停滞等问题。

第一，大量农村劳动力流向城市。2010年，全国农民工数量达到24223万人，其中外出就业 1.53 亿人，本地非农就业 0.89 亿人。从农民工的输出地结构来看，来自东部、中部、西部的人数分别为 10468 万人、7619 万人和 6136 万人。由于 20 世纪 90 年代中期以后，乡镇企业发展陷入困境，大批企业破产倒闭，吸纳农村劳动力的数量大幅度下降，农村劳动力难以实现本地就业，只能流向城市，在地级以上大中城市务工的农民工占 63%。农村从事农业生产的劳动力比重呈现先增后减的趋势，1996~2003 年，农业就业人口占农村劳动力的比重缓慢增加，2004~2010 年，这一比重开始下降，到 2010 年年底，农业从业人员仅占乡村劳动力总量的 41.62%（图 6-6）。

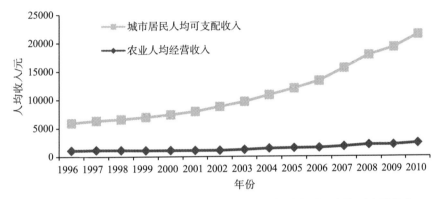

图 6-5　1996~2010 年农村人均农业经营纯收入与城市居民人均可支配收入
数据来源：中国统计年鉴(1998，2000，2004，2006，2008，2010)

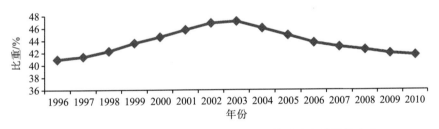

图 6-6　1996~2010 年农业从业人员占乡村劳动力总量的比重

　　第二，农业资本积累速度下降。虽然 1980~2006 年，我国农业资本存量持续增加，并且年均增长率达到 3%，但是从增长阶段来看，20 世纪 90 年代前半期农业资本存量稳定增长，而到 90 年代中期后，增长开始出现波动，特别是 2000 年以后，农业资本存量增速明显下降(图 6-7)。农业资本存量增速的减缓说明了农业生产中资本等物质资本积累速度的下降，而资本积累的减缓直接影响我国农业经营的效率。另外，农村资金外流问题较为严重，为获得较高回报率，农村信用社、农业银行等涉农金融机构将从此吸收的存款大量用于非农领域贷款，造成了农村资金大规模外流，加剧了农业资本不足的困难。据计算，1994~2004 年，通过金融系统流出的农村资金量为年均 600 亿元。

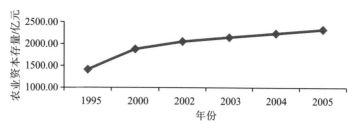

图 6-7　1996~2006 年农业资本存量

第三，土地耕种面积呈现由波动性下降到持续增加的趋势。1996~2006 年，受农业劳动力流出等因素的影响，我国农业用地实际耕种面积出现了显著波动的趋势，其中，1996~2001 年，土地耕种面积持续增加，但 2001~2003 年，土地耕种面积开始减少，2003~2005 年再次增加后，2005~2006 年又出现了大面积减少的趋势。2006 年开始，国家大力推行耕地保护政策和相关惠农政策，全国耕地总面积开始持续增加（图 6-8）。

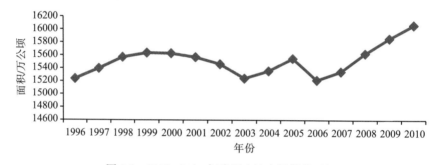

图 6-8　1996~2010 年我国土地实际耕种面积

综合上述对农业产业经营组织发展时期技术环境的分析可以发现，这一时期，我国农业总产出、农户收入及农业要素投入等增长均出现了波动，农业生产力发展速度较前一时期显著下降，部分年份甚至出现了停滞。上述变化对农户而言意味着农业经营技术环境的恶化，虽然部分农户已经加入"公司＋农户"组织，实现了产业化经营，但是农户在生产过程中依然是相对分散的，在生产过程中，大部分农户仍然处于小规模家庭生产状态，环境恶化严重影响了其生产效率和收益水平，也在客观上促进了农户间采取联合生产改变小农弱势地位，实现规模经济的行动。

6.1.2　制度环境

我国农业产业化经营组织发展阶段的制度环境表现出先恶化后好转的特征。综合而言，20 世纪 90 年代，国家工业化进程加快发展，国家对农业的重视相对不足，推行的一系列相关改革实质上恶化了农业的政策环境，也直接导致了 90 年代严重的"三农"问题的出现。进入 21 世纪，特别是 2003 年以后，中央意识到农业滞后对于国民经济健康发展的威胁，并相继出台了各项惠农政策，农业经营的政策环境得以改善。

1. 农业扶持政策的变化

20 世纪 90 年代初期至 2010 年前后，我国的农业扶持政策力度经历了由弱化向强化转变的过程。90 年代中央支农惠农政策力度弱化，农户负担加重。我国进入工业化加速发展时期后，为推动工业化、城市化进程，中央将改革的重心转向了城市工商业，对农业的支持相对减弱。1993 年 12 月，国务院通过了《关于实行分税制财政管理体制的决定》，1994 年，我国实行了分税制改革，确立了中央和地方之间分税财政体制的基本框架。分税制改革有效缓解了中央财政困难的局面，增强了财政转移支付能力，有利于我国公共事业的整体推进和协调发展。但是，分税制改革后，出现了地方财权上移而事权下移的矛盾，作为财政体系最基层的乡镇财政成为最困难的部分。为了维持地方公共事业运作和向上一级财政上交的任务，乡镇增加了向农民征收的税费，农民的显性和隐性负担加重。除农业税、农业特产税、"三提五统"（村三项提留、乡镇五项统筹）、"两工"（劳动积累工、义务工）外，农民还要承担各项收费、集资、摊派、罚款等社会负担。虽然许多学者认为这一阶段农民负担较前一阶段有所下降，如果仅从国家明确增收的正规税费与农民收入比例角度看，农民负担有所减轻，但农民的实际负担远高于以各项正规税费估算的负担比例。

进入 21 世纪，中央对农业的政策支持力度开始增强，着手实施农业税费改革、农村社会保障体制改革等一系列涉农改革项目，并加大中央财政对农业的转移支付，力图从根本上解决"三农"问题。2000 年，中央颁布了《关于进行农村税费改革试点工作的通知》，启动了我国农村税费改革，对农村税费进行规范，正税清费。2003 年，国务院发布《关于全面推进农村税费改革试点工作的意见》，在全国范围内全面展开农村税费改革。2006 年，我国农业税全面取消。同时，实施了乡镇机构、农村义务教育管理体制和县乡财政管理体制改革等配套改革，减轻了农村基础财政的负担，也抑制了农民税费负担的反弹。另外，2004 年开始实施粮食直补，2006 年开始实施农资综合直补政策。上述政策直接减轻了农民负担，降低了农业生产成本，为进一步推进农业产业化经营构建了良好的政策空间和制度环境。

2. 传统集体组织功能缺失，农户对联合经营的需求增强

家庭联产承包责任制改革后，农民往往只重视家庭经营而忽视发展集体经营，导致大部分地区农村经营中只有家庭"分"的层面，而没有集体"统"的层面，双层经营有名无实，农村集体经济组织也失去了应有的社会和经济功能。在改革之初，人民公社时期的经历使农户对集体组织存在抗拒，加之人民公社时期

建设的大部分农田基础设施尚能运行，农户对联合生产和集体组织服务功能的需求并不强烈。

　　但是，随着农业生产的持续发展和原有农田基础设施的老化，农户对与水利灌溉、大型农机设备等的需求开始增多，另外，"公司＋农户"组织建立后，与龙头企业间不平等的经济地位及面对企业显性和隐性违约行为的无能为力进一步凸显了分散农户的弱势地位。集体组织功能缺失对农业经营的不利影响越来越明显，在传统集体组织实际解体的情况下，农户间只有通过新一轮合作建立起各类新型的农村集体经济组织，为农业生产提供必需的公共服务，并通过联合经营提升自身经济地位。

3. 支持农民合作组织建立和发展的政策和法律环境

　　20 世纪 90 年代中后期，我国农产品生产呈现总量基本平衡、丰年有余的状态。随着农产品品种结构的增多和商品化程度的提高，部分农产品出现了结构性过剩，导致产品卖出难和农民收入增长缓慢等问题。同时，农户对农田基本设施建设等公共服务的需求及对提高自身地位的需要推动农户间联合经营的出现和发展。许多地区农民自发建立涉及农机服务、产品和农资运输、产品销售、农田基本建设等多方面内容的各类专业合作社和专业协会。

　　为鼓励和规范农户合作组织发展，中央颁布了一系列的政策措施，为农民合作组织的健康发展构建了良好的政策环境(表 6-1)。

表 6-1　推动农民合作经济组织发展的相关政策

时间	政策措施	内容
1995 年	中共中央、国务院关于做好1995 年农业和农村工作的意见	抓紧筹建全国供销合作总社；供销社系统退出政府序列后，要进一步深化改革，真正办成农民群众的合作社，更好地为农业、农村、农民服务
1997 年	财政部 156 号文件	对专业合作社销售农业产品，免征增值税
1998 年	关于 1998 年农业和农村工作的意见	发展多种形式的联合与合作。鼓励和支持农民自主建立各种专业合作社、专业协会及其他形式的合作与联合组织
1998 年	中共中央关于农业和农村工作若干重大问题的决定	积极扶持农民采取多种多样的股份合作制形式兴办经济实体。鼓励以农民劳动联合和农民资本联合为主的集体经济的发展
2003 年	关于完善社会主义经济体制若干决定	积极支持农民按照民主自愿的原则发展各类经济合作组织
2004 年	关于促进农民增加收入若干政策的意见	积极推进有关农民专业合作组织的立法工作；各级财政安排专门资金支持农民专业合作经济开展服务；有关金融机构支持农民专业合作组织建设标准化生产基地、兴办仓储设施和加工企业、购置农产品运销设备，财政可适当给予贴息；深化供销社改革
2005 年	关于进一步加强农村工作提高农业综合生产能力若干政策的意见	支持农民专业合作组织发展，对专业合作组织及其所办加工、流通实体适当减免有关税费

续表

时间	政策措施	内容
2006 年	中共中央、国务院关于推进社会主义新农村建设的若干意见	加快立法进程，加大扶持力度，建立有利于农民专业合作社发展的信贷、财税和登记等制度
2007 年	《中华人民共和国农民专业合作社法》正式实施	赋予了合作社独立的法人地位，明确了合作社的建立程序、治理结构等，为合作社的发展提供了法律保障
2008 年	中共中央关于推进农村改革发展若干重大问题的决定	扶持农民专业合作社加快发展，使之成为引领农民参与国内外市场竞争的现代农业经营组织
2010 年	"十二五"规划纲要	为农民专业合作组织、供销合作社、农民经纪人、龙头企业等提供多种形式的生产经营服务

　　除政策支持外，国家和各省也开始探索制定规范农民合作组织发展的相关法律。1994 年，国家农业部发布《农业专业协会示范章程》，各省也据此制定了相关章程，但是这些章程仅起到指导作用，不具备法律约束力，也没有明确农民合作组织的社会和经济地位。2004 年开始，中央加快农民合作组织的立法程序，同年，浙江省率先出台了《浙江省农民专业合作社条例》，这是内地第一部规范的农民合作组织法规，首次明确了农民专业合作社的法人地位、设立条件、治理机制、产权结构等。其他省份也根据自身实践积极探索合作组织法律的建立。法律环境的建立为农民合作组织的建立和业务的开展提供了保障，稳定了农户对于合作组织的预期，进一步激发了农民通过合作实现联合经营的意愿。

　　政策和法律的鼓励和引导进一步激发了农民通过建立各类合作经济组织以弥补家庭分散经营不足的意愿和行动，全国出现了形式多样的合作经济组织。许多合作组织作为农户代表与龙头企业签订长期契约，建立起以"公司＋合作组织＋农户"为基本形式的农业产业化经营组织。据农业部统计，2006 年年初，全国以合作组织为中介的产业化经营组织已经达到 62914 个，占各类产业化经营组织总量的 46.40%，在数量上已经超过"公司＋农户"组织（61268 个，45.10%），成为我国农业产业化经营组织的主要形式。

4. 土地使用权与土地流转制度的变革

　　20 世纪 90 年代中期以后，在家庭承包制基础上，我国继续推进农村土地使用权和土地流转制度改革，为农业产业化经营组织的进一步发展构建了稳定的基础环境。

　　一方面，在政策和法律上明确了农户对土地的长期权利，为农户变革生产方式提供了权利基础。1998 年，全国人大通过了《中华人民共和国土地管理法》，将"土地承包经营期限为 30 年"的土地政策以法律形式确定下来，使农民对土地的长期承包经营权具有了法律保障。同年，中央颁布《中共中央关于农业和农村工作若干重大问题的决定》，提出了农村基本政策的长期稳定，进一步明确了农村土地承包经营权的长期性。1999 年，在《关于做好 1999 年农村和农业工作的意见》中，对延长土地承包经营权又作出了进一步规定。2000 年，在《中共中央关于制定国民经济和社会发展第十个五年计划的建议》中提出，"加快农村土地制度法制化建设，长期稳定以家庭承包经营为基础、统分结合的双层经营体制"。土地家庭承包权利的确定和延长从根本上保障了农户对于土地的基本权利，稳定了农民对农业经营的预期，激发了农户提升土地价值、保护自身财产权益、以多种形式实现土地权益的意愿。

另一方面，在延长土地承包经营权的基础上进一步深化土地流转制度改革，为农户以多种方式处置土地使用权、进一步转变经营方式提供了条件。2001 年，中央颁布《关于做好农户承包地使用权流转工作的通知》，全面阐述了我国农村土地流转的相关政策。在同年颁布的《中华人民共和国国民经济和社会发展第十个五年计划纲要》中也提出，要在长期稳定土地承包关系的基础上，鼓励有条件的地区积极探索土地经营权流转制度改革。2002 年，国家颁布了《中华人民共和国农村土地承包法》，从法律层面对我国土地承包政策进行了详细的规定，同时明确了国家实行农村土地承包经营制度、依法保护土地承包经营权、土地承包经营权的流转必须遵循自愿原则、承包期内发包方不得收回承包地等法律内容，并规定了农村土地承包经营权"可以依法采取转包、出租、互换、转让或其他方式流转"。2005 年，农业部颁布实施《农村土地承包经营权流转管理办法》，对农村土地的流转方式、流转合同的签订及土地流转管理作出更加全面、详细的规定。农村土地流转制度改革的深化在坚持土地家庭承包制的基础上赋予了农民在法律允许范围内对土地进行处置和收益的权利，完善了农户的土地使用权利，在提升土地价值、维护农民经济权益的同时为我国农业经营方式的进一步变革提供了现实条件。2008 年，农业部发布了《关于做好当前农村土地承包经营权流转管理和服务工作的通知》，明确规定了农村土地流转的基本原则、流转方式的基本原则、流转方式、流转程序及流转纠纷的解决途径等，为我国农村土地流转提供了工作纲领。

5. 农村非正式制度的变迁

20 世纪 90 年代以后，农村非正式制度发生了如下变化。第一，持有"理性"信念的农户迅速增加。在市场经营中，越来越多的农户通过模仿、强化等学习方式转变了原有的"道义"信念体系，具备了通过成本收益核算追求经济净收益及愿意接受风险以提高收益的"理性"信念。"理性"信念体系成为农户普遍持有的信念，信念的变化使农户行为发生了变化，通过转变经营方式实现农业经营收益的增加被大多数农户所接受。第二，农户合作意识增强。在要素和产品市场上，由于缺乏谈判力，分散的农户面临上下游企业的双重挤压，同时，在"公司＋农户"组织中，农户同样缺乏与企业平等的谈判地位，只能接受企业提出的收益分配方案和各种条件。农户迫切需要建立能够代表其利益的组织，以提高单个农户的市场地位和契约谈判地位，农户的合作意识逐渐增强，许多农户开始积极建立各类合作组织。第三，农村社会开放性、流动性进一步增强。随着农村市场化改革的推进和劳动力等要素的加快流动，农村社会的开放性和流动性进一步增强，传统的以家族血缘和乡土秩序维系的社会结构逐渐消失，农户间形成竞争和合作关系，封闭、静态的农村社会经济关系被开放、动态的市场经济关系所取代。

6.2　农业产业化经营组织成长阶段的环境与农户行为分析

农民合作组织的形成是农业产业化经营组织从"公司＋农户"组织向"公司＋合作组织＋农户"组织演进的必经之路，而农户间的合作意愿则是合作组织形成的前提和基础。进入 20 世纪 90 年代中期，在新的农业经营环境中，越来越多的农户意识到，在市场交易和契约关系中，个体农户均处于劣势地位，而通过农户间合作则能够有效提升自身经济地位，因此，农户的合作意愿也逐渐增强。

许多学者通过对农业经营环境与农户合作意愿之间相关关系的研究证明，农业经营技术环境和制度环境的变化增强了农户的合作意愿。例如，郭红东在对影响农户合作行为的因素进行分析后发现，农业生产的商品化程度和兼业化程度、农产品销售的难易程度、政府的支持及户主的文化水平是影响农户合作意愿的重要因素[132]。胡敏华通过博弈模型分析指出，农民的合作能力是其合作制度选择的制约因素，如农民自身素质、外部的法律保障、政策激励、信息获取、合作社教育、公共产品供给等[133]。黄珺在对江苏、浙江、湖北等地的农户进行问卷调查结果分析的基础上利用因子分析方法对影响农户合作意愿的因素进行排序，结果显示，农业经营环境是影响农户合作意愿的首要因素，农产品商品化程度越高、市场竞争越激烈，农户的合作意愿越强[134]。

6.2.1　农户学习过程与合作意愿的动态演化

根据第 4 章对环境与农户信念体系的分析，本书得出随着农业商品化程度的提高和农产品市场体系的逐渐建立，农户的信念体系将由"道义"向"理性"转变。在农业产业化经营组织的发展阶段，绝大多数农户已经具备"理性"信念，能够根据环境及时调整行动策略。外部环境变化后，农户意识到能够通过合作获得合作盈余，增加经营收益，因此合作意愿开始增强，愿意通过彼此间横向联合建立各类农民合作组织的农户逐渐增多。在这一过程中，农户的学习是环境与合作意愿的重要传导机制。

20 世纪 90 年代中期以后，在农业经营的技术环境和制度环境不断变化的条件下，单个农户的经营环境逐渐恶化，在环境的压力下，部分农户首先形成合作意愿，希望通过合作以农户集体力量对抗各种风险，分享合作剩余。如果将农户视为一个群体，那么环境变化后，随着合作策略预期收益的提高，通过农户间的模仿与强化，群体中具有合作意愿的农户比例将逐渐增多，这一过程体现了动态演化特征。下面本书以复制者动态模型为基础对这一过程进行分析。

1. 农户合作策略与非合作策略的预期收益

首先假设群体中共有 n 个农户，在初始阶段具有合作意愿的农户组群 1 所占比例为 $a(0<a<1)$，不具有合作意愿的农户组群 2 所占比例为 $(1-a)$。农户合作的预期剩余为 v，也即组织租金为 v，合作的预期成本为 c，那么农户采取合作与不合作策略的预期支付如表 6-2 所示。

表 6-2 农户采取合作与不合作策略的预期支付矩阵

	合作	不合作
合作	$v-c, v-c$	$av-c, av$
不合作	$av, av-c$	$0, 0$

如果所有农户都采取合作策略，那么每个农户将获得 $(v-c)$ 的预期支付，如果所有农户都采取不合作策略，那么将无法获得组织租金，即每个农户的预期支付都为 0，如果合作者与不合作者相遇，那么合作者将承担合作成本，获得 $(av-c)$ 的预期支付，不合作者则获得 av 的预期支付。

根据预期支付矩阵，可以得到不同组群中农户的期望支付，持有合作意愿的农户的期望支付为

$$U_1 = a(v-c) + (1-a)(av-c) \tag{6-1}$$

持有不合作意愿的农户的期望支付为

$$U_2 = a^2 v \tag{6-2}$$

群体平均期望支付为

$$\overline{U} = aU_1 + (1-a)U_2 \tag{6-3}$$

2. 复制者动态与演化稳定均衡

根据不同组群期望支付的差异，可以将群体中持有合作意愿农户数量的动态演化速度用微分方程表示为

$$\begin{aligned} \dot{a} &= a(U_1 - \overline{U}) \\ &= a(1-a)(-2a^2 v + 2av - c) \end{aligned} \tag{6-4}$$

当 $F(a) = \dot{a} = 0$ 时，可得到 4 个均衡解，分别为

$$a_1 = 0, \quad a_2 = 1, \quad a_3 = \frac{1 - \sqrt{1 - 2c/v}}{2a}, \quad a_4 = \frac{1 + \sqrt{1 - 2c/v}}{2a}$$

根据演化稳定策略原理，上述 4 个均衡解的稳定性为

(1)$F'(a_1) = -c < 0$，所以 $a_1 = 0$ 为演化稳定策略；

(2)$F'(a_2) = c > 0$，所以 $a_2 = 1$ 是非演化稳定策略；

(3)$F'(a_3) = c\sqrt{1-2c/v} > 0$，所以 $a_3 = \dfrac{1-\sqrt{1-2c/v}}{2a}$ 是非演化稳定策略；

(4)$F'(a_4) = -c\sqrt{1-2c/v} < 0$，所以 $a_4 = \dfrac{1+\sqrt{1-2c/v}}{2a}$ 是演化稳定策略。

综合而言，$a_1 = 0$，$a_4 = \dfrac{1+\sqrt{1-2c/v}}{2a}$ 为演化稳定策略，复制者动态方程的相位图如图 6-9 所示。

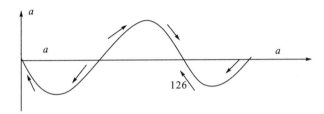

图 6-9　复制者动态方程相位图

根据图 6-9，群体中持合作意愿农户比例的演化趋势表现为两条路径，分别向 $a_1 = 0$ 和 $a_4 = \dfrac{1+\sqrt{1-2c/v}}{2a}$ 收敛。这意味着，如果群体中初始具有合作意愿农户的比例低于 $a_3 = \dfrac{1-\sqrt{1-2c/v}}{2a}$，那么随着群体演化，持有合作意愿的农户将放弃合作意愿，成为非合作农户；如果群体中初始具有合作意愿农户的比例高于 $a_3 = \dfrac{1-\sqrt{1-2c/v}}{2a}$，那么随着群体演化，农户之间通过模仿学习，持有合作意愿的农户将逐渐增多，最终保持在 $\dfrac{1+\sqrt{1-2c/v}}{2a}$ 的比例。

综合上述分析，可以得出如下结论：在一个农户群体中，最初具备合作意愿的农户和不具备合作意愿的农户各占一定比例，那么如果具有合作意愿农户的比例超过一定范围，在预期收益的激励下，最初不具合作意愿的农户通过学习，通过模仿和强化自身的合作意愿，使群体中具备合作意愿的农户逐渐增多。最终群体中具备合作意愿的农户数量达到稳定，群体实现了演化稳定均衡。

6.2.2　不同环境下农户合作意愿的演化趋势

上文中农户意愿的动态演化模型存在两个演化稳定解，即 $a_1 = 0$ 和 $a_4 = \dfrac{1+\sqrt{1-2c/v}}{2a}$。当农户合作意愿的演化过程向 $a_1 = 0$ 收敛时，意味着合作意愿逐渐被非合作意愿所替代，只有当演化过程向 $a_4 = \dfrac{1+\sqrt{1-2c/v}}{2a}$ 收敛时，农户中具备合作意愿的群体达到一定比例，农户合作行动才具备主观条件。那么，农户合作意愿的演化最终向哪一个结果收敛取决于合作预期收益与成本的关系，即当 $v \geqslant 2c$ 时，演化稳定均衡结果为 a_4，当 $v < 2c$ 时，演化稳定均衡结果为 a_1。

进一步分析，在不同环境下，合作的预期收益与预期成本是不同的。前文对农业产业化经营组织发展阶段的技术和制度环境进行了详细的分析，并指出，在这一阶段，我国农业经营的外部环境为农户建立各种合作经济组织提供了动力和条件：

首先，从技术环境来看，农业生产力发展速度的相对放缓客观上要求农户改变小规模、粗放式的农业生产方式，通过农户间合作实现农业生产的规模化和现代化。同时，农业要素投入比例的变化，特别是农业生产力的流出为农户合作生产提供了现实条件。

其次，国家相关政策的颁布和完善为农户合作提供了政策鼓励和扶持，增加了合作的预期收益，也降低了合作的预期成本。如各级政府对农民建立合作组织提供的启动资金支持及相关服务支持增加了农户对于合作收益的预期，同时对合作组织给予的财政、金融优惠条件和组织建立相关手续的简化等降低了农户对于合作成本的预期。

最后，在这一时期，农村非正式制度的变化也降低了合作的预期成本。如传统乡土社会结构的改变，开放、流动的乡村社会格局的建立，特别是商品经济关系对家族血缘关系的替代为农户建立平等的合作契约关系提供了条件，也有利于合作组织建立后的内部治理结构的规范。

所以，在20世纪90年代中期以后的农业经营环境中，农户合作的预期收益较高，而预期成本相对较低，因此农户合作意愿的演化稳定均衡向着 a_4 收敛，愿意进行合作经营的农户数量将达到一定比例，为农户实施建立农民合作经济组织的行动提供了主观基础。

6.3　农业产业化经营组织成长阶段的主体行为与组织演进

在具备合作的主观意愿后，农户将采取合作行动，建立各种农民合作组织，实现农业产业化经营组织的横向演化；同时，在"公司+农户"组织契约风险不断显现的情况下，龙头企业和农户也希望能够通过组织契约关系的改变抑制违约风险，合作组织代表成员农户与龙头企业缔结长期契约，"公司+农户"组织转变为"公司+合作组织+农户"组织，能够较为有效地克服违约风险，实现组织的演进。因此，本书再次强调，农业产业化经营组织的成长阶段本质上包含两个过程，第一个过程是组织的横向演进，即原来与龙头企业分散达成契约的农户间的横向合作，第二个过程是组织的纵向演进，即农户间的合作组织作为农户代表，与龙头企业统一建立长期契约关系。所以，本章对组织成长阶段的分析也从横向和纵向两个方向分别进行。

环境变化后，"公司＋农户"组织的固有缺陷逐渐显现出来，组织的环境适应性越来越弱，客观上要求通过演进过程形成新的组织结构，以增强环境的适应性。"公司＋合作组织＋农户"组织与"公司＋农户"组织的本质区别在于组织契约结构的变化。在"公司＋农户"组织中，龙头企业与不同农户分别签订产品供销契约，组织实质上是多个企业与农户间长期商品契约的集合体。在"公司＋合作组织＋农户"组织中，农户间首先形成以横向合作为基础的农民合作经济组织，即形成"合作组织＋农户"的过程，再由合作组织代表农户与企业签订长期契约，即建立"公司＋合作组织"的过程。因此，"公司＋合作组织＋农户"组织实质上是农户间横向合作契约关系和公司与合作组织的纵向契约关系的结合。农业产业化经营组织从"公司＋农户"组织形式向"公司＋合作组织＋农户"组织形式演进的过程包含了农户间由分散到合作的横向演进过程及合作组织与企业建立长期契约关系的纵向演进过程。

6.3.1　"公司＋农户"组织向"公司＋合作组织＋农户"组织演进——组织的横向演进过程

农民合作经济组织的建立与稳定发展代表了农业产业化经营组织的横向演化方向。当农业经营的物质和技术环境变化后，客观上要求农户之间由分散经营向农户联合经营发展。以专业合作社、协会等为主要形式的各类农民合作经济组织是农户间实现横向联合的组织载体，以增进社员利益为目标的合作组织避免了市场调节不足的可能性，而且使外部收益内部化，对于降低经济活动的风险和不确定性、降低交易成本、取得规模经济和打破市场垄断具有重要意义。

对于我国农民合作经济组织的现实作用和意义，国内学者也做出了大量研究，其中，黄祖辉较早作出了全面的总结，他将农民合作的意义总结为如下五点内容：第一，农民之间通过合作，可以在农户家庭经营的基础上形成集体力量以实现与交易对象相抗衡，进而增强单个农户在市场谈判中的地位。第二，当市场失灵时，农户间的合作能够为成员提供市场或公共部门不愿提供的相关服务或要素等。第三，合作不仅使农户受益，还能够提升农业经营的整体效率。通过在合作组织框架下整合分散农户的力量，农户经营能够更好地适应市场需求，提高市场效率，进而提高农户经济利益及国民经济的整体效率。第四，通过合作组织的建立，农民可以获得更多的技术支持以更好地应对农业生产过程中存在的生物特性和自然风险。第五，农户间合作对于合作成员及其所在社区的就业与收入增长都起到了积极的推动作用[135]。

农民合作经济组织的建立过程反映了环境变化后，具有合作意愿的农户如何通过彼此间行动的协调实现合作的过程，合作组织的建立是农业产业化经营组织向更完善阶段演进过程中的一个重要环节。下面对合作组织的建立过程作出具体分析。

1. 农民合作经济组织的建立：异质性农户行动的演化稳定均衡

在对农户合作意愿的分析中，本书已经得出结论：在外部环境变化后，群体中具有合作意愿农户的数量将逐渐增加，直至在农户中形成一个稳定的比例。在此处将具备合作意愿的农户视为推动合作组织建立的"初级行动团体"，一般而言，初始行动团体往往由农业生产中的"大户"、"能人"组成，这些农户生产规模大、与市场联系紧密，在合作中能够获得更高的收益份额，因此具有比一般农户更强烈的推动合作组织建立的意愿。那么，农户群体将成为一个由"大户"和"小户"组成的异质性农户的集合，"大户"通过合作组织获得的收益更高、成本承担能力更强，"小户"通过合作组织获得收益较小，承担成本的能力也较小。

农户合作的根本动机在于获得"组织租金"（或"合作剩余"），但是"潜在收益的存在并不意味着收益的实现，形成一个组织需要足够大的黏性来对抗利益冲突所产生的分裂力量"[136]。无论大户还是小户，成员是否采取合作行动取决于对其他成员行动的预期，合作组织的形成是群体中农户行动演化博弈均衡的结果。以下通过异质性农户行动的演化博弈过程说明农户初始行动与合作组织建立的过程。

1)基本假设

第一，假设农户是具有适应性理性的，即农户理性是有限的，但是能够根据外部环境和其他参与人的行动调整自身行动策略[①]。

第二，将所有农户视为一个总量为 n 的群体，群体中包括"大户"组群和"小户"组群两类异质性组群。每个组群都有"行动"（A）和"等待"（W）两种策略，"行动"指积极采取推动合作组织建立的行动并承担行动的成本，"等待"指在其他人采取行动后，享受他人行动结果的收益而不承担成本，即通常所指的"搭便车"行为。

第三，"大户"通过合作获得的收益高于"小户"获得的收益，对二者而言，行动成本是相同的。因此，假设"大户"通过合作获得的收益为 V_{1c}，"小户"通过合作获得的收益为 V_{2c}，$V_{1c} > V_{2c}$。建立合作组织的总成本为 C_c。如果双方均采取合作行动，将分担成本，如果一方行动、一方等待，那么将由行动方承担全部成本。

[①] 农户是有限理性的，意味着不能通过简单的"智猪博弈"说明大户与小户间的博弈过程。因此，此处采取演化博弈模型说明合作组织建立的博弈过程。

2）演化博弈过程与复制者动态模型

为简化分析过程，此处将收益和成本赋予具体数值，即 $V_{1c}=8$，$V_{2c}=4$，C_c $=6$，那么博弈的支付结构如表 6-3 所示。

表 6-3　"大户"与"小户"间的合作博弈支付结构

		小户	
		行动	等待
大户	行动	5，1	2，4
	等待	8，−2	0，0

设"大户"采取行动策略的概率为 $x(0\leqslant x\leqslant1)$，采取等待策略的概率为 $(1-x)$，"小户"采取行动策略的概率为 $y(0\leqslant y\leqslant1)$，采取等待策略的概念为 $(1-y)$。

（1）"大户"选择不同策略的期望收益为

$$U_{1a} = 5y + 2(1-y) = 3y + 2 \tag{6-5}$$

$$U_{1w} = 8y + 0(1-y) = 8y \tag{6-6}$$

"大户"选择不同策略的平均收益为

$$\overline{U}_1 = xU_{1a} + (1-x)U_{1w} = 2x + 8y - 5xy \tag{6-7}$$

（2）"小户"选择不同策略的期望收益为

$$U_{2a} = 1x + (-2)(1-x) = 3x - 2 \tag{6-8}$$

$$U_{2w} = 4x + 0(1-x) = 4x \tag{6-9}$$

"小户"选择不同策略的平均收益为

$$\overline{U}_2 = yU_{2a} + (1-y)U_{2w} = 4x - 2y - xy \tag{6-10}$$

（3）复制者动态方程

"大户"的复制者动态方程为

$$\dot{x} = x(U_{1a} - \overline{U}_1) = x(1-x)(2-5y) \tag{6-11}$$

"小户"的复制者动态方程为

$$\dot{y} = y(U_{2a} - \overline{U}_2) = y(1-y)(-2-x) \tag{6-12}$$

3）演化稳定均衡

对"大户"的复制者动态方程进行分析可得，当 $y=2/5$ 时，$\dot{x}=0$，意味着所有 x 都是稳定状态；当 $y>2/5$ 时，$x^*=0$ 和 $x^*=1$ 是 x 的两个稳定状态，其中 $x^*=0$ 是演化稳定均衡策略；当 $y<2/5$ 时，$x^*=0$ 和 $x^*=1$ 是 x 的两个稳定状态，其中 $x^*=1$ 是演化稳定均衡策略。图 6-10 给出了上述情况的 x 动态变化的相位图。

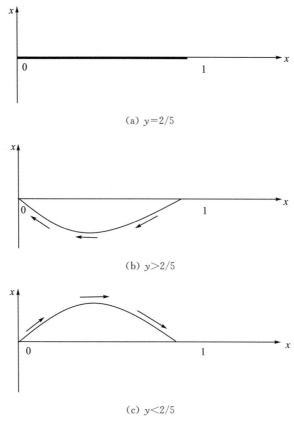

(a) $y=2/5$

(b) $y>2/5$

(c) $y<2/5$

图 6-10　"大户"复制者动态相位图

　　对"小户"的复制者动态方程分析可得，$y^*=0$ 和 $y^*=1$ 是 y 的两个稳定状态，由于 $0 \leqslant x \leqslant 1$，$y^*=0$ 是演化稳定均衡策略。图 6-11 给出了上述情况的 y 动态变化的相位图。

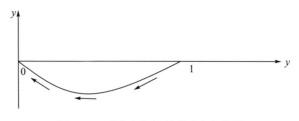

图 6-11　"小户"复制者动态相位图

　　把"大户"和"小户"采取不同策略的概率变化复制者动态关系的综合关系用图 6-12 表示。

　　根据图 6-12 可以看出，异质性农户演化博弈的稳定策略为 $x^*=1$ 和 $y^*=0$。这意味着，在异质性农户群体中，"大户"与"小户"通过学习和策略调整，最终的结果是"大户"将首先行动并承担合作成本，而"小户"则采取"等待"策

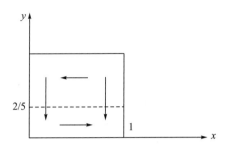

图 6-12 异质性农户演化博弈的复制者动态关系和稳定性

略，在"大户"行动后参与合作，在不支付合作成本的情况下分享合作带来的经济收益。

从现实来看，我国大部分农民合作组织在建立之初都是通过"大户"的首先行动带动其他农户参与的。据农业部统计，全国由能人(村干部、技术能手和专业大户)领办的合作社占总数的60%以上。许多学者通过对农民合作组织建立过程的考察发现，"大户"、"能人"带动是合作组织建立的重要动力，如黄珺和朱国玮指出，通过"大户"对"小户"的带动实现异质性农户间的博弈均衡是合作组织建立的重要途径[137]；刘婷和刘含海指出，合作大多是由在当地有一定的威信、有较强的组织能力和凝聚力的能人牵头组织起来的[138]；张晓山等通过对芜湖市136家合作社的实地调研发现，大户兴办的合作社有125个，龙头企业带动型有5个，共占到了调查样本的95.6%[139]；茹靖对四川省群光村和民主村的农民合作组织考察发现，致富能手对农户的带动是合作组织建立过程中不可忽视的重要因素[140]；崔宝玉等认为，在合作社组建时期大农户作为"中心签约人"，为合作社的运行发展提供核心资本与企业家才能，其经济实力、融资能力与企业家才能对合作社的发展来说至关重要[141]。

2. 农民合作经济组织发展的瓶颈：组织规模与集体行动困境

在"大户"的带动下，农户之间建立了以各类合作经济组织为载体的横向联合关系。但是在组织发展过程中，不少组织陷入"一年合作、二年红火、三年散伙"的困境[142]，组织发展的延续性和稳定性较差。本书认为，制约农民合作经济组织发展的主要原因在于组织规模与集体行动困境的两难选择。一方面，只有在组织规模较小的条件下，"大户"才能发挥在组织运行过程中的主导作用，组织决策效率较高，但是较小的组织规模在市场中依然处于弱势地位，难以实现提升农户地位和谈判力的作用；另一方面，组织规模扩大后，市场地位得到提升，但是随着组织中"搭便车者"增多，"大户"不愿发挥主导作用，组织决策需要同质农户共同作出，会出现集体行动带来的低效率问题。

一方面，无论从理论还是实践角度看，组织建立以后，"大户"、"能人"的带动作用仍然是合作组织有效运行的重要因素，有"大户"、"能人"发挥作用的组织往往运行效率更高。但是，发挥"大户"带动作用的一个重要前提就是组织规模较小。"大户"愿意承担组织成本、积极行动的根本原因在于大户在合作剩余中占较高的份额，随着组织规模的扩大，"大户"在"集体收益份额"中所占比例下降，而组织规模的扩大意味着"搭便车"成员的增加，"大户"要承担的外部成本更高，最终"大户"也会放弃主动行动策略甚至退出合作组织。因此，要发挥"大户"的作用，需要组织保持"异质性小集团"的特征，即要求组织规模保持在较小范围，保持"大户"在组织中与其他农户的非对称地位。

但是，在运营过程中，由于资本实力的限制，规模较小的合作组织将面临市场谈判能力和融资能力较弱的问题。农业部对全国 33 家合作社的调查问卷分析结果显示，仅 7 家获得了正规金融机构的贷款，贷款总额 1552 万元，仅为资金需求量的 6.6%[143]。在对合作组织融资问题的分析研究中，大多数学者都指出，我国合作组织规模小、资本实力弱是阻碍其外源性融资的主要因素之一。如林丽琼对咸村养猪协会融资问题的实证分析[144]、黄健对湖南省 156 家合作社及 96 家基层金融机构的调查[145]、杨喻鹏和兰庆高对辽宁省 36 个专业合作社融资问题的问卷调查[146]等，均得出组织规模较小、抵押能力有限是农民合作组织融资难问题的主要原因。

另外，强调异质性的"大户"在合作组织中的作用容易导致合作原则的缺失。在内部治理结构较为松散的组织中，剩余权利将由少数"大户"占有，那么，拥有决策权利的"大户"将侵害"小户"利益，部分"小户"将退出组织。例如，孔智祥对 33 家农民合作经济组织调查发现，表决方式为一人一票制的占样本总量的 27.3%，由领导人直接决策的则占总量的 54.6%；李玉勤认为，大户领办的合作社强调赢利性，在经营过程中会出现核心社员控制合作社、侵蚀和盘剥普通社员利益的问题[147]；崔宝玉和陈强也提出"狼羊同穴"式的合作社会产生内部人控制问题，诱发利益冲突和小农户主体地位弱化等治理问题，影响合作社功能的有效实现[148]。可见，"大户"的控制容易使合作组织偏离农户"合作"的本质，成为少数团体获取经济利益的工具，并侵害其他农户的利益，当收益不平等达到一定程度时，其他成员将选择退出合作组织。

另一方面，合作组织规模的扩大将面临"集体行动困境"，使组织决策效率降低。随着组织成员数量的增加，"大户"的收益将受到限制，而其他成员的"搭便车"行为会使积极行动的"大户"承担更多成本，"大户"将放弃积极行动的策略，甚至退出组织，组织决策将由同质性成员共同作出，组织会陷入"集体行动困境"。

奥尔森以集体行动的特征作为公共选择理论分析的基础，并提出著名的"集体行动困境"理论(也被称为"奥尔森困境")。"集体行动困境"的基本观点：在追求集体行动的收益过程中，"除非一个集团中人数很少，或者除非存在强制或其他某些特殊手段使个人按照他们共同的利益行事，有理性的、寻求自我利益的个人不会采取行动以实现他们共同的或集团的利益"[149]。"集体行动困境"产生的原因在于对于组织成员而言，组织的收益具有公共品性质，每一个成员都能够无偿享受通过他人努力而获得的组织收益，而为增进组织利益而付出的努力成本则由个人承担，换言之，个人努力的边际成本高于个人获得的边际收益，组织规模越大，个人的边际收益与边际成本差异越大，个人越倾向于减少努力程度，因此，在规模较大的组织中，普遍存在成员的"搭便车"行为。

在第 5 章中，本书曾将借助简单的模型分析农户集体行动的问题，并证明在集体行动过程中，每一个成员付出的努力程度低于实现共同利益所需要的努力程度。在合作组织的运行过程中，上述结论同样适用。随着合作组织成员的增加，每一个成员的"集体收益份额"将下降，成员行动的激励也相应降低。当有成员能够不付成本地获得组织剩余时，其他农户将开始模仿其行为，成员"搭便车"行为不断强化，最终导致合作组织决策效率大幅度下降，组织面临解体。

综合以上两方面可以看出，在发展过程中，农民合作经济组织建立后，面临着组织规模与组织运行效率的两难选择。只有克服发展瓶颈，合作组织才能真正发挥其集中农民力量、改善农户市场地位的作用，才能成为农业产业化经营的重要组织基础。本书认为，农民合作组织建立的一个重要目的就是提升农户的市场地位，增强农户与企业等组织谈判的能力，所以合作组织的发展必然要改变"大户"占主导的格局，实现组织规模的扩大。因此，如何克服组织规模扩大过程中的"集体行动困境"问题是推动组织发展的关键。

3. 克服"集体行动困境"的途径：发展农村社会资本、建设组织激励机制

克服农民合作组织发展过程中的瓶颈、推进农户合作组织稳定发展的重要途径是发展农村社会资本、加强组织激励机制的建设。

农民合作组织内部包含层级协调和关系协调两种协调机制，层级协调是指组织内部形成科层关系，组织管理层通过权威命令协调组织成员间关系；关系协调是一种非正式的协调方式，主要是合作组织成员之间根据习俗、惯例等社会资本协调彼此间关系。本书认为，由于农业生产过程具有分散性，组织与农户间的信息不对称，管理者难以对农户行为进行有效控制。因此，通过重建农村社会资本，发挥农户间关系协调机制的作用，形成基于重复博弈和关联博弈的声誉激励机制，能够有效抑制农户的机会行为，克服合作组织发展面临的"集体行动困境"难题。

社会资本是综合了实际或潜在资源的集合，这些资源是由通过"占有某种持久性的网络"带来的，这种网络是一定范围内的社会成员共同参加的、得到成员共同认可的体制化关系的网络。换言之，这一网络中的资源被一定范围内的社会成员共同享有，能够为每个会员提供支持，"提供为他们赢得声望的'凭证'"[150]。农村社会资本指村民可通过投资或动员来获取社会稀缺资源的关系，它以血缘、

地缘、业缘与趣缘关系等各种"人际关系"的形式存在，从结构上看，农村社会资本主要包括结构化关系网络本身和依附于结构化关系网络之上的信任和规范等两种结构类型[151]。

贺雪峰按照农户间的关系将我国村庄分为宗族主导型、家庭联合主导型和原子型三种类型，并指出不同类型村庄的社会资本是不同的，其中原子型村庄的社会资本最低[152]（表6-4）。

表6-4　不同类型村庄的社会资本差异[153]

村庄类型	个人与个人的关系	个人与村庄的关系	社会资本
宗族主导型村庄	在宗族认同强烈的村庄，村庄舆论有力，农户在乎他人的评价，比较看重长远利益	超出家庭的宗族具有降低村庄生活中的农耕、治安防卫、祭祀信仰、婚丧嫁娶等方面合作成本的作用	最高
家庭联合主导型村庄	以地缘为基础、以血缘远近为纽带组成超家庭组织，一般在十数户至数十户	依靠血缘认同和地缘联合，形成超出农户家庭的认同与行动单位，来解决生产生活中的合作互助问题	较高
原子型村庄	农户家庭单位很小，农户之间缺乏强有力的人与人之间联系的纽带	农户之间不能形成联合，缺乏团结一致的行动能力	最低

随着农业向商品化、市场化的不断发展，以宗族主导和家庭联合主导的村庄逐渐向原子型村庄转变，指导农户行动的信念体系也由"道义"向"理性"转变，农户之间天然的、以血缘和亲缘为基础的乡土意识逐渐淡化。在我国农村由传统社会向现代社会转型的过程中，村庄原有的以宗族、乡土关系维系的网络关系减弱，这一网络中的社会资本也出现匮乏[154]。但是，农户间仍存在以地缘为基础的社会联系，据统计，21世纪初期，在我国各类合作组织中，成员为同一自然村村民的组织占组织总量的47%，成员为同一乡镇的组织占组织总量的36%。这使成员间具备相互监督的自然条件，在此背景下，建立以农户声誉为核心的激励机制首先要重新形成市场经济条件下的农村秩序，提升村庄社会资本，增强农户之间的社会联系。

在市场经济背景下，重建农村社会资本的主要途径包括：第一，通过强化市场意识和法治观念建立农户间现代契约信任关系；第二，建设村庄信用体系，形成农户信誉资本；第三，完善村民自治制度，增强农户间的政治与社会联系。

对合作组织的发展而言，农村社会资本提升后，农户经济行为的"社会嵌入性"增强①。一旦某个农户的机会主义被组织成员发现，就会对其实施"惩罚"，惩罚不仅包括将违约成员驱逐出合作组织，还包括将其排除到村、社社会交往活

---

① 即农户的经济行为会对其社会活动的收益产生影响。由于农村社会关系较为稳定，合作组织的辐射范围也只限于几个相邻的村、社，农户间生产经营的协作关系同时也成为其社会交往的协作关系，这使得合作组织不仅仅是生产组织，还具有社区性和综合性。

动之外，削弱其社会资本收益。对实施短期机会主义行为的农户来说，意味着失去了未来 N 个时期通过合作获得的收益及从村庄社会活动中得到的关联收益。关于社会资本提升对于成员间合作结果的影响，学者们已经做出了大量的研究，且大多数研究都证明，社会资本的存在能够改变参与人的预期支付结构，进而抑制机会主义行为。根据俗定理(Folk Theorem)，在无限重复博弈中，任何偏离帕累托最优的短期策略都是错误的，机会主义行为会带来更大损失。Kreps 和 Milgrom 通过对信息不完全条件下有限理性参与者的"囚徒困境"博弈研究发现，即使在有限次重复博弈中，合作解出现的概率也较高[155]。青木昌彦通过对日本农民合作社内部交易过程的观察指出，在存在关联博弈的条件下，农户的机会主义行为会使其在社会活动中遭到其他农户的惩罚，带来更大的损失，因此农户会主动抑制机会主义行为[156]。Friedman 以演化博弈为基础对合作问题进行分析并得出结论，从长期来看，机会主义参与者的"适应系数"会下降，进而被合作者群体所替代。

6.3.2 "公司＋农户"组织向"公司＋合作组织＋农户"组织演进——组织的纵向演进过程

农民合作经济组织建立和稳定后，开始沿两条路径发展。一是部分资本实力较强的合作组织的业务向产业上下游延伸，在组织内部建立了农资生产、加工、销售等部分，向着综合性一体化的农业组织方向发展；二是大部分资本实力较弱的合作组织通过与企业建立长期契约关系形成准一体化组织，合作社负责农产品的收购和简单加工，为成员提供技术指导和农资采购等服务，由企业进行产品的深加工和市场销售。在我国，大多数合作组织都是沿第二条路径发展，因此本书重点分析合作组织与企业纵向契约关系的建立过程，即"公司＋合作组织"的形成过程。

1. "公司＋农户"组织与"公司＋合作组织＋农户"组织的差异分析

"公司＋农户"组织与"公司＋合作组织＋农户"组织两类农业产业化经营组织的差异表现在组织的契约结构、组织协调机制及组织效率三个方面。

1)组织契约结构的差异

"公司＋合作组织＋农户"组织是在"公司＋农户"组织基础上演进而成的新的组织形式，两类组织的本质区别在于组织中各主体的契约结构不同。在"公司＋农户"组织中，"公司＋农户"组织是以产品供销契约为核心，是公司与多个农户之间契约关系的集合，公司与每一个农户通过契约直接联系，而农户之间是独立的，不存在契约关系；"公司＋合作组织＋农户"组织包含两类契约关系，第一类是农户之间通过财产或劳动的联合而形成的合作契约关系，第二类是企业与合作组织形成的产品供销契约，即企业直接与合作组织缔约，农户通过合作组织与企业形成间接的契约关系。两类组织的契约结构分布如图 6-13 和图 6-14 所示。

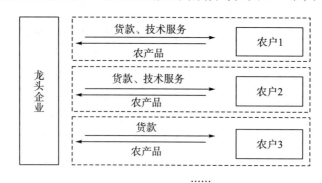

图 6-13 "公司＋农户"组织契约结构示意图

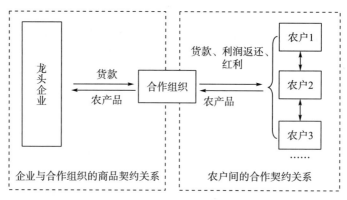

图 6-14 "公司＋合作组织＋农户"组织契约结构示意图

2)组织协调机制的差异

"公司＋农户"经营组织的协调机制具有如下特征：①协调企业与农户、农户与农户间关系的核心是各方所签订的契约。契约载明了各参与者的权责关系，各方根据契约规定从事生产经营活动，实现组织内部主体间分工和合作关系的协调。②"公司＋农户"经营组织的激励机制为基于重复博弈的声誉激励机制和第三方惩罚机制。但是由于组织中缔约方地位的差异，企业与农户之间难以有效实施激励机制，因此组织激励对于主体行为的约束作用有限。③组织经常出现由信任问题导致的协调失灵问题。由于契约是不完全的，农户和企业都具有机会主义倾向，双方都预期对方违约的概率较高，彼此的信任程度较低，使违约成为占优策略，导致组织内部协调失灵，组织存续期较短。

"公司＋合作组织＋农户"经营组织协调机制的特征包括：①组织具有三种协调方式，即契约协调、层级协调、关系协调。契约协调是指企业与合作组织、合作组织与农户按契约规定承担权责，并根据契约安排进行分工协作；层级协调是指合作组织内部形成科层关系，组织管理层通过权威命令协调组织成员间关系；关系协调是一种非正式的协调方式，主要是合作组织成员之间根据习俗、惯例等非正式制度协调彼此间关系。②在"公司＋合作组织＋农户"经营组织中，声誉激励机制对农户行为的激励作用较强。合作组织对农户违约行为的识别能力强，一旦采取机会主义行为，农户将失去合作社成员资格及相应的经济收益，同时也将被排除在乡村社会活动之外。

3)组织效率的差异

组织效率是指组织收益与组织成本的差额。从组织收益角度看，"公司＋农户"组织和"公司＋合作组织＋农户"组织均通过不同主体的联合实现了农产品生产、加工、销售等环节的一体化经营，从而形成超过市场分散交易的组织租金。从组织成本角度看，"公司＋农户"组织的外生交易费用较低，但是由于组织激励机制作用有限，所以内生交易费用较高，"公司＋合作组织＋农户"组织能够形成较为有效的激励机制，所以能够节约内生交易费用，但是由于加入了一层中间组织，相应地增加了外生交易费用[157]。因此，对两类组织效率的判断应首先明确组织所处的外部环境特征。在农产品市场化改革初期，农业生产力刚刚起步，农户的市场意识正在形成之中，机会主义行为也相对较少，此时，农业经营的首要问题是如何控制市场风险、降低外生交易费用，在这一环境中，"公司＋农户"组织的效率较高；随着农产品市场体制的建立和农业生产力的进一步发展，农户已经形成了理性的经营观念，由于机会主义行为带来的内生交易费用也开始增加，同时，随着农业剩余的增加和国家鼓励合作组织发展政策的实施，在这一环境中，"公司＋合作组织＋农户"组织的效率较高。

2. 企业与合作组织实施纵向联合的动因分析

农业经营环境变化后，"公司＋农户"组织的环境适应性减弱，需要通过组织演进形成更加适应新环境特征的组织形式。作为农业产业化经营组织的初始形态，"公司＋农户"经营组织是农业经营主体为适应当时农业经营技术环境和制度环境而建立的组织形式。"公司＋农户"组织将分散的农户与农产品市场有机地联结起来，降低了农户面临的市场风险，但是同时也带来了新的契约风险。"公司＋农户"组织固有的、难以克服的契约困境也成为组织成员采取行动推动组织演进以克服组织缺陷的动力。

1)"公司＋农户"组织中龙头企业和农户的违约行为分析

在"公司＋农户"组织中，龙头企业和农户均存在违约行为，下面分别对企业和农户的违约行为进行分析。

（1）农户的违约动机及行为。随着农产品市场体系的建立和完善，大部分农户已经成为具备市场意识、以追求个人利益最大化为行为目标的市场经营主体。在"公司＋农户"经营组织中，农户的违约行为主要表现为两种形式，一是农产品质量低于契约规定的质量标准；二是不愿按照契约价格和数量将农产品出售给龙头企业。在两种违约行为中，第一种行为往往不易被企业察觉，是一种隐性违约行为，第二种行为较易被发现，因此被视为一种显性违约行为。下面本书以第一种违约行为为例，借助市场模型对农户的违约行为作出分析。

在"公司＋农户"组织中，为保证履约率和产品质量，龙头企业与分散的农户签订约定的收购价格一般略高于市场价格，且要求农产品质量达到企业要求的较高标准。由于契约的不完全性，农户仍面临两种选择，即生产符合契约要求的高质量产品和生产低质量产品并按契约价格出售给企业。图 6-15 为单个农户面临的高质量和低质量产品的价格和生产成本。高质量产品和低质量产品对应的市场价格分别为 P_h 和 P_l，边际成本为 MC_h 和 MC_l，平均成本为 AC_h 和 AC_l。契约价格为高质量产品市场价格加一个常数，即农户得到的价格为 $(P_h + a)$。另设农产品为"经验型"产品，即在交易过程中无法通过直观观察了解产品质量，需要专业的监测技术对产品质量标准进行判断。那么，对农户而言，其生产不同质量产品面临的成本收益及均衡产量如图 6-15 所示。

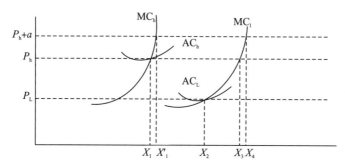

图 6-15　"公司＋农户"组织模式下农户生产不同质量产品的成本与收益

当农户选择生产高质量产品时，其均衡产量为 X_1'，此时农户的经济利润为

$$W_h = (P_h + a - P_h)X_1' - \sum_{x_1}^{x_1'}(MC_h - P_h)\mathrm{d}x$$

当农户选择生产低质量产品，并按照契约价格出售给企业时，其均衡产量为 X_4，此时农户获得的经济利润为

$$W_L = (P_h + a - P_l)X_4 - \sum_{x_2}^{x_4}(MC_l - P_l)\mathrm{d}x$$

根据图形面积比较，可得 $W_L > W_h$。这意味着农户采取机会主义行为获得的当期收益更高。

上述分析揭示了农户"以次充好"违约行为的经济动机，但是，这一动机能否构成违约行动还取决于组织内部是否建立完善的产品质量检测体系，即龙头企业能够掌握农产品真实的质量信息。

若企业能够严格检测农户提供产品的质量，且一旦发现农户违约，企业将终止与其合作，那么农户采取机会主义行为的成本是其将失去与企业长期合作的机会，进而失去未来每一次合作带来的超额利润。设交易是持续的，贴现率为 r，那么生产低质量产品农户损失的现值为

$$W_h' = 1/r\{(P_h + a - P_h)X_1' - \sum_{x_1}^{x_1'}(MC_h - P_h)dx\}$$

此时，只要农户的产量不是非常大，那么 $W_L < W_h'$ 是成立的[1]，即当企业能够对农户提供的农产品质量进行检验，并以终止合作方式对机会主义行为实施惩罚时，农户将愿意按照契约规定生产高质量农产品。

但是，在现实运行中，龙头企业往往无力承担对产品实施全面质量检测的成本，通常不对产品的农药、激素残留量等进行检验，当产品卖方市场出现时，部分企业甚至对农户的机会主义行为采取默许态度。另外，由于农户和龙头企业之间存在信任问题，订单违约率居高不下，导致组织存续周期较短。因此，在组织的运行过程中，协调失灵问题的存在使组织对农户机会主义行为的约束力下降，农户仍有较强的生产低质量产品的违约倾向。

可见，在"公司＋农户"经营模式中，农户采取何种行为取决于组织协调机制能否有效运行，当企业能够中止与生产低质量产品的农户的契约关系时，农户生产高质量产品的预期收益较高，将选择生产高质量产品，否则将选择生产低质量产品。

（2）企业的违约动机和违约行为。在"公司＋农户"组织中，龙头企业同样具有违约动机和违约行为。企业的违约行为主要表现为以下两种情况，一是企业以产品质量不达标为由对农户提供的农产品压级压价；二是企业延迟收购甚至拒绝按照契约约定履行收购农产品的责任。与农户违约相比，龙头企业违约造成的影响范围更广、损害程度更深、外部性更强。在现实中，除少数以产品收购契约为掩饰、以欺骗农户购买各类投入品为目的的企业外，龙头企业的违约行为越来越多地表现为对应收购产品压级压价。下面本书以龙头企业的压价行为为例，对企业的违约行为进行分析。

对企业而言，农产品收购价格构成其生产成本的一部分，在市场价格不变的前提下，企业的利润取决于成本的高低。如图 6-16 所示，设企业加工制成品的市场价格为 P_m，企业按照契约价格收购农产品的边际成本为 MC_1，压低价格收购农产品的边际成本为 MC_2。

---

[1]　当 $W_L/W_h' < (1/r)$ 时，农户选择生产高质量产品，因此，只要 $\lim P \to \infty (W_L/W_h') < (1/r)$ 成立，就存在促使农户选择生产高质量产品的贴现率。根据 L. Hospital 法则，$\lim P \to \infty (W_L/W_h') = X_4/X_1'$，则只要 $1/r > X_4/X_1'$，$\lim P \to \infty (W_L/W_h') < (1/r)$ 即成立，由于 r 较小，现实中单个农户的产量受生产规模限制，所以上述条件是合理的。

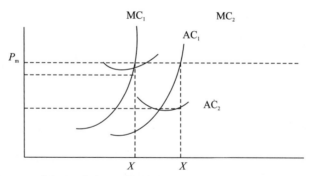

图 6-16　"公司＋农户"组织中不同收购价格下的企业成本与收益

如果企业履约，按照合同约定价格收购农产品，由于与农户签订了收购合同，与其他企业相比，企业节约了交易费用，因此企业能够获得正的经济利润。企业的经济利润为

$$R_1 = P_m X_1 - AC_1 X_1 \tag{6-13}$$

如果企业通过压低农产品等级来压低收购价格，那么企业的经济利润为

$$R_2 = P_m X_2 - AC_2 X_2 \tag{6-14}$$

从图 6-16 还可以明显看出，$R_2 > R_1$，即企业违约行为获得的经济利润更高，因此企业具有违约动机。

在具备违约动机后，企业是否采取违约行为取决于两个因素，一是市场条件，即农产品市场价格与契约价格的比较，只有农产品市场价格低于契约价格时，企业才具备实施违约行为的空间，否则农户将选择通过市场出售产品，企业生产成本将提高；二是对于违约成本的考虑。如果农户能够对企业违约行为进行惩罚，使企业的违约成本高于违约收益，那么企业将遵守契约，否则企业将实施违约行为。在农产品市场价格低于契约价格的情况下，可以通过动态博弈模型说明企业是否采取违约行为。图 6-17 为农户和企业的简单动态博弈过程，如果不考虑农户违约问题，那么企业首先行动，选择违约或不违约，农户根据企业行动决定是否实施惩罚机制，设对违约行为的惩罚力度为 F，实施惩罚的成本为 C_f。（在此处，为简化分析过程，假设农户和企业均具备逆向归纳能力和完全理性。）

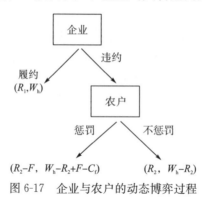

图 6-17　企业与农户的动态博弈过程

当企业选择履约策略时，博弈结束，企业和农户分别获得 0 和 W_h 的支付；当企业选择违约策略时，农户面临惩罚或不惩罚两种选择，如果农户实施惩罚，企业和农户的支付分别为 R_2-F 和 $W_h-R_2+F-C_f$；如果农户不实施惩罚，企业和农户的支付分别为 R_2 和 W_h-R_2。如果实施惩罚的成本高于通过惩罚获得的补偿，即 $F<C_f$，农户将不采取惩罚企业违约行为的行动，企业将选择违约，因此，博弈的均衡结果为(违约，不惩罚)；如果实施惩罚的成本低于补偿，即 $F>C_f$，农户将采取惩罚企业违约行为的行动，此时企业是否违约取决于 F 与 R_2 的大小，如果 $F>R_2$，企业将在一开始就选择履约，如果 $F<R_2$，博弈的均衡结果为(违约，惩罚)。

在我国"公司+农户"组织运行的过程中，由于缺乏真正代表农户共同利益的合作组织，分散农户对龙头企业实施惩罚的机制成本较高，且鲜有成功案例，因此，大多数农户在面对企业违约行为时都选择不惩罚策略，企业违约成本较低，更倾向于在具备市场条件时选择违约策略。

(3)农户和企业违约行动的综合分析。如果综合考虑企业和农户的违约动机和行动，那么将得到一个典型的"囚徒困境"博弈模型，如表 6-5 所示。

表 6-5　农户和企业的行动博弈结构

		农户	
		履约	违约
企业	履约	R_1，W_h	$R_1-(W_1-W_h)$，W_1
	违约	R_2，$W_h-(R_2-R_1)$	0，0

根据上文分析，$R_1<R_2$，$W_h<W_L$，且违约行为会侵占对方的经济利润，当一方违约而另一方遵守契约时，履约方将面临负的经济利润，因此，一个合理的假设是$(R_2-R_1)>W_h$，$(W_1-W_h)>R_1$。那么表 6-5 所示的博弈为"囚徒困境"博弈结构，均衡结果为(违约，违约)，双方获得的支付均为 0，低于双方履约的支付结果。

2)"公司+农户"组织违约问题的根源

在"公司+农户"组织中，企业与农户均存在违约动机和违约行为，组织存在严重的双重违约问题。对于企业与农户违约问题原因的分析，学者们做出了大量的研究，如周立群和曹利群将违约问题的根本原因归结为契约约束的脆弱性和组织协调上的困难，他们指出，由于农户和龙头企业都具有机会主义动机，而在"公司+农户"组织的框架下缺少有效制约机会主义行为的机制，组织违约率高、稳定性较差[158]。杨明洪则从签约双方的地位、契约的不完全性及契约执行过程中的逆向选择和道德风险等角度归纳了"公司+农户"组织违约问题的原因[159]，并指出"公司+农户"组织节约了外生交易费用而增加了内生交易费用。生秀东将"公司＋农户"组织违约问题的根源归纳为契约的不完全性和机会主义行为[160]。综合上述观点，本书认为，"公司＋农户"组织违约问题存在的根本原因有两个，第一个原因是契约的不完全性与行为主体的机会主义倾向，第二个原因是组织内部有效协调机制的不足。

(1)契约的不完全性与机会主义行为。"不完全契约使违约成为可能，而机会主义行为又使违约成为必然"[161]。后文将对农业准一体化经营组织契约的不完全性作出详细分析，因此在本章，对"公司＋农户"组织中契约的不完全性及由此引发的企业和农户的机会主义行为进行专门分析。"公司＋农户"组织的核心是龙头企业与各农户签订的农产品供销契约，契约中载明产品的质量标准、对应的收购价格及双方的权责关系，部分企业为保证产品质量的一致性，还向农户提供农资供给和技术指导等服务。企业和农户根据契约规定进行生产经营活动，在约定日期根据约定的价格和质量标准收售农产品。但是农业生产的高风险性、市场环境的多变性和缔约方理性的有限性决定了契约内容不可能是完全的，必然存在由未明确界定的"剩余权利"所形成的"公共领域"。具体而言，企业与农户所缔结契约的不完全性主要体现在如下三个方面。

第一，生产过程中意外事件发生后缔约各方的责任划定是模糊的。农业生产过程是自然力与人力共同作用的过程，在我国农业生产力现有条件下，自然力对于农产品产量和质量的影响仍然较大。由于自然因素的不可控性和不可预期性，企业与农户缔约时难以对不同风险出现时的权责关系作出明确界定。一旦出现契约未明确规定的情况，需要企业与农户重新谈判以确定责任。例如，内蒙古塞飞亚公司与农户签订的成品鸭养殖合同中，并未就养殖过程中鸭子死亡后损失的承担问题作出详细规定，随着农户养殖规模的扩大，出现了不明原因的雏鸭死亡情况，由于无法客观确定死亡原因，农户与公司就损失的分摊产生了争议[162]。

第二，由于无法准确把握市场信息，当契约价格与市场价格存在较大偏离时，缔约方需要重新谈判和缔约。除自然风险外，市场风险也是导致契约不完全的重要原因。随着市场体系的建立和完善，农产品价格的波动幅度逐渐增大，而具有远期合约性质的农产品供销契约难以准确把握交割期的市场价格，契约价格与市场价格往往并不一致。当市场价格与契约价格偏离幅度较大时，在经济利益的刺激下，企业或农户将采取违约行动，此时需要双方重新谈判和缔约，根据市场价格确定契约价格。

第三，对农产品质量的判定缺少客观标准。在企业与农户签订的契约中，一般会根据农产品质量等级的不同约定收购价格，但是受技术和资金限制，双方对农产品质量评价的标准缺少客观依据。产品质量信息的不对称和质量评价标准的模糊性也诱发了农户和企业的机会主义行为，如上文所述，农户倾向于生产低质量产品，而企业则倾向于通过降低质量等级压低收购价格，双方最终将陷入"囚徒困境"，难以实现最优结果。

（2）组织协调机制的不足。组织的核心作用在于协调主体行动，通过协调机制影响成员行动、协调不同成员间的关系。组织协调机制是减少成员行为的差异性，使主体按组织规则行事的一系列激励、约束和控制手段。在"公司＋农户"组织中，协调机制的不足是导致违约率较高的另一个重要原因。

一方面，"公司＋农户"经营组织的激励机制对主体行动的激励作用有限。组织的激励机制主要包括基于重复博弈的声誉激励机制和第三方惩罚机制。基于重复博弈的声誉机制指一旦出现违约行为，违约者将失去继续合作的资格，并失去合作带来的预期收益。在"公司＋农户"组织中，公司面对的是众多分散的农户，辨识单个农户违约行为，特别是隐性违约行为的难度较大，声誉机制对农户的约束作用有限；第三方惩罚机制指当出现违约情况时，企业和农户均能够要求第三方对违约者实施惩罚，提高违约者的预期成本，但是实施第三方惩罚机制获得的补偿较低，而成本较高，惩罚机制缺乏可置信性。

另一方面，组织经常出现由信任问题导致的协调失灵问题。由于契约是不完全的，农户和企业都具有机会主义倾向，加之组织内部缺乏能够增强各方信任程度的中间组织，因此，组织存在着严重的协调失灵问题，双方都预期对方违约的概率较高，彼此的信任程度较低。随着违约现象的增多，企业与农户间的信任程度逐渐下降。在现实中，许多龙头企业认为"跟农户签合同，其实就是一种形式主义，基本是毫无信用可言的"。而不少农户也认为企业对产品等"要求苛刻"、"故意拖延付款时间"[163]。企业与农户间信任的缺失与组织协调失灵加剧了"公司＋农户"组织的违约问题，而违约率的不断提高又进一步弱化了企业与农户间的信任，形成信任与协调失灵的"恶性循环"。

3. 企业与合作组织联合的演化博弈分析

克服"公司＋农户"组织违约问题的根本途径是改变组织的契约结构，形成能够约束各方机会主义行为、有效协调组织成员行动的组织结构。通过组织演进，形成"公司＋合作组织＋农户"组织，由合作组织代表农户与企业建立契约关系，一方面能够通过组织内部激励机制约束农户行为，并对企业进行监督，另一方面，合作组织拥有更高的信誉资本，更易于与企业建立信任关系，减少由于协调失灵带来的违约风险。

企业与合作组织的联合是农业上下游产业部门间的纵向"准一体化"过程。这一过程的行动主体为企业和合作组织，"公司＋合作组织"经营组织的建立是双方共同行动的结果。由于经营环境的日益复杂和主体认知能力的限制，企业与合作组织均为有限理性但具备学习能力的经济人，即具备上文所假设的"适应性理性"。组织的建立过程可视为具有"适应性理性"主体通过演化博弈实现均衡的过程。下面本书采用企业与合作组织间的演化博弈模型对影响组织形成及已经形成组织的主要因素进行分析。

1)企业与合作组织间的博弈结构

设企业与合作组织结成产业化经营组织的收益分别为 R_1 和 R_2，组织建立和运行的成本为 $2C$，当双方均采取合作行动时，各分担一半的组织成本，当一方联合而另一方不积极联合时，积极行动者承担所有的组织成本，而不联合行动者仅享受组织收益而不承担成本。当双方均不积极行动时，组织无法建立，企业和合作组织分散经营，各获得 0 单位的支付。另设企业采取联合策略的概率为 α，合作组织采取联合策略的概率为 β。博弈支付结构如表 6-6 所示。

表 6-6　企业与合作组织博弈支付结构

		合作组织	
		联合	等待
企业	联合	R_1-C，R_2-C	R_1-2C，R_2
	等待	R_1，R_2-2C	0，0

2)企业与合作组织的复制者动态模型

(1)企业的期望收益与复制者动态。

企业采取"联合"策略的期望收益为

$$\pi_1^c = \beta(R_1 - C) + (1-\beta)(R_1 - 2C) \tag{6-15}$$

企业采取"等待"策略的期望收益为

$$\pi_1^n = \beta R_1 \tag{6-16}$$

企业的平均预期支付为

$$\bar{\pi} = \alpha\pi_1^c + (1-\alpha)\pi_1^n \tag{6-17}$$

企业采取"联合"策略的复制者动态方程为

$$\dot{\alpha} = \alpha(\pi_1^c - \bar{\pi}) = \alpha(1-\alpha)(\beta C - \beta R_1 + R_1 - 2C) \tag{6-18}$$

(2)合作组织的期望收益与复制者动态。

合作组织采取"联合"策略的期望收益为

$$\pi_2^c = \alpha(R_2 - C) + (1-\alpha)(R_2 - 2C) \tag{6-19}$$

合作组织采取"等待"策略的期望收益为

$$\pi_2^n = \alpha R_2 \tag{6-20}$$

合作组织的平均预期支付为

$$\bar{\pi} = \beta\pi_2^c + (1-\beta)\pi_2^n \tag{6-21}$$

合作组织采取"联合"策略的复制者动态方程为

$$\dot{\beta} = \beta(\pi_2^c - \bar{\pi}) = \beta(1-\beta)(\alpha C - \alpha R_2 + R_2 - 2C) \tag{6-22}$$

根据上述复制者动态方程，可以求得 α 和 β 的均衡解为[①]

$$(0,0)、(0,1)、(1,0)、(1,1)、\left(\frac{R_2-2C}{R_2-C},\frac{R_1-2C}{R_1-C}\right)$$

（3）企业与合作组织行动策略的演化稳定路径分析。

对于由微分方程系统描述的群体动态均衡点的稳定路径，可以采取雅可比矩阵的局部稳定进行分析。由企业和合作组织行动策略的复制者动态方程可得到其雅克比矩阵为

$$\mathbf{J} = \begin{bmatrix} \mathrm{d}\dot{\alpha}/\mathrm{d}\alpha & \mathrm{d}\dot{\alpha}/\mathrm{d}\beta \\ \mathrm{d}\dot{\beta}/\mathrm{d}\alpha & \mathrm{d}\dot{\beta}/\mathrm{d}\beta \end{bmatrix}$$

$$= \begin{bmatrix} (1-2\alpha)(\beta C-\beta R_1+R_1-2C) & \alpha(1-\alpha)(C-R_1) \\ \beta(1-\beta)(C-R_2) & (1-2\beta)(\alpha C-\alpha R_2+R_2-2C) \end{bmatrix}$$

矩阵的行列式为

$$\det \mathbf{J} = (1-2\alpha)(1-2\beta)(\beta C-\beta R_1+R_1-2C)(\alpha C-\alpha R_2+R_2-2C)$$
$$-\alpha\beta(1-\alpha)(1-\beta)(C-R_1)(C-R_2)$$

$$(6\text{-}23)$$

矩阵的迹为

$$\mathrm{tr}\mathbf{J} = (1-2\alpha)(\beta C-\beta R_1+R_1-2C)+(1-2\beta)(\alpha C-\alpha R_2+R_2-2C)$$

根据雅克比矩阵行列式和迹的数值和符号，可以判断均衡点的局部稳定性，本书就组织收益 R_1、R_2 与组织成本 $2C$ 的三种不同关系展开对均衡点稳定性的讨论，结果如表 6-7 所示。

表 6-7　企业和合作组织博弈的稳定性分析

	均衡点	$\det\mathbf{J}$ 的符号	$\mathrm{tr}\mathbf{J}$ 的符号	稳定性判断
	$0,0$	+	+	不稳定
	$1,0$	+	−	稳定
$R_1>2C$	$0,1$	+	−	稳定
$R_2>2C$	$1,1$	+	+	不稳定
	$\dfrac{R_2-2C}{R_2-C},\dfrac{R_1-2C}{R_1-C}$	−	不一定	鞍点
	$0,0$	+	+	不稳定
	$1,0$	+	−	稳定
$R_1>2C>R_2>C$	$0,1$	+		不稳定
	$1,1$	+		不稳定

① 当 R_1，$R_2>2C$ 时，$\{(R_2-2C)/(R_2-C),(R_1-2C)/(R_1-C)\}$ 为均衡解，否则不构成均衡解。

	均衡点	det$J$ 的符号	tr$J$ 的符号	稳定性判断
	0，0	+	+	不稳定
$R_2>2C>R_1>C$	1，0	−	−	不稳定
	0，1	+	−	稳定
	1，1	−	−	不稳定

将上述结果用图 6-18 表示。

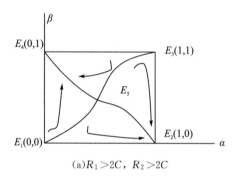

(a)$R_1>2C$，$R_2>2C$

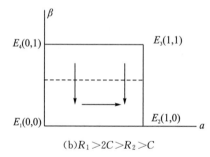

(b)$R_1>2C>R_2>C$

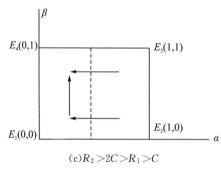

(c)$R_2>2C>R_1>C$

图 6-18　企业和合作组织演化博弈路径分析

当 $R_1>2C$，$R_2>2C$ 时，企业与合作组织演化博弈的演化稳定均衡点分别为(1，0)和(0，1)，在图 6-18(a)中为点 E_2 和 E_4。E_2 表示企业选择"联合"策略，而合作组织选择"等待"策略，E_4 表示合作组织选择"联合"策略，而企业选择"等待"策略。E_1 和 E_3 是该演化系统的不稳定均衡点，E_5 为鞍点。联结 E_1、E_3 和 E_5 的曲线将策略演化空间分为两个区域。在 $E_1 E_3 E_4 E_5$ 空间中，演化过程将收敛于 E_4，即（等待，联合）策略组合，在 $E_1 E_2 E_3 E_5$ 空间中，演化过程将收敛于 E_2，即（联合，等待）策略组合。此时，演化的最终稳定结果受到企业和合作组织获得的组织收益和组织成本的影响，当企业获得的组织收益高于合作组织获得收益时，鞍点将向左上方移动，此时策略空间 $E_1 E_2 E_3 E_5$ 的面积将大于策略空间 $E_1 E_3 E_4 E_5$，此时，意味着演化稳定结果向 $E_2(1，0)$ 点收敛的概率更高，即企业选择"联合"策略而合作组织选择"等待"策略；相反，演化稳定结果向 $E_4(0，1)$ 点收敛的概率更高，即企业选择"等待"策略而合作组织选择"联合"策略。这说明，当企业和合作组织都能够通过组织建立获得正的净收益时，获得收益更高的一方采取联合策略的倾向性更强。

当 $R_1 > 2C > R_2 > C$ 时，企业与合作组织演化博弈的演化稳定均衡点为 $(1，0)$，在图 6-18(b) 中为点 E_2，表示企业选择"联合"策略，而合作组织选择"等待"策略。对合作组织而言，此时的组织成本高于组织收益，因此无论企业如何选择，其策略都将向"等待"收敛，而对企业而言，组织收益高于组织成本，无论合作组织是否积极采取联合行动，企业都愿意主动行动寻求联合。

当 $R_2 > 2C > R_1 > C$ 时，企业与合作组织演化博弈的演化稳定均衡点为 $(0，1)$，在图 6-18(c) 中为点 E_4，表示企业选择"等待"策略，而合作组织选择"联合"策略。对企业而言，此时的组织成本高于组织收益，因此无论合作组织如何选择，其策略都将向"等待"收敛，而对合作而言，组织收益高于组织成本，无论企业是否积极采取联合行动，合作组织都愿意主动行动寻求联合。

(4) 根据企业与合作组织演化博弈的稳定均衡结果，可以得出如下结论。

a. 在组织建立过程中，企业和合作组织的收益和成本是决定组织能否建立的关键因素。只有当参加组织所获得的收益高于组织建设成本时，参与者才可能选择合作策略，预期净收益越高，采取联合策略的概率越大。

b. 由于收益的非对称性，在组织的建立过程中，企业和合作组织的策略选择是不同的，预期收益较高的一方采取联合策略的概率更高，而预期收益较低的一方采取等待策略的概率更高。

c. 组织的建立过程表现为"行动-跟随"过程，即预期收益较高的一方主动联合行动，并承担组织成本，而另一方则被动跟随。企业和合作组织的角色取决于各方的预期净收益——$(R_i - 2C)$，预期净收益高的一方将成为首先行动者，带动另一方建立起组织。

4. 政府推动与组织演进

通过综合分析上述结果可见，"公司＋合作组织＋农户"经营组织形成的根本动力是环境变化后农业经营主体对自身经济利益的追求。因此，在企业与合作组织建立纵向合作关系的演化过程中，影响双方策略概率的主要外部因素为组织收益和组织成本。组织收益较高的一方往往具有更为强烈的联合经营意愿，更愿意主动采取行动、承担成本以建立起产业化经营组织。同样，组织成本越低，双方积极采取联合行动的预期净受益就越高，那么采取联合经营策略的概率空间就越大，产业化经营组织越容易建立。

综上所述，要推动企业和合作组织的联合，加快产业化经营组织的演进，最根本的是要提高组织建立后带给各主体的预期收益，同时降低组织建立和运行的成本。从我国农业产业化经营组织发展的实践来看，进入 20 世纪 90 年代中后期，农业经营技术环境的变化提升了企业与合作组织联合经营的预期收益，同时国家采取了鼓励企业与合作组织联合的政策，许多地区政府通过财政、税收优惠和相关政策支持，帮助企业和合作组织寻求合作机会，简化合作程序，降低了双方承担的组织成本，有效地推动了"公司＋合作组织＋农户"经营组织的加快发展。

同时要注意的是，组织演进可以表现为自组织与他组织的综合过程，甚至仅表现为他组织过程，但是任何外部力量对组织演进过程的干预都要符合组织主体的利益，在顺应主体自发行动的基础上引导组织演进。任何不顾客观条件和主体行动意愿的强制行为都将导致组织偏离演进路径，降低组织演进效率，损害主体经济利益。我国不少地区出现过强制农户加入合作组织、干预合作组织与企业间契约执行过程等情况，不仅导致组织演进偏离其应有路径，还直接损害了农户、企业和合作组织的利益。因此，政府对农业产业化经营组织演进过程的推动应着力于改变农户、企业等主体行动的预期收益和成本，间接推动组织演进。

第7章 我国农业产业化经营组织演进过程分析之三：环境、行为与组织的成熟过程

经过二十多年的演化发展，我国农业产业化经营组织经历了形成、成长阶段，并且在部分地区日趋成熟。最近几年，在"公司＋合作组织＋农户"组织基础上，农业产业化经营组织呈现出新的演进趋势，具体表现为以"公司＋合作社联合社＋合作社＋农户"为主要形式的"准一体化"组织的出现。新组织形式的出现预示着我国农业产业化经营组织将进入新的演进阶段，同时也引发了关于农业产业化经营组织演进趋势判断的争论。本书认为，从农业生产力基础和制度环境来看，以合作社联合社为核心的农业准一体化组织更加符合中国农业发展的现实，各类准一体化组织应该成为新阶段我国农业产业化经营组织演进的主要方向，因此，在组织形式上，以"公司＋合作社联合社＋合作社＋农户"为主要形式的准一体化组织将成为农业产业化成熟阶段的主要组织形式。

7.1 我国农业产业化经营组织成熟阶段的基本组织形式——以合作社联合社为核心的准一体化经营组织

从2010年开始，在我国农业产业化起步较早、农业经济实力较强的地区开始出现形成合作社联合社的趋势，山东、江苏、北京、天津、上海等地均出现了不同形式的合作社联合社，并通过联合社与企业的联合建立起了"公司＋合作社联合社＋合作社＋农户"农业产业化经营组织。与"公司＋合作组织＋农户"组织相比，合作社联合社的形成和加入从根本上改变了我国农业长期存在的"小农户、大企业、大市场"格局，通过农户间在更大范围和更高层次上的联合，实现了农户与企业间契约地位的平等，提升了农户的谈判力和市场地位，因此，以合作社联合社为核心的农业准一体化经营组织也成为新阶段我国农业产业化经营组织演进的主要组织形式和基本趋势。

7.1.1 关于我国农业产业化经营组织演进趋势的争论

目前，我国学术界对农业产业化经营组织演进趋势的判断存在较大分歧。一种观点认为，以龙头企业或合作社联合社为核心的准一体化组织形式将是我国农业产业化经营组织的主要形式，如池泽新等根据交易成本理论比较了市场、准市场(准企业)、企业、准政府和政府几种不同的制度运行成本得出结论并指出，在现行经济环境中，准市场(准企业)形式的交易成本最低，因此我国农业的最佳经

济组织形式应是具有准市场(准企业)性质的中介组织[163]。徐祥临同样不赞同农业产业化经营组织未来的发展趋势是农工商一体化的企业集团的观点,他指出企业涉足农业经营的目的是追求利润,因此,不可能在没有收益的情况下为农户解决困难,因此,从农户现实利益角度考虑,我国应该发展由社区性合作经济组织充当农业服务体系主体的"合作组织+农户"经营形式,并建议将社区性经济组织的服务边界延伸至行政区划[164]。蒋永穆和王学林通过对农业产业化经营组织发展阶段的划分指出,"公司+统一的合作组织+农户"组织将是我国农业产业化成熟阶段的主要组织形式[165]。杨明洪从交易费用角度分析指出,"公司+合作组织+农户"组织形式具有节约内生交易费用的作用,因此农业产业化经营组织的演进趋势将是以合作组织为核心的"中间化组织"[166]。李彬和范云峰认为,"公司+农户"和"合作社+农户"组织形式适应我国生产力发展水平要求,在相当长的一段时间内将长期存在[167]。

　　另一种观点则强调完全一体化组织对于实现规模经济、提升农业生产效率的作用,认为由龙头企业或合作组织主导建立的农工商一体化的农业集团应该是我国农业产业化经营组织的发展趋势,同时,持有这一观点的大部分学者认为,发展以合作社为主体实施的一体化组织更加适合我国农业发展的实际情况,即农业发展应该遵循"恰亚诺夫路径"。恰亚诺夫提出了合作社一体化的农业经营理论,认为合作社的职能要从联合采购向生产、加工、销售一体化的综合性业务发展,"在市场的影响下,农业合作社将合乎历史必然规律地向建立与产品销售一体化的农业原料加工业方向发展。它将某些相关的生产内容从农村农场中分离出来,在农村地区推行工业化,并由此取得农村经济的支配地位"[168]。国内学者从中国实际出发,对恰亚诺夫的理论作出了本土化的诠释,如郭晓鸣等从制度演化的角度指出,农业一体化模式呈现出由龙头企业带动型向中介组织联动型和合作社一体化模式逐次演化的路径[169]。刘振邦也认为农业一体化的主要载体是农业合作社,其次是农业公司[170]。杜吟棠则指出要更稳定可靠地提高农业商品化程度,促进农民增收,政府政策应更多地倾向于支持农民专业合作社,而不是"公司+农户"等模式[171]。冯开文等以制度经济学和博弈论为基本方法分析了我国农民组织化向一体化转变的内在机理,认为合作社主导的农业一体化是我国农业微观经济组织的发展趋势[172]。

　　通过上述学者的观点可见,关于我国农业产业化经营组织演进趋势争论的焦点集中在是准一体化组织还是完全一体化组织将成为农业产业化成熟阶段的主要组织形式。本书认为,与完全一体化相比,准一体化组织更加适应我国农业产业化发展的基础和现实条件,因此,以合作社联合社为核心的农业准一体化经营组织形式将是我国农业产业化经营组织新阶段的演进趋势和主要形式。

7.1.2　我国农业产业化经营组织横向演进的基本趋势——合作社联合社

合作社联合社是农民合作组织通过横向联合建立的联合体，是各合作社之间以长期契约联结建立的联合组织，是"合作社的合作社"。开展"合作社之间的合作"是国际合作社联盟的七项基本原则之一，从组织结构角度上讲，合作社联合社是成员合作社的上层组织，对基层社进行业务指导、行动协调，作为基层社的代表参与经济活动。

1.　合作社联合社的性质和运行机制

合作社联合社是合作社之间在自愿、平等基础上建立的联合组织。与我国20世纪五六十年代农业合作化运动产生的各种合作社联合组织不同，合作社联合社以承认成员社独立的财产权利为前提，核心功能是为成员提供各种服务，主要目标是保障各成员的利益。联合社对内以成员利益最大化为目标，对外以盈利为目标，因此，其组织属性与合作社相同，同属特殊的企业法人。

从产权结构看，联合社是各成员社共同出资建立的，具有独立的法人财产权，各成员社是联合社的所有者。各所有者之间是平等的合作关系，共同拥有联合社的剩余索取权。

从治理结构看，联合社内部形成以社员大会、理事会、监事会为核心的治理结构。社员大会是联合社的最高权力机构，成员社法定代表人或其授权的代表人共同组成联合社社员大会，行使决定联合社一切重大问题和选举、罢免合作社理事与监事等方面的权利；理事会是社员大会的决策执行机构，主要职能是对联合社的日常运营活动进行管理，并代表联合社参加各种与外界的联系和交流活动。社员大会选举产生理事会成员，理事会对社员大会负责，执行社员大会决议；监事会是联合社的监督机构，由社员大会选出，负责监督理事会行为，其职能主要包括监督理事会对社员大会决议的执行情况、负责联合社财务审核、向成员代表大会提出年度监察报告、提议召开临时成员代表大会等[173]。

从运行机制看，合作社联合社属于对内具有公益性、对外具有营利性的组织，其主要目标是保障成员社利益。对内部各成员社，联合社遵循非盈利原则，为成员社提供从农资购买到产品销售的系列服务；在外部市场上，联合社作为企业法人，以利润最大化为目标，通过衡量成本收益作出经营决策。

2.　合作社联合社的组织边界

对组织边界问题的研究源于新制度学派对交易费用问题的分析。目前，对于组织边界问题的理论研究已经形成效率理论、势力理论、能力理论和身份理论等多个理论学派。其中，以科斯和威廉姆森为代表的效率理论仍是目前应用最为广泛的理论，因此，本书将重点介绍这一理论。

效率理论重点分析不同治理模式经济效率的差异，通过比较交易在组织和市场中完成所产生的不同交易费用来确定二者之间的界限。科斯首先提出了组织边界问题，他从交易费用角度对企业和市场界限进行分析，指出市场与企业可以相互替代的资源配置手段。企业之所以能够产生，是因为企业可以降低市场的交易费用，但是企业对市场的替代是有限度的，换言之，企业不能呈现无限制的扩大趋势，其主要原因在于，作为资源配置的一种组织形式，企业在运行过程中同样会产生各类成本，随着规模的扩张，企业的成本会提高，特别是企业内部的管理和协调成本会与企业规模呈显著的正比趋势。当减少的边际市场交易成本与增加的边际企业管理成本相等时，企业达到了最佳规模。

威廉姆森采用交易频率、交易专用性投资和交易不确定性三个属性作为界定组织边界的标准，指出如果交易涉及的资产专用性程度、交易的不确定性和交易频率越高，市场交易过程中越容易出现"敲竹杠"问题，克服这一问题的有效方法是将交易纳入组织边界内，依靠层级管理者的命令、监督和激励来防止机会主义行为，降低交易成本，提高交易效率[174]。威廉姆森通过一个资产专用性与成本关系的模型说明组织边界问题，$H(k)$ 表示组织内部的协调成本，$M(k)$ 表示市场治理成本，k 表示资产专用性程度(图 7-1)。

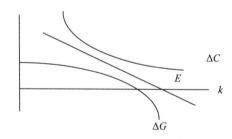

图 7-1　威廉姆森的资产专用性与组织边界示意图

当资产专用性不高时，市场的成本较低，从而 $H(0) > M(0)$，令 $\Delta G = H(k) - M(k)$，ΔC 为企业自己生产产品的成本与从市场购买同样产品的成本之差。威廉姆森提出，能够使交易费用和生产成本之和最小化的治理结构是最优的，因此，当 $\Delta G + \Delta C = 0$ 时，即当资产专用性程度达到 E 点时，组织和市场边界达到临界点。

合作社联合社的出现是组织内部交易对市场交易的替代，随着联合社范围的扩大，组织经济的规模经济效应逐渐显现，市场地位得到了较大提高，有效地保障并增强了各成员社的经济利益，进而提升了农户的经济收益。但是，联合社的建立和运行是有成本的，具体表现在官僚主义成本和协调成本上，随着联合社规模的扩大，上述成本也将提高。

与纵向一体化组织规模分析不同，合作社联合社边界的确定主要在于明确其横向联合的范围，换言之，即联合社所覆盖合作社的数量和范围。随着联合社在部分地区的出现和效果的初步显现，许多地区也陆续形成合作社联合的风潮，在这一过程中，出现了片面追求规模的现象。规模较大的联合社能够充分发挥规模经济效应，在与企业等的谈判过程中占据有利地位，但同时，也面临着较高的组织成本，当联合社规模超过一定范围后，组织成本将迅速增加。可见，联合社的组织范围和经营规模存在着客观约束，其规模并非越大越好。在引导合作社联合社建立和发展的过程中，地方政府应该重点关注联合社建立之后能否有效协调和控制各成员社行动，避免对组织规模的盲目追求。

7.1.3　我国农业产业化经营组织纵向演进的基本趋势——准一体化经营组织

1. 准一体化组织：概念及特征

"准一体化组织"是"各主体通过长期契约联结而成的兼具市场和企业特征的组织"，是"处于极端的纵向一体化和市场形式之间的混合的治理结构"[175]，从产权角度看，准一体化组织是一方对另一方剩余权利的部分获得，即在准一体化组织中，一方将部分剩余权利让渡给另一方，但是双方仍保持独立的产权地位。

在组织特征方面，准一体化经营组织以长期正式契约替代市场交易，能够节约市场交易费用，同时，准一体化经营组织中各主体仍拥有独立的剩余权利，组织内部具有较强的激励功能，能够有效抑制各方的道德风险。因此，准一体化经营组织是"在激励强度、适应能力和科层成本等方面居于市场和科层组织之间的某种组织状态"[176]。

学者们普遍认同准一体化组织是介于市场与企业之间的组织形式，农业中的准一体化组织能够弥补市场和一体化企业的不足，同时兼具二者优势。例如，孙天琦和魏建认为，农业产业化中的准一体化是"克服市场失灵和协调科层组织失灵的一种处于边际状态的组织形式"[177]。生秀东指出，"公司＋农户"是一种介于一体化与市场化之间的组织形式，本质上是对农产品劣市场的替代，其存在的主要原因是降低劣市场的交易费用[178]。周立群和邓宏图通过对内蒙古塞飞亚公司与农户间形成的"公司＋农户＋基地"合约组织的实证分析指出，这种准一体化组织兼具市场高能激励和降低市场交易成本的双重优势，是给定条件下的最优合约[179]。倪学志将准一体化视为一种产权安排，并以呼和浩特地区乳品产业化为例分析了准一体化的成本和收益，指出其收益能够使所有权和经营权清晰化和对称化，其成本是组织各主体利益分配的失衡和市场机制的部分失灵[180]。

2. 农业准一体化经营组织的优势

在我国农业产业化发展过程中，大量准一体化组织的出现不仅有效地解决了小农生产与现代市场体系间的矛盾，并且在现行制度框架内实现了农业生产的规模化和市场化，极大地带动了农业和农村经济的发展。与其他组织形式相比，各类准一体化组织具有如下优势。

第一，以长期契约代替市场交易，节约外生交易成本。各类农业准一体化组织的共同特征之一就是以长期契约将多元主体联结起来，形成具有利益一致性的组织结构。农产品供求各方结成长期契约关系后，能够降低市场搜寻成本、多次缔约和讨价还价成本。与市场交易相比，准一体化组织具有节约外生交易成本的优势。在各类准一体化经营组织中，农产品生产者与需求者根据事前签订的契约进行交易，同时大多数契约都会载明产品的质量标准、交割日期和方式等，避免了市场交易过程中双方反复搜寻交易对象、进行价格谈判所支付的成本，也有效规避了市场价格波动给各方带来的风险损失。

第二，与企业组织相比，组织内部协调费用较低。农业准一体化经营组织中各主体根据契约规定的权责关系进行生产经营活动，组织内部不存在严格的科层管理制度，并且由于各主体均拥有独立的财产权，组织内部委托-代理问题较轻，无须形成复杂的治理结构，与企业相比，各类准一体化组织的内部协调费用较低。在农业准一体化组织中，农户、企业、各类合作组织相对独立，与企业相比，各方行为的外部性较低，因此，组织内部各主体的机会主义行为倾向较轻，协调各方行为的内部管理费用也较企业更低。

第三，缔约方能够保留较大剩余权利，组织内部激励效应较强。参与农业准一体化经营组织的主体让渡部分剩余权利以换取合作盈余，但同时各组织各方仍是独立的产权主体，仍保留大部分剩余控制权。准一体化组织内部的收益权与控制权安排较为对称，能够对各主体行为进行较为有效的激励。

第四，与我国农业经营的环境特征相适应。农业准一体化组织是符合我国农业经营基本环境特征的经营组织形式，能够在农业资源禀赋条件及制度约束下有效发挥各经营主体的积极性。农村改革以来，中国农业生产的基础条件、要素禀赋都有了较大的改善，但是人地矛盾在总体上依然存在。从制度环境看，我国将家庭联产承包责任制作为一项基本经济制度，要求在法律和政策上保证农户的土地承包权利和承包关系长久不变。同时，虽然城市化和工业化进程已经吸纳了大量农村人口，但是在统一的城乡社会保障体系真正完善之前，土地经营权仍是保护包括离乡农民在内的广大农民生存的最后屏障，也是在我国工业化迅速发展时期调节城市劳动人口的重要机制。准一体化组织能够在上述环境条件约束下实现农业经营的产业化、规模化、集约化，同时克服农业企业化经营侵占农户土地权利及资本化对劳动力的排斥等潜在风险。

7.2　我国农业产业化经营组织成熟阶段的环境分析

7.2.1　农业经营过程中资本和技术要素投入比例不断提高，客观上要求进一步增强农户实力

我国农业发展的一个重要表现就是农村剩余劳动力的流出和资本、技术投入的不断增加，农业由劳动密集型、粗放型产业向资本、技术密集型、集约型产业转变。近年来，随着国民经济的发展和城乡统筹战略的实施，农村劳动力进一步向非农产业和城市转移，农业经营过程中对劳动力和土地的依赖不断减弱，资本和技术要素的投入比例则不断提高。

农业经营过程中要素投入比例的变化反映了我国农业经营方式的转变和农业效率的提升，同时也强化了农业产业化经营组织中各主体地位的不对等性。在"公司＋合作组织＋农户"经营组织中，企业往往具有较强的实力，能够进行大规模投资和技术研发，而合作组织则普遍面临着规模小、资金少等问题，其投资能力和技术创新能力较弱。运输、加工、销售等需要较高资本投入的环节均由企业控制，而大多数合作组织和农户仅从事生产和初级加工等，在组织运行过程中，企业与合作组织之间的地位不对等性越来越强。这种不对等性导致了合作组织的谈判力弱，在产品收购价格谈判和组织租金分配中仍处于不利地位。在这一背景下，要真正发挥合作组织提升农户地位、保证农户经济收益的作用，就必须推动农户间实现进一步联合以增强组织实力，进而增强组织的资本和技术要素的投入能力。

7.2.2　农产品市场竞争日益激烈，要求农民组织化程度进一步提升

根据加入 WTO 时的承诺，2005 年开始，我国农业开放的过渡期基本结束，开始大幅削减农产品关税，并开放农药、农膜的零售和批发业务；2006 年，国家取消了对豆油、棕榈油和菜籽油的关税配额管理，实行单一关税管理；2007年，我国又开放了化肥零售和批发业务。目前，中国已经成为世界上农产品关税总水平最低和农产品市场最开放的国家之一。

农业开放程度的提升在引入先进的农业技术和现代管理理念、通过竞争推动本土农业效率提高的同时，也对我国农业产业安全和长期发展提出挑战。第一，随着农产品市场的逐步开放，跨国公司开始进入我国农业领域，并开始控制部分产业。跨国公司拥有强大的资本实力和先进的技术、管理水平，能够渗入到农产品种植、加工、销售等环节，最终实现对产业链的控制。第二，国际游资的炒作加大了市场风险。近年来，国际、国内投机资本对我国农产品的炒作严重干扰了农产品市场的正常秩序，给相关产业的健康发展带来了极大的冲击。第三，农产

品国际市场竞争加剧，我国农产品贸易逆差扩大。相对于农业较为发达的国家，我国农业仍存在生产规模小、单位成本高等问题，加之国家逐渐减少了对出口农产品的补贴和保护，因此，在国际市场上，我国部分农产品并不具备价格或质量优势，面临着国外同类产品的激烈竞争。

7.2.3　农民合作社数量大幅度增加，但质量参差不齐，并出现合作社之间的恶性竞争

《农民专业合作社法》颁布并实施后，我国农民专业合作社以月均一万家的数量增长，截至2012年3月底，全国已建立农民专业合作社55.23万家，出资总额7995.56亿元。但是，从目前合作社发展的实践情况看，多数合作社存在着规模小、资本实力弱、经营领域单一等问题，组织平均质量水平不高，在与上下游企业交易过程中仍处于相对弱势地位。

1. 合作社数量多而规模小，同一区域、同一行业内存在多个合作社，许多地区出现了同一领域内合作社之间恶性竞争的问题

由于《农民专业合作社法》所设立的合作社成立门槛较低，规定只要有5家以上的农户参与，到当地工商部门注册即可拿到相关的执照。据国家工商行政管理局统计，截至2010年6月，我国有31万个合作社，入社农民共计2600万人，每个合作社的组织规模平均在84人左右。同时，在国家鼓励合作社发展的优惠政策激励下，许多地方政府强制农户合作，并盲目追求合作社的数量。在此背景下，各地出现了成立农民专业合作社的浪潮，合作社数量猛增，同一领域内往往有多个合作社相互竞争。例如，"十一五"期间，山西省晋中市的农民专业合作社增长了30倍，但是在数量迅速扩张的同时，各合作社之间的竞争也日趋激烈，不同合作社供给的产品品质差异较大，相互之间形成恶性价格竞争。同样的问题也出现在山东省青州市，作为一个县级市，近年来，青州市出现了500多家合作社，同一产业往往有多家合作社相互竞争，不仅无法发挥为农户服务的作用，反而陷入了合作社之间的恶性竞争之中，损害了农民的利益。

2. 合作社发展过程中出现了"异化现象"，很难在提高农户组织化程度及在拓展农产品流通渠道方面发挥实质的作用

为发挥合作社对提高农户组织化、保障农民利益的作用，国家不断加大对农民专业合作社的扶持力度，颁布实施了一系列鼓励合作社发展的优惠措施。为获得优惠政策，一些农产品批发商借组织农户之名获得合作社执照，建立起"空壳社"，在实际经营过程中，这些"空壳社"并没有发挥为农户服务的作用，而是成为厂商牟利的工具。另外，合作社数量成为衡量地方政府行政能力的标准之一，这也使地方政府为获得政绩而强行要求农户合作，许多在外部强制推动下建

立的合作社规模小、内部组织结构不健全，也无法发挥为农户提供生产、流动等
环节的相关服务。许多学者通过实地调研考察了合作社的"异化现象"，如苑鹏
指出，在我国农民合作经济组织发展过程中，出现了许多"异化现象"[181]。杜吟
棠和潘劲通过对京郊顺义区农民专业合作组织的调查研究得出结论，指出到21
世纪初，我国的大部分农民专业合作组织在组织结构和运行特征上都兼具传统合
作社模式与股份制企业模式的双重特征，但是总体而言，各类合作组织的合作性
体现得并不明显[182]。应瑞瑶在对江苏省75家农民专业协会和47家合作社及山
东莱阳的10家农民合作社的实地调研后得出结论，指出在这些组织中，绝大多
数在许多方面背离了合作社的基本原则，并不是真正意义上的农民合作社，而是
异化了的合作组织[183]。

3. 合作社的发展缺乏规范性，产品标准化和品牌化程度不高

从全国整体水平看，农民专业合作社的发展缺乏规范性，许多合作社并未按
照要求建立起完善的内部治理结构和利益分配机制，导致合作社运行困难，对成
员行为的约束力有限，合作社社员退社现象较多。发展缺乏规范性使合作社平均
存续期较短，难以发挥合作社整合农户力量、保障农户利益的作用。另外，在经
营过程中，大部分合作社也未能形成统一的产品质量标准和品牌理念，没有形成
成员共享的品牌价值。据统计，全国仅有20%左右的合作社执行了国家农产品
生产质量安全标准，10%通过了农产品质量认证，10%注册了产品商标。要推进
我国合作社的规范发展，真正发挥其服务于农户的作用，就要通过进一步整合合
作社资源，在一定范围内建立起能够统筹各合作社生产、为各合作社提供指导的
更高层次的组织机构。

7.2.4　农产品市场销售渠道的变化对农业经营组织实力提出了新的要求

随着大型超市的发展，连锁超市已经成为日用消费品的主要提供者，同时也
是农产品批发市场上的重要需求者。对于合作社而言，我国零售业结构的变化意
味着农产品销售渠道的结构发生了重要变化，各类超市成为农产品销售的一个重
要渠道，这一变化对合作社的产品生产和经营管理也提出了一些新的要求：第
一，超市要求供给方能够保证产品的周年稳定供给。农产品生产具有周期性的特
征，而超市则要求不同季节都能够获得货源保证，这要求合作社在生产规划、生
产布局、生产技术等方面有所突破，以适应需求方的要求。第二，超市对农产品
的质量要求较高。超市对其所销售产品的质量要求较高，对于农产品的农药残
留、外观等质量标准要远高于普通批发市场，另外，各大超市的质量评价标准有
所差异。这就要求合作社能够在农资投入、生产、加工等多个环节建立起统一的
质量标准，组织农户进行标准化生产，做好产品质量的内部控制。第三，超市要

求供应商具备较强的产品加工、运输能力。超市要求供应商对产品进行初级加工并承担产品运输成本，而大多数合作社尚未具备相关能力，这意味着要获得超市这一重要销售渠道，合作社需要提升自身实力，形成较强的产品加工和运输能力。

从发展现状看，我国合作社整体规模较小、资本与技术实力有限，因此难以在短期内依靠单个合作社的自身积累满足上述要求，而通过相关合作社的联合，建立起合作社联合社则能够在较短时间内提升合作社的综合实力，实现规模经济和范围经济、延伸合作社产业链和业务范围，为合作社抓住新的产品销售渠道创造条件。

7.2.5 我国农业生产过程分散性较强的特征要求农业经营组织内部建立起较强的激励机制

我国耕地细碎化问题突出，在我国耕地资源中，仅处于东北、华北等平原地区的土地能够实现集中耕作，而山区、丘陵等地以小块耕地错杂分布为主。在耕地自然条件的限制下，我国大部分地区的农业生产仍需以分散生产为主，在生产过程中，劳动者的努力程度是影响生产效率的重要因素。在农户分散经营阶段，各农户直接进入市场交易，其剩余控制权与索取权是对称的，市场发挥着"强激励"作用，而实施完全的一体化，虽然"有助于减轻对机会主义行为和扭曲行为的激励[184]"，但市场的"强激励"机制也将失效，农户丧失了剩余索取权，而分散经营使其具有较大的剩余控制权，那么权利的不对称将使其失去激励，在企业无法实施有效监督的情况下，理性的农民将采取偷懒等行为将个人成本最小化，即形成道德风险。而通过建立以合作社联合社为核心的准一体化经营组织，既可以实现农业产业环节的整合，解决"大市场与小农户"间的矛盾，也可以保留各方的剩余索取权，对农户具有较强的激励，有效抑制道德风险。

7.3 我国农业产业化经营组织成熟阶段的环境
与主体行为分析

在上述环境条件下，农业经营主体开始改变其行动，推动农业经营组织的进一步演进。与前两个阶段相比，在农业产业化经营组织成熟阶段，组织演进最突出的特征就是合作社通过联合建立起合作社联合社，因此，本章的分析将以这一过程为分析对象，将各分散的合作社为行动主体，重点研究在一定环境条件下，各合作社如何实现联合推动组织演进的过程。

如果将各合作社视为具有市场地位的法人实体，那么合作社联合社的建立就是各合作社为了适应外部环境的变化而主动采取行动，通过更高层次的联合，建立一种处理成员所面临的同类需求和外部力量的正式组织。当外部环境发生变化后，大部分分散运行的合作社都面临着如何通过提高自身实力以适应新环境的问题，在农业自身积累能力有限、合作社难以在短期内迅速实现资本积聚的条件下，通过横向联合建立起一个能够集合多个主体分散资源的联合组织成为各单个合作社的现实选择之一。但是，加入联合社意味着合作社要放弃部分剩余控制权，同时，也会带来组织内部的协调和管理费用。因此，对于每一个合作社而言，加入联合社既有收益，也会带来成本，因此，是否具有加入联合社的意愿取决于作为行动主体的各分散合作社对于预期收益和成本的权衡。

7.3.1　合作社加入联合社的预期收益

在新的经营环境中，各分散的农民合作社将面临更大的经营压力，并逐渐意识到通过与其他合作社联合建立更高一级的联合社将增强其对于环境的适应能力，取得更高的经营净收益，因此，合作社加入联合社的意愿增强，并且部分合作社首先行动，发挥示范效应，对于合作社而言，通过横向联合建立合作社联合社将能够获得以下收益。

第一，提升市场谈判地位，获得更高谈判力。通过上文对合作社经营环境的分析可以看出，随着农产品市场的完善和发展，各类涉农企业的经济实力也不断增强。虽然与分散的农户相比，合作社具备较强的市场谈判能力，但是与规模较大的企业相比，大部分合作社仍处于弱势地位。通过合作社之间的联合，实现各分散组织力量的整合，能够在短期内突破单个合作社的资本约束，迅速增强组织实力，改变企业与合作社的力量对比，使合作社在谈判中获得更高的谈判力。以山西省晋中地区的奶业联合社为例，在联合社成立之前，该地区奶业合作社与当地处于垄断地位的奶业加工企业建立了合作关系，但是由于乳品企业实力较强，各合作社供应的鲜奶经常被压级、压价，奶款被克扣、拖欠的事情也常常发生。为了改变这种情况，该地区几个奶业合作社联合建立了犇牛奶农专业合作社联合社，有效地整合了地区奶源，提高了合作社的市场谈判地位。在联合社与某大型乳品企业签订的供奶合同中，奶价由原来的 2.8 元/kg 提高到 3.6 元/kg。据测算，当地奶农比联合社成立前共计增加收入 6000 万元[185]。

第二，实现经营的规模经济效应。单位成本是决定农产品市场竞争力的重要因素之一，而规模经济是降低单位成本的有效途径。通过同一区域乃至跨区域的合作社联合，统一进行生产规划、原料采购、市场开发等，能够有效地降低农业的生产成本和运营成本，降低单位农产品的平均成本，获得规模经济效应。特别是近年来，农业技术不断进步，农业研发成本在经营总成本中所占比重逐渐增大，合作社联合社在耕种面积、经营范围等方面的规模优势进一步显现出来。如 2011年，黑龙江省讷河市大豆合作社联合社通过综合规划各成员社的耕种面积，开发了18 处种植基地，总面积 19.68 万亩，用于种植 2 个新品种的高蛋白大豆，总产量达到 3 万吨，降低了引进、开发新品种的初始费用，实现了大豆种植的规模经济[186]。

第三，拓展合作社业务范围，推动产业纵向整合。联合社集中了各成员社的资源，形成了实力较强的农业经营组织，对于拓展合作社业务范围，为农业各相关产业链的整合提供了组织条件。由于资本实力较强，联合社有能力向上下游相关产业拓展，如购买机器设备进行农产品加工、要求上游供给商提供专用性农资供给等。通过业务拓展，联合社使会员社获得更高的经营利润，巩固和增强了合作社的市场地位，也在客观上推动了农业产业链的纵向整合。仍以黑龙江省讷河市的大豆联合社为例，在联合社成立之前，虽然各合作社已经分别与相关企业建立了合作关系，但是双方利益联结非常松散，由于合作社规模较小，许多企业甚至不愿与之签订长期供销合同。联合社成立之后，国内大型粮食加工企业主动上门寻求合作，并与联合社签订了长期、稳定的供销契约。同时，由于联合社订货量大，上游农资供给企业也愿意进行专用性投资，供给专门的农资设备等。这不仅提升了合作社的谈判力，也进一步推动了讷河地区甚至全国的大豆加工产业链的整合。

7.3.2　合作社加入联合社的预期成本

作为合作社之间横向联合的组织，联合社的建立意味着合作社之间的市场关系向组织内部关系的转变，但组织对市场的替代是有成本的，即组织成本。对于合作社联合社而言，组织成本主要包括以下两方面。

1. 官僚主义成本

联合社的一个重要作用就是协调各成员社的行动，避免由于分散行动导致的恶性竞争和资源的浪费。联合社通过建立科层结构以权威命令统一规划各成员社的生产经营活动，与分散合作社之间的市场协调机制相比，组织内部的权威协调是有成本的，这种成本主要表现为组织的"官僚主义成本"。所谓"官僚主义成本"是指在联合社中，决策由作出到传递给各成员社及相关信息自下而上传递给管理者所需的成本。由于联合社组织规模较大，组织内部科层较多，决策和信息的传播需要逐级传递，产生组织的官僚成本。

2. 激励和监督成本

合作社联合社是各成员社放弃部分剩余权利而结成的利益共同体，在联合社中，各成员社利益具有一致性，但是，由于各成员保持了相对独立的经济地位，成员间及成员与联合社之间也存在利益的不一致性。作为各合作社的联合组织，联合社目标的实现需要各成员社的共同行动，而利益的不一致性和机会主义倾向使各成员社存在"搭便车"甚至违约倾向。要保证组织目标的实现，联合社需要形成激励和监督机制约束成员行为，而激励和监督机制的建立和实施同样需要成本，例如，晋中榆次区奶业联合会为防止各成员社社员私下与乳制品企业进行交易，专门成立了宣传小组到各村、社宣传遵守合作理念，甚至派出专人长期驻守在各成员社。

7.4　主体行为与合作社联合社的建立

当加入联合社的收益高于成本时，合作社具备加入联合社的意愿，而联合社是否能够成功建立还取决于各分散合作社的共同行动。下面本书采用一个简单的模型说明这一过程。

首先将分析范围限定在一定区域内，设该区域有 n 个独立运行的同业合作社，R_1 和 R_0 分别表示联合成功和不成功时的收益。用 r_1 表示每个合作社所预期的加入联合社的净收益（联合社的收益减成本），r_0 表示每个合作社不加入联合社的预期净收益，x 表示初始就有加入联合社意愿的合作社的比例，假设不论联合社是否能够建立，每个合作社都要承担一定的成本，当合作成功时，每个合作社承担的成本为 $(1-x)c$，不成功时，合作社承担 xc 的成本。

$$R_1 = a(r_1 - r_0) - (1-x)s \quad (a > 0) \tag{7-1}$$
$$R_0 = r_0 - c \tag{7-2}$$

用图 7-2 表示上述支付函数。

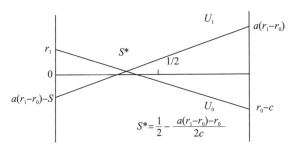

$$S^* = \frac{1}{2} - \frac{a(r_1 - r_0) - r_0}{2c}$$

图 7-2　联合成功与不成功时的支付函数

S^* 为建立联合社的预期收益等于不联合的预期收益时的均衡比例。对于每一个合作社而言，是否参与联合行动取决于其对其他合作社行动的预期。如果每个合作社都相信其他合作社参与联合行动的可能性为 $1/2$，那么 n 个合作社中采取联合行动的合作社比例就为 $1/2$，此时，如果 $S^* < 1/2$，所有合作社都会采取联合行动，因为联合行动是风险占优的，否则，不联合行动将是风险占优策略。因此，联合社建立的条件就是 $S^* = \dfrac{1}{2} - \dfrac{a(r_1 - r_0) - r_0}{2c} < 1/2$，即 $a(r_1 - r_0) > r_0$。

综合上述分析可见，合作社联合社的建立是具有合作意愿的各分散合作社共同行动的结果，而各分散的合作社是否具有联合的意愿则取决于其加入联合社的成本和收益。为进一步说明此问题，取 $a = 2$，那么，合作社联合社建立的条件就

是 $r_1 > (3/2)r_0$。也就是说，只有当参加联合社能够获得的净收益至少为合作社独立运营净收益的 1.5 倍时，联合社才能够建立起来。

将合作社独立运营时的净收益视为外生量，那么联合社能否建立取决于联合经营的收益与成本。根据上文对于联合社成本收益的分析，联合社的收益主要包括提升合作社谈判力、发挥规模经济效应、拓展合作社业务范围，而成本主要为组织的官僚成本和激励监督成本。不同环境下，上述成本和收益的关系是不同的，市场竞争加剧，对农业经营规模经济的要求更高，同时，合作社发展较为成熟，合作理念成为经营的基本理念时，采取联合方式的收益将远高于成本，而在市场对规模经济的要求尚未达到较高水平，且合作社自身正处于发展过程中的条件下，建立联合社的收益较小，而成本相对较高。

合作社联合社在我国的发展现状也从实践角度证明了上述结论，出现合作社联合社的区域大部分为农业经济较为发达、农产品市场竞争比较激烈，同时具备较强合作传统的地区。联合社出现较为密集的产业，如奶业、大豆行业，其共同特点也表现为相对于下游加工企业，合作社实力有限，缺乏谈判力，难以发挥保障农户收益的作用。

7.5　农业准一体化经营组织的稳定性分析

在我国农业产业化经营组织演进的成熟阶段，上下游经营主体间通过长期契约建立的准一体化经营组织仍是主要的纵向演进方向，在第 6 章中，已经对上下游主体间的合作过程进行了分析，因此不再赘述，而将重点分析准一体化经营组织的稳定性及其改进。

7.5.1　准一体化经营组织稳定性分析的理论基础

1. 不完全契约理论

继科斯提出交易费用理论后，新制度经济学者开始将契约作为研究重点之一。部分学者首先发现，由于人的有限理性和交易费用的存在，契约往往是不完全的，首先，交易的不确定性使缔约方难以预料到未来的所有或然事件；其次，语言的模糊性使缔约方即使能够预测到不确定性，也难以在契约中用明确的语言描述出来；最后，由于存在大量能够被双方观察却无法被证实的信息，契约很难由第三方实施[187]。

不完全契约理论提出后，理论研究分化为以威廉姆森为代表的交易费用学派和以哈特为代表的产权学派。威廉姆森将资产专用性程度、交易频率和不确定性作为交易的特征维度，并将契约分为古典契约、新古典契约和关系型契约，指出不同交易特征应对应不同契约形式以节约交易费用。当资产专用性程度和交易频率都较高、不确定性程度也较大时，用统一治理的关系契约，即企业代替市场治理的古典契约或第三方治理的新古典契约，可以减少交易费用。同时，企业内部会产生协调成本，企业规模的选择要权衡其所节约的交易费用和增加的协调成本[188]。哈特等提出的剩余控制权概念，指出契约中除了可以事前明确规定的权利外，还有一部分事前无法规定的权利，这部分权利就是剩余控制权。由于契约的不完全性，缔约方只能首先签订一个初始契约，然后投入专用性资产，当某一状态出现后，缔约各方再对契约进行重新谈判。由于事前已经进行了专用性资产投资，所以在重新谈判过程中，将产生"敲竹杠"问题，即占用作为专用性资产投资方的准租金，而一旦预期到契约将重新谈判，事前各方将不愿进行专用性投资，以防止被"敲竹杠"。因此，不完全契约和资产专用性的结合将带来事前投资激励的扭曲，导致专用性资产投资不足，为了防止这种情况出现，应该在事前将剩余控制权配置给投资相对重要的一方。

2. 准一体化理论

对准一体化问题的分析也是沿着不完全契约理论的两条理论路径进行的。交易费用学派强调资产专用性对治理机制选择的影响，根据资产专用性、交易频率和不确定性的不同，应分别对应即时的市场交易、不完全长期契约（混合形式）、企业和官僚机构几种治理结构。其中不完全长期契约即准一体化组织形式，企业则为纵向一体化形式。产权学派没有明确提出"准一体化"概念，但从其分析可以看出，准一体化是一方对另一方剩余权利的部分获得，即在准一体化组织中，一方将部分剩余权利让渡给另一方，但是双方仍拥有独立产权。两个学派都认为纵向一体化和准一体化是对市场交易的替代，但交易费用学派从事后激励出发，强调一体化对解决市场失灵、降低交易费用的功能；产权学派则关注事前的激励，强调一体化对纠正事前投资扭曲的作用。

综合而言，纵向一体化和准一体化是产业链上各相关部门间的联结形式。纵向一体化是上下游生产部门或生产和销售部门间通过长期契约联结而形成的具有统一产权的科层组织，纵向一体化和市场形式是契约关系的两个极端。准一体化则是"处于极端的纵向一体化和市场形式之间的混合的治理结构"[189]。与纵向一体化不同的是，准一体化组织中的各方保留其独立的法人财产权利，并按照契约规定而非科层命令进行协作，是"在激励强度、适应能力和科层成本等方面居于市场和科层组织之间的某种组织状态"[190]。准一体化兼具市场与纵向一体化的优势，能够部分解决市场交易的敲竹杠问题，同时由于准一体化组织中各主体仍拥有独立的剩余权利，因此具备较强的激励功能。

7.5.2 农业准一体化经营组织的稳定性分析

农业产业化经营的一个重要特征是贯穿于投入品生产—农业生产—加工—销售各环节的"垂直型"契约的大量存在，即以契约作为联结农业多元主体的主要手段。广泛存在的契约关系在稳定农产品供销环境的同时也使农业产业化经营过程存在较强的契约风险。

1. 农业产业化契约的不完全性

契约主体的有限理性使完全契约的签订要面临预见成本、缔约成本和证实成本，过高的成本决定了契约只能是不完全的，或者说契约没有充分的状态依赖，即缔约各方无法完全预见履约期内可能出现的各种情况，从而无法对各种情况下各方的权责关系作出明确的划分。农业经营具有面临自然和市场双重风险的特性，决定了农业产业化契约具有更强的不完全性。一方面，因为农业生产要经历自然力的作用，所以农业的经济再生产过程也是自然的再生产过程，而自然力的不可控性使农业经营面临较强的自然风险；另一方面，农产品市场接近完全竞争市场，产品价格受供求双方多因素影响，波动频繁且难以预测，农业经营还面临较强的市场风险。在自然和经济的双重风险下，要缔结一个涵盖所有或然状态下权责关系的契约将面临高昂的交易费用，因此，农业产业化契约是不完全的。

2. 不完全契约的风险——敲竹杠问题

敲竹杠问题是指交易者在不完全契约下从交易合伙人所进行的专用性投资中寻求准租的一种后契约机会主义行为。由于契约是不完全的，所以并没有明确规定当一方作出专用性资产投资后双方具体的权责关系。因此，投资方就面临被其他缔约方"敲竹杠"或攫取"可占用性准租金"的风险。当投资者预期到这种敲竹杠行为时，事前投资激励不足，投资量将偏离最佳值[191]。

在农业产业化经营中，需要农户、企业及各类农业组织作出一定的专用性投资，包括企业为收购某一区域农产品而投入的固定资本、人力及组织准备，农户为生产契约规定产品而投入的土地、资金及专用性人力资本投入等。在农业产业化经营过程中，由资产专用性引发的敲竹杠行为往往发生在履约期市场价格与契约价格不一致的情况下，并主要表现在对收购价格的重新谈判上。当市场价格高于契约价格时，农户往往要求企业提高收购价格，否则便将产品大量销售向市场；当市场价格低于契约价格时，企业往往通过提高产品质量等级标准等方式压低收购价格，侵占农户的边际收益。例如，周立群通过考察莱阳市"龙头企业＋农户"组织形式后发现，当地的龙头企业和农户都面临着对方"敲竹杠"行为的威胁；倪学志在对呼和浩特乳制品产业化经营的考察中发现，在牛奶供给旺季，龙头企业会通过提高牛奶质量等级标准或压低奶源等级的方法变相压价，使养殖户养牛的积极性大减[192]。

7.5.3　增强组织稳定性的途径

要克服由契约不完全带来的敲竹杠问题、增强准一体化经营组织的稳定性，可采取两种手段，一是实行纵向一体化；二是采取措施保证契约实施。其中，实行纵向一体化的主要方法是调整产权关系；而保证契约实施的措施包括建立自我实施机制和第三方裁判机制。自我实施机制是指人们通过习惯、信誉、承诺等方式来解决合约履行中矛盾争端的方式；第三方裁判机制是通过第三方组织对契约的外部威慑力量来保证合约履行。下面将对增强组织稳定性的方法进行逐一分析，并从中总结出增强农业准一体化经营组织稳定性的途径。

1. 纵向一体化

哈特等认为，纵向一体化"是购入某一供给者(或购买者)的资产，其目的在于获得剩余控制权"，"有助于减轻对机会主义行为和扭曲行为的激励，但它并不消除这些激励"[193]。同时，一体化也是有成本的，其成本就是对市场激励的弱化。纵向一体化能够抑制由于契约不完全带来的"敲竹杠"行为，减少由此带来的投资扭曲问题。但实施一体化后，就失去了市场对交易主体的激励作用，容易引发行为主体的"道德风险"，带来较高的事后监督成本。

农业的纵向一体化可以通过两种途径实施：一是由龙头企业实施，通过购入(或长期租赁)农户的土地等生产资料，获得生产和经营的全部剩余控制权，农民作为企业雇员参与劳动，领取劳动报酬；二是由农民合作组织实施，首先由农户通过缴纳资本金或将土地使用权作价入股形成股份合作组织，再由合作组织兼并产业链上下游企业，形成产加销一体化、统一产权的企业组织。在我国，由于合作组织经济实力有限，纵向一体化多由龙头企业实施。通过实施纵向一体化，能够有效解决准一体化组织存在的敲竹杠和投资激励扭曲问题，从这一角度看，拥有统一产权的农业企业集团更具稳定性。目前，我国已经形成一批颇具规模的农业企业，如福建圣农发展股份有限公司和北京德青源农业科技股份有限公司，两家企业均通过"公司＋农业产业工人"模式实现了纵向一体化，将从上游到下游的所有生产过程纳入单一企业内部活动，并保持了长期稳定的经营和良好的经济绩效。

但实施纵向一体化面临一系列成本和阻碍：首先，实施纵向一体化后，被兼并方丧失了剩余控制权，主体失去激励将引发道德风险。农业生产具有多风险性和分散性的特征，一旦实施纵向一体化，将面临更加严重的道德风险。其次，实施纵向一体化后，组织内部管理费用将增加。一体化组织需要形成科层组织以实施自上而下的管理和各部门间的协调，与市场和准一体化组织相比，纵向一体化组织内部结构更为复杂、管理费用更高。最后，实施纵向一体化需要大量资金支持，如上文提到的福建圣农发展股份有限公司的一体化是在获得风险投资后得以实现的，而北京德青源农业科技股份有限公司前身从事环保贷款基金，具有实现一体化的资金优势。综上所述，纵向一体化虽然是一种较为稳定的组织形式，但是与准一体化组织相比，实施一体化需要组织具备较高的管理水平和较强的资本实力。从农业发展的现实情况看，除少数资金实力丰厚的大型企业外，大多数企业和合作组织尚缺乏实施纵向一体化的能力和条件。因此，纵向一体化难以成为中国农业产业化经营组织现阶段的现实选择。

2. 引入第三方裁判机制

第三方裁判机制是指通过政府、法院、仲裁机构等权威组织对违约方实施惩罚，提高违约方的违约成本以保证各方对契约的遵守。如果契约是不完全的，那么由于存在"可观察而不可证实的信息"，第三方是难以实施有效裁判的。另外，即使引入第三方裁判机制，这一机制是否有效还取决于以下两个条件，一是足够强的惩罚力度，通过实施惩罚使违约方违约的预期收益低于遵守契约的预期收益；二是惩罚是一个可置信承诺，即违约方相信对方愿意且能够通过第三方实施惩罚，或者说利益受损方能够通过第三方惩罚机制获得补偿。目前，我国农业产业经营的发展程度尚不足以满足以上两个条件。一方面，惩罚力度不足。当"敲竹杠"实施者是农户或合作组织时，由于其资产有限，可对其实施惩罚的力度较小；当对企业实施惩罚时，地方政府为获得税收和就业等利益倾向于保护投资者，惩罚力度也较轻。另一方面，惩罚是不可置信承诺。对契约各方而言，寻求第三方惩罚的成本往往高于通过实施惩罚获得的收益，在"公司＋农户"组织中，龙头企业通过实施第三方惩罚机制获得的补偿较低，而单个农户通过实施第三方惩罚机制支付的成本较高，因此，双方均不愿付诸行动。在"公司＋中间组织＋农户"组织中，虽然合作社、农业协会等中间组织的经济实力和组织规模较单个农户有所提升，但是从我国实际情况来看，许多组织尚缺乏明确的法人财产权定位，企业也难以通过第三方惩罚获得相应补偿。

3. 建立契约的自我实施机制

契约的自我实施机制是一种借助习惯、传统、信誉等方式来保证契约当事人能够在事后根据事前约定执行契约的机制。由于受到现实条件的约束，纵向一体化和第三方裁判机制均无法成为增强我国农业一体化经营组织稳定性的有效途径，那么形成契约的自我实施机制就成为各类准一体化组织最主要的演进方向。从实践发展情况看，在农业产业化发展较好的地区，如山东潍坊、莱阳等地，农业产业化组织均建立了各种形式的契约自我实施机制，有效克服了契约风险，实现了组织的稳定发展。

契约自我实施机制的基本途径是形成声誉机制。声誉本质上是反映各缔约方历史行为的信息集，可以发挥替代显性激励契约机制的作用，激励和约束各缔约方的行为选择，保证其履行各项契约规定。当缔约方意识到短期的机会主义行为会损害自身声誉，从而影响其长期或其他领域的收益时，就会放弃机会主义行为，选择合作策略。因此，声誉机制的本质是以长期的、更大范围的利益代替短期的、局部的利益，从而约束行为人的机会主义行为。声誉机制包括基于重复博弈的声誉机制和基于联合博弈的声誉机制两类。

1）基于重复博弈的声誉机制

基于重复博弈的声誉机制模型对静态博弈中的"囚徒困境"难题作出了分析，指出当交易具备一次性、非重复的特征时，理性的参与人在利益的驱使下往往会选择"机会主义"行为，博弈结果只能是次优的。但是，当交易能够在一定时期重复多次进行时，参与人通过履约获得的长期收益将高于违约所获得的短期收益，因此，各缔约方通常都重视自己的"声誉"建设，能够自觉抵制短期的机会主义行为，使博弈能够实现最优结果。因此，基于重复博弈的声誉机制能够有效克服不完全契约中存在的"敲竹杠"行为，增强组织的稳定性。

2）基于关联博弈的声誉机制

关联博弈是指两个或多个博弈具有相关性，其中每个博弈均衡要求具有不同的激励约束条件，当两个或多个博弈组成关联博弈时，会使得在独立条件下所要求的苛刻激励约束条件变得较为宽松。具体而言，就是一个博弈的参与人不仅要参加该博弈，还要参加另外一个博弈，参与人在第一个博弈的策略影响他在第二个博弈中的收益。关联博弈最常出现在经济交易与社会交往中，即市场交易活动具有"社会嵌入性"，行为人在经济中的行为影响其社会活动的收益，为了获得社会收益，人们往往重视在经济交易中建立自己的社会声誉，进而减少机会主义行为。

7.5.4 增强我国农业准一体化经营组织稳定性的对策建议

1. 建立农业准一体化经营组织各缔约方的长期利益共享机制

利益分配方式对准一体化组织各缔约方行为发挥着重要的激励作用，在各方利益一致性较高的组织中，主体能够自发选择符合组织共同目标的行为，组织稳定性也较高。通过建立利益共享机制增强各缔约方利益的一致性，形成农户、企业及其他组织间的重复博弈关系，如调整农户与龙头企业间的契约关系，形成农户持股、多次返利等利益分配机制，以长期收益约束主体的机会主义行为。

2. 培育农业品牌，通过品牌资产强化主体合作关系

构建信誉机制的另一个途径是培育农业品牌，形成品牌效应，并通过品牌资产共享机制强化主体间的合作关系，使各主体有动力保持长期合作。对基地的农户而言，基地品牌是共有资产，个体的违约行为会直接影响品牌价值，因此，农户间往往自发形成监督机制，防范违约行为。对企业而言，由于基地品牌价值高，龙头企业往往要经过竞争才能获得使用基地品牌的资格，并且在经营过程中始终存在外部进入者的威胁，一旦企业采取短期机会主义行为，将迅速被替代，失去分享基地品牌价值的资格，因此，企业有保持长期合作的意愿。

3. 加快农民合作经济组织发展，强化对各缔约方行为的声誉激励

农民合作组织集聚分散农户力量，并形成统一的行为规范，一旦有成员做出机会主义行为，其他成员能及时发现并对其实施惩罚，违约者不仅将在合作社内部受到惩罚，还将面临社会声誉的减损。因此，合作组织能够借助农村社会的乡土规范低成本地实现组织对成员的"强激励"，抑制机会主义行动，增强准一体化组织的稳定性。

第8章 我国农业产业化经营组织演进中政策环境的优化

在对农业产业化经营组织演进过程的分析中，本书运用了"环境-行为-组织演进"框架对环境与主体行为间的交互作用及主体行为所带来的组织演进结果进行了研究，并指出农户、企业等农业经营主体的行为与外部环境间的相互适应是推进农业产业化经营组织演进的核心动力。在这一过程中，政府的作用主要是通过相关政策塑造和改变外部环境条件，通过环境改变主体行为，进而对组织演进的结果产生影响。因此，政府的政策措施对于组织演进有着重要的影响，良好的政策环境是实现农业产业化、现代化经营目标，加快农业产业化经营组织发展和成熟的必要条件。

8.1 组织演进过程中政府的地位与作用

8.1.1 经济学中关于政府地位与作用的争论

1. 古典学派：政府的"守夜人"地位

亚当·斯密在《国富论》中对政府"守夜人"地位的论述奠定了古典学派对于政府地位和作用的认知基础。斯密明确指出政府应该在国民经济发展过程中充当"守夜人"的角色，他提出，在市场机制，即"看不见的手"的引导下，经济中追求利益最大化的个人从事经济活动，最终能够实现全社会总体利益的最大化。因此，维护一个自由、平等的市场交易环境对于经济增长至关重要，政府不应该干预个人的经济行为，而只需做好维护市场秩序、制定并实施法律规则的工作，充当"守夜人"的角色。斯密提出了政府的三方面职责，即保护社会免受其他独立社会的暴力与侵犯；保护社会个体免受他人的压迫和侵犯；建立并维护某种公共工作或公共制度。大卫·李嘉图同样坚持政府应该减少对经济的干预，在国内经济政策方面，主张采取自由放任的经济政策，在国外贸易政策方面，主张各国应该根据"比较优势"原则实行贸易自由，取消各种关税、非关税贸易壁垒等。李嘉图强调，政府对社会经济的干预会违反"最大多数人最大幸福"的原则，因此，政府应该尽可能减少对经济活动的干扰，允许资本、劳动力等社会资源的自由流动，以实现最大化的社会福利状态。另外，古典学派的其他代表人物，如萨伊、西尼尔等认同亚当·斯密对于政府不干预主体市场行为的观点，也均强调市场自由运行对于资源配置和社会福利的积极作用，但认为政府应该在一定程度上承担起对经济进行管理的责任。

古典学派理论的核心目的在于维护产业资本的地位，主张通过一个自由竞争的市场环境实现要素的自由流动和市场范围的扩展，为产业资本的积累创造条件。因此，其理论核心必然是反对政府对经济的干预，特别是反对政府以国营企业等形式参与经济运行。

2. 新古典学派：政府的"市场替补"地位

新古典学派在"理性人"假设的基础上构建了逻辑严密的市场模型，证明了市场能够通过价格机制协调供求双方行动，实现资源配置的效率状态。因此，新古典学派更加反对政府干预，认为市场对经济的任何干预都会减少总的经济剩余，降低资源配置效率。但是，市场并不是万能的，庇古等学者发现，在市场运行过程中，存在着外部性等"市场失灵"现象，"市场失灵"直接导致资源配置无法达到效率状态，此时，政府应该采取税收、反垄断法等行政和法律手段纠正"市场失灵"。

可见，新古典经济学认为政府是对市场的弥补和修正，是市场的"替补"，当市场能够良好运行时，政府应对经济实施最小化的干预，只有当市场出现自身无法解决的问题时，政府才作为"替补"对经济进行必要的干预。

3. 凯恩斯学派：政府的"舵手"地位

凯恩斯在否认"供给决定需求"的萨伊定律的基础上提出了他对于市场和政府的革命式的观点。凯恩斯提出，由于工资刚性等原因，市场不能自发出清，总供求不等是经济的常态，而有效需求不足是产出和就业呈现周期性变化的主要原因，只有增加总需求才能使社会恢复到供求平衡的状态，实现充分就业。政府不仅能够通过政府支出直接改变总需求，还可以通过税收、货币等政策改变个人和企业的需求，因此，政府的作用不仅仅是"守夜人"或"市场替补"，而是能够根据经济风险主动采取政策措施改变产出和就业状态的国民经济"舵手"。

随着主要资本主义国家经济"滞胀"问题的出现，凯恩斯主义的政府干预理论受到了现实的挑战，以菲尔普斯、罗默等为代表的新凯恩斯主义者提出了黏性工资和价格等理论，修正了凯恩斯主义的理论偏差。在对政府地位和作用的定位上，新凯恩斯主义者同样坚持政府能够通过干预影响总产出和就业，政府的财政和货币政策是增加总需求的有效手段。

4. 新制度学派：政府的"矛盾"地位

新制度经济学认为政府处在一个"矛盾"的地位上，一方面，经济发展需要政府通过权威手段保护私人的财产权利，维持交易中各方的平等地位，并参与制度变迁过程，引导更有效率的经济制度，如科斯在《社会成本问题》中对庇古税进行批评，并指出政府的主要作用应该是明确界定产权，并提供产权保护；另一方面，政府也具有自身的利益目标，政府可能有动力维系低效率的制度，阻碍制度变革，降低社会运行的经济效率。诺思在 1981 年提出的"国家悖论"可视为新制度经济学对政府"矛盾"地位观点的代表性论述，诺思指出，国家具有长期和短期的双重利益目标，长期利益要求国家主动采取行动，推动有效率制度的建立，但是短期利益的存在又使国家有意愿维护低效率制度，以实现"租金最大化"。

5. 演化经济学派：政府的"创新保护者"地位

演化经济学对政府作用的论述较少，明确提及政府地位与作用的观点主要集中在熊彼特主义关于创新与经济发展的论述中。熊彼特主义强调政府的作用主要在于对创新的推动和保护方面。创新是经济发展的动力，演化理论强调创新和知识增长对于经济演进的重要意义，认为经济发展的实质就是知识的增长。为了促进经济发展，需要政府采取鼓励私人创新的政策，必要时，政府应该参与到创新活动之中。演化经济学者们并不反对市场机制能够发挥调节经济系统运行的作用，但是认为不能以此为依据来反对政府干预。因此，演化学者反对政府对经济干预的主要目的是纠正市场失灵，认为政府干预经济是为了培育社会中个体的学习能力、促进知识创新。

演化经济学强调主体行为对环境的适应及二者之间的互动反馈关系，在分析过程中，多以一定环境中个人、企业、组织等微观个体行为为基础，与政府及其作用相关的研究并不多见。部分涉及政府的研究也主要是将政府和政策作为个体演化环境的组成部分，探讨其与主体行为间的互动关系。

8.1.2　政府在农业产业化经营组织演进不同阶段的行为分析

1. 农业产业化经营组织形成阶段的政府行为

本书在对我国农业产业化经营组织形成阶段的分析过程中曾得出结论，指出农业产业化经营组织的形成是作为农业经营主体的农户、企业根据环境变化自发采取的行动，在行动过程中，由于存在协调等问题，需要政府采取政策措施帮助组织克服瓶颈。因此，在农业产业化经营组织形成阶段，组织演进可视为一种由微观主体自发实施的诱致性制度变迁，政府在这一过程中的作用主要在于承认新制度并引导主体行动以加快制度变迁过程，具体而言，这一阶段的政府行为主要体现在以下三个方面：

第一，承认并推广由农业经营微观主体自发建立的经营组织和制度形式。从制度变迁角度看，农业产业化经营组织的形成是一种诱致性制度变迁，从组织生态角度看，农业产业化经营组织的形成是农业经营主体为增强对农业经营环境的适应度而采取的改变经营组织结构和形式的行动。无论从何种角度分析，以"公司＋农户"为主要形式的产业化经营组织的出现都是由农业经营微观主体增加自身经济收益的行为主动推动的，是符合农户及企业经济利益的。政府行为则主要表现为顺应微观主体利益，承认并积极推广新的组织形式和经营方式，如在20世纪90年代初期多次在中央政策中明确农业产业化经营的内容、特征和地位，明确承认这种新的农业经营形式，并在1994年前后确立了一批贸工农一体化的产业化组织试点，并在全国范围内推广。

第二，通过财政、金融等手段鼓励龙头企业的发展。吸引龙头企业进入农业并与农户建立合作关系是农业产业化经营组织建立的重要环节，而作为追求利润的理性主体，龙头企业只有在经济利益的吸引下才具备与农户建立长期契约关系的动力。为了吸引企业进入，各地方政府纷纷实施了财政金融等方面的优惠政策，如税收减免、贷款条件优惠等，并积极完善相关基础设施和公共环境，为龙头企业的生产经营提供便利条件，以增强本区域对龙头企业的吸引力。根据《财政部国家税务总局关于对若干项目免征营业税的通知》等一系列相关政策，龙头企业在营业税、企业所得税、个人所得税、进出口税、车船使用税、印花税、房产税、城镇土地使用税等税种上享有税收减免优惠政策。同时，各地政府还通过帮助本地企业、大户改变经营理念、创新经营形式来培育本土的龙头企业，发挥本地企业和能人带动地区农业发展的作用。如山东诸城对重点龙头企业实施了一系列优惠政策，包括为农业龙头企业争取省财政贴息贷款、对带动农业发展效果良好的农业龙头企业进行扶持并给予物质奖励。

第三，为公司和农户间合作关系的建立提供信息、咨询、担保等服务。在农业产业化经营组织形成时期，农户和企业都缺乏相关经验和合作意识，双方之间存在较为严重的信息不对称问题和信任问题，严重阻碍了产业化经营组织的建立速度。为了帮助微观主体克服组织建立过程中的瓶颈，许多地方政府都参与到组织建立的过程中，发挥着帮助双方进行信息搜寻、法律咨询等作用，并借助自身权威地位提供信誉担保等，尽可能减少双方的信任问题，加快组织形成的速度。

2. 农业产业化经营组织发展阶段的政府行为

在农业产业化经营组织发展阶段，农户间的横向合作增强，各种农民合作组织替代了分散的农户成为与企业建立长期契约关系的主体。农业产业化经营组织的组织结构和规模都发生了重大变化，形成了以"公司＋合作组织＋农户"为主要形式的产业化经营组织。此时，政府的作用主要体现以下三个方面。

第一，为农业产业化经营组织的发展提供基础制度保障。农业产业化经营组织的发展需要配套的制度变革和支持，要求政府通过政策的实施和相关改革构建起有利于产业化经营的制度环境。在农业产业化经营组织的发展阶段，我国开始实施农村土地制度、农村社会保障制度等相关改革，为农业产业化经营和产业化经营组织的进一步发展提供了良好的基础制度保障。通过农村土地制度改革，允许土地承包经营权以多种形式流转，在不改变家庭承包制度的基础上放松了土地资源流动对于产业化经营组织发展的限制，推动了农业规模化、集约化经营的发展；通过农村社会保障制度改革，为广大农民提供了社会化养老、医疗保障，弱化了农民对于土地的依赖，为农村劳动力转移、农户土地多样化经营提供了保障和基础。农村相关制度的改革改善了农业产业化经营的制度环境，加快了产业化经营组织的发展。

第二，为农民合作经济组织的建立和发展构建法律环境。农民合作经济组织的形成和发展是农业产业化经营组织发展过程的重要环节，而各类合作经济组织的稳定运行需要国家以法律形式明确其地位、性质及权责，并制定相关政策引导其发展。在农民合作组织发展初期，各地方政府均给予其扶持和引导，并形成了鼓励合作组织发展的地方法规体系。2006 年，我国通过了《中华人民共和国农民专业合作社法》，这是我国首部专门规范和发展农民专业合作经济组织的全国性法律，也是中央首次以立法形式推进农民经济互助与合作组织的发展。

第三，参与到组织演进的过程中，推动农业产业化经营组织的发展。在发展阶段，各地方政府不仅为组织演进提供相关法律和政策保障，为其发展构建起制度环境，还积极参与到组织演进的过程中，引导和推动农民合作组织的发展及合作组织与企业间合作关系的建立。政府参与组织演进，能够节约农户和企业的交易费用，加快组织建立和发展的速度，推动农业产业化经营组织的快速发展。但是，政府过度参与也带来了强行要求农户参与合作组织、行政干预合作组织经营决策等违背主体意愿的问题，导致了部分组织存续周期短，不仅没有发挥促进农业产业化经营、增加农户经济收益的作用，反而成为阻碍农业发展和农户增收的因素。

8.2　我国农业产业化经营组织演进中政策环境的完善

各主体间行动的相互作用是推动组织演进的核心动力，而环境是影响主体行为的主要因素，在不同环境条件下，主体会采取不同的行动以增强自身的环境适应性，进而造成组织的演进方向、演进速度等的不同，因此，环境因素是组织演进过程中重要的影响变量。通过法规政策的制定和实施，为农业产业化经营组织的演进构建起完善的政策环境对于加快组织演进进程、推进组织的成熟和完善发挥着重要的作用。

8.2.1 尊重农户的主体地位，发挥农户在农业产业化经营组织演进中的作用

1. 以个体意愿为基础引导农业产业化经营组织的演进

农业产业化经营组织的演进是农户、企业等个体行动的结果，是农业经营个体根据外部环境条件做出的符合自身经济利益的行动选择。因此，政府等外界力量对农业产业化经营组织演进的作用应该体现在对个体行动外部环境的影响上，在顺应农户、企业意愿的基础上引导产业化经营组织的演进。许多地区政府为了追求农业产业化的实现速度，在不具备相应环境的情况下强行要求农户与企业签订长期契约，或者强制农户加入合作组织，部分地区甚至出现了合作社"大跃进"现象，在政府主导和强制下建立了大量合作社，这种急于求成的做法极大地损害了农户的利益，影响了当地农业的正常发展。

个体意愿是个体行动的基础，是组织演进的核心动力，在尊重个体意愿的基础上，政府可以通过实施优惠政策、协调主体间行动等方式帮助农户、企业克服合作瓶颈，引导农业产业化经营组织的演进。我国农业发展的地区间差异较大，各地区也存在着资源禀赋和发展条件的差异，农业产业化发展的程度和方式必然存在较大差别。例如，农业较为发达的地区已经实现了合作社联合化，建立起了较为成熟的"公司＋联合社＋合作社＋农户"组织，但在农业较为落后的地区，农户尚不具备合作意识和能力，也缺乏建立产业化经营组织的制度环境等，农业生产仍以分散的农户经营为主，在这些地区，政府不应该盲目追求"公司＋农户""公司＋合作社"等组织的数量，而应着手培育产业化经营的基础条件，通过对环境的改善激发农户实现产业化经营的意愿。

2. 保障农户在农业产业化经营组织中的利益

农业产业化经营的重要目标是通过农业生产方式的转变提高农业效率，进而增加农民的经济收入。在农业产业化经营组织运行过程中，应建立起有效的保障农户利益的机制，避免其他组织对农户利益的侵占。政府应该承担起为农户提供宣传培训、信息咨询、法律援助等服务的职能，增强农户对产业化经营的了解及出现违约问题时的自我保护能力。

在农业产业化经营组织的建立和发展过程中，由于缺少经验和对相关信息的掌握，不少农户实际上并没有真正了解产业化经营的收益及风险，只是在政府要求或在其他农户带动下加入产业化经营组织。对信息和法律知识的缺乏使农户利益时常受到侵害。例如，一些不法企业通过虚假合同欺骗农户，如以高价回收产品的承诺引诱农户高价购买公司出售的种子、化肥等投入品后企业就以宣告破产等方式消失。另外，在违约发生时，由于缺少法律知识和寻求法律保护的途径，

农户只能自行承担损失。为保障农户利益，政府应该发挥公共服务职能，为农户提供培训、咨询等服务，增加农户对于产业化经营相关知识的了解，并在农户利益受损时通过法律援助的形式帮助农户获得补偿。

3. 鼓励农民专业合作社及更高级合作组织的发展

农民专业合作社是通过农民利益联结而构建的农户间互惠互利的共同体，是农民间自愿联合、民主管理的互助性经济组织。在运行过程中，合作社能够以农户利益为核心，以保障和实现农户利益为组织目标，能够提高农户的市场谈判地位，以互助合作方式形成风险保障机制，降低农户的交易费用等，有效保护农户的经济利益。因此，鼓励农民专业合作社的发展，并推动其向更高级合作组织演进是保护农户利益的有效途径和长效机制。

一是应当按照"服务农民、进退自由、权利平等、管理民主"的要求，推进和扶持以农民专业合作社为主的农民合作组织的发展。进入 21 世纪以来，特别是《农民专业合作社法》颁布实施以来，全国各地农民专业合作社迅速发展，合作社数量以月均上万家的速度增长，合作规模也不断扩大。合作社的井喷式发展为农户间通过合作实现共同利益提供了组织载体，但是在实践中，出现了政府盲目追求合作数量，强制要求农户入社，政府干预合作社运行的问题，合作社的合作性弱化、行政性增强，并产生了同一地区、同一产品中多个合作社竞争等问题。为避免合作社行政化倾向，各地政府应严格遵守《农民专业合作社法》所设置的"成员以农民为主体；以服务成员为宗旨，谋求全体成员的共同利益；入社自愿、退社自由；成员地位平等，实行民主管理"等原则，明确政府对合作社的权责界限。另外，避免单纯地用合作社数量和规模作为考核基层政府行政能力的标准，而应重视合作社的运行情况及其为农户带来的实际增收效果。

二是在合作社运行良好、农业产业体系较为完善的地区鼓励合作社通过联合向合作社联合社发展。通过合作社间的联合建立起具备较大规模和较强实力的联合社，一方面能够从根本上扭转农业产业化经营过程中农户的弱势地位，使农业生产方获得优势谈判地位，享受较高比例的合作收益；另一方面，联合社建立后，能够向上下游产业延伸，建立农资投入品生产、农产品加工等部门，降低农业生产部门的成本、提高农产品增值能力，实现利润在产业环节上的转移。在具备条件的地区，政府应帮助合作社建立起联合关系，扶持合作社联合社的发展，并在法律上赋予合作社联合社明确的经济性质和法律地位。

8.2.2　充分发挥产业政策的作用，加快建立现代农业产业体系

现代农业产业体系的建立能够为农业产业化经营组织的发展和完善提供良好的外部环境，形成二者间相互促进、协同发展的共同演化模式。因此，通过发挥产业政策的作用，引导农业产业结构的调整和现代农业产业体系的建立能够带动

农业产业化经营的发展，推动产业化经营组织的演进。

1. 进一步规范农业投入品生产和流通秩序

在现代农业生产过程中，良种、化肥、农药、农机等农业投入品是影响农业生产效率及农产品质量的重要因素，也是农业经营利润的重要决定因素之一。在20世纪90年代国家进行农业生产资料流通体制市场化改革之后，我国农资生产和流通秩序得到了规范，但是农业投入品价格波动较大、假冒伪劣产品较多等问题仍然存在，给农业生产带来了严重的不良影响，阻碍了农业生产效率的提高和农业产业化经营的发展。因此，需要对农业投入品的生产和流通行业作出进一步的整顿和规范。

1)打破部分农资生产的垄断格局

目前，我国大部分农资生产行业都形成了以多元化生产主体为基础的竞争性行业结构，但以钾肥为代表的少数行业仍处于垄断状态。垄断企业通过转嫁成本的方式将能源价格上涨等因素直接转移给下游的农业生产部门，并借国家农资综合补贴等政策趁机提价，垄断格局的存在是我国农资价格持续上涨的重要原因之一。打破部分农资生产行业的垄断格局能够缓解我国农业生产成本过高的困境，国家应在完善对农资产品质量监督体系的前提下通过扩大进口权范围、扶持中小农资生产企业发展等政策打破部分行业的垄断格局，同时帮助农民合作社、合作社联合社等与农资生产企业建立长期购销关系，降低农资产品价格波动对农业生产的不利影响。

2)加快农资现代流通体系的建设

在目前的农资流通体系中，存在着中间环节多、运输成本和渠道成本高、竞争秩序混乱等问题，而加快现代流通体系的建设，构建起流通顺畅的农资流通环节是解决上述问题的根本。首先，应进一步减少中间环节，鼓励生产企业与使用者直接对接。中间环节的减少能够降低交易费用，有效降低产品价格，同时，通过农资生产与使用者的直接对接，促进双方以长期稳定的契约关系替代市场即时交易，还能够推进农业生产与上游环节的联合，推进农业产业化的发展。其次，降低农资运输成本。运输成本的不断提高是近年来农资价格上涨的另一个重要原因，应通过减免农资运输各种税费等手段降低运输环节的各种费用，控制农资价格不断上涨的趋势。最后，整顿行业秩序，发展连锁经营等模式。一方面，培育农资连锁销售等新的营销模式，从渠道上保证产品质量，另一方面，应推动农资零售行业的整合，避免过度竞争带来的产品质量下降、假冒伪劣产品增多问题。

2. 加强农产品质量管理和品牌建设

随着农业产业化经营的发展，我国已经形成了一批质量较高的特色农业品牌，但是大部分地区的农业生产仍以追求产量为目标，产品质量较差，缺少品牌意识，导致农业生产者缺少市场价格控制力，利润空间有限，并严重降低了我国农产品的国际竞争力。因此，加强农产品的质量管理和品牌建设是提升我国农业产业竞争力、提升农业生产利润空间的重要环节，也是解决农民长期面对的"谷贱伤农"困境、增加农户收入的重要途径。

1) 完善农产品质量管理体系

农产品质量较低和质量安全问题是我国农业生产中面临的重要问题，近年来，随着农产品质量问题的频繁曝光，消费者对农产品质量信任度下降，导致相关农产品价格暴跌，生产者受到了严重的冲击。因此，提升农产品质量不仅关系到国民的食品安全和身体健康，更关系到农业生产者的自身利益。对于政府而言，应通过建立健全农产品质量监管组织体系、质量标准体系、检验检测体系、质量认证体系及相关的法律法规体系五个方面形成完善的农产品质量管理体系，以外部监管增强农业生产过程中提升农产品质量的外部激励，改变我国农产品质量较低、竞争力不强的现状。

2) 引导特色优势农产品的品牌建设，以品牌带动农产品的市场竞争力

目前，我国农产品品牌建设推进工作取得了较大进展，商标注册量与地理保护标志量已经位居全球首位，但是，农产品品牌多为区域性小品牌，生产者也缺少对品牌资产的维护，导致许多农产品的品牌价值不高，难以发挥提高产品市场认知度和竞争力的作用。国家应引导特色优势农产品的品牌建设，以优惠措施和奖励政策鼓励和帮助合作社、协会、联合社等进行品牌的开发和管理，加强对品牌的保护力度，并通过政府宣传扩大品牌的影响力。

3. 建立现代化的农产品流通体制

农产品流通环节发展的滞后是制约我国农业发展和产业化经营进程的瓶颈。我国农产品流通环节存在着基础设施供给不足、流通环节浪费严重、流通环节成本高等问题。

1) 加强农产品流通基础设施建设，节约农产品流通费用

目前，我国农产品流通基础设施方面存在着农村道路等级低与路况差、现代化的冷藏储运设施不足等问题，导致农产品流通环节费用较高，如由于缺乏冷链物流条件，我国果蔬类农产品损失率高达 25%～30%。另外，大部分农产品批发

市场为股份制或私人企业，摊位费和管理费较高，而公益性质的农贸市场较少。针对上述问题，政府应增加对农产品流通环节的财政投入，加强道路交通、仓储等环节的基础设施建设，同时增加公益性农产品市场建设的投入，通过基础设施的完善为农产品流通环节的发展提供良好的条件。

　　2)发展多元化的流通模式

　　政府应鼓励农产品流通模式的多元化发展，形成各种多渠道、多主体优势互补的流通格局。一方面，大力发展生鲜农产品的产销对接模式。产销对接模式能够有效减少流通环节，节约交易成本。政府应因地制宜地发展以"农超对接"、"农餐对接"、"社区直送"和"批零对接"等为主要形式的产销对接模式。另一方面，鼓励农业加工企业在原材料产地投资建厂，围绕农产品形成产业集群，减少农产品在运输过程中的损耗，并促进农业生产与加工部门之间长期合作关系的建立。

8.2.3　完善农业产业化经营的公共环境

1. 明确农村公共品供给主体

　　完善农村公共品供给制度首先要明确公共品的供给主体，促进以政府为单一供给主体的公共品供给制度向多元主体供给制度转化。农村公共品供给主体的多元化能够拓展公共品资金来源，丰富公共品供给途径，对政府财政作出有益补充。因此，政府应该以经济手段鼓励和引导各种组织、个人进入农村公共品供给领域，并通过相关管理制度引导、约束其主体行为，形成多元化的农村公共品供给主体。根据农村公共品的性质和需求特征，形成多层次、多元化的供给主体。例如，农村大型基础设施建设、基层公共服务、农业科技研究等纯公共品应由各级政府通过财政转移支付提供，而各类准公共品具有服务范围小和排他性的特征，因此要积极发展多元化的农村公共品供给主体，积极引进民间投资，由市场主体供给部分农村准公共品，形成政府与私人的联合供给以及私人供给等多元供给形式。

2. 建立以农民需求为基础的农村公共品需求表达机制

　　完善农村公共品供给制度还要形成农村公共品的需求表达机制。在我国农村公共品供给制度中，广大农民的实际需求应该成为公共品供给的基本导向，而只有通过建立公共产品的农民需求表达机制，才能使农村范围内多数居民的需求得以体现。建立农村公共品需求表达机制，一方面，要加强基层民主政治建设。通过对乡镇党委的主要领导岗位采取公推直选的方式，将基层干部的选举权、监督权和罢免权交到广大党员和农民群众手里，通过民主选举和监督机制保证基层领导能够代表大多数农民的利益。另一方面，要提高农民的组织化程度，形成反映农民意愿、代表农民利益的各类农村集体组织。通过积极引导、培养农民合作组织，以制度保障农民合作组织的发展、壮大，形成以各类合作组织为主要载体的农民权益表达机制，改变农户在博弈过程中的弱势地位。通过加强基层民主政治建设和提高农民的组织化程度，为农民提供利益诉求和表达途径，使农民对公共品的需求信息能够准确地向供给者传达，形成农村公共品需求表达机制。

3. 形成城乡统一的公共品供给模式

完善农村公共品供给制度，需要形成城乡一体化的公共品供给模式。公共品供给差异也是城乡二元结构的重要表现，统筹城乡公共品供给是统筹城乡经济发展、缓解城乡经济差距持续扩大的关键。实现城乡公共品供给公平，第一，要建立起平等、统一的城乡公共品供给制度，将农村公共品供给纳入国家财政预算，并适当提高对农村公共品建设投资的财政支出比例；第二，形成统一的城乡公共品质量标准，特别是农村教育和医疗服务的质量，让农民能够就地享受到与市民同等的公共服务；第三，建立城乡一体的社会保障和社会服务制度，消除城乡公共服务壁垒，如就医、就学的地域限制等，平等地满足城乡居民的公共品需求。

4. 改革农村公共品供给的决策与监督机制

由于农村公共品供给涉及多部门间协调实施，并缺少统一的投资与建设标准，在实践中往往出现资金挪用和漏出、公共品质量差、管理混乱或管理者缺位等问题。所以，完善农村公共品供给制度，亟须改革农村公共品供给的决策与监督机制：第一，整合农村公共品投入资源，改变现有的各部门条块分割、重复投入的做法；第二，加强农村公共品供给的监督管理，将项目立项、评估、验收、维护等纳入规范化、制度化管理轨道，提高农村公共品供给的规范性；第三，引入第三方监督机制，在公共品建设项目中引入独立的审计机构和社会组织等第三方独立监督机构，形成独立、有效的农村公共品管理监督机制。

参 考 文 献

[1] 罗纳德·H.科斯.企业的性质[M]//奥利弗·E.威廉姆森等.企业的性质:起源、演变和发展.北京:商务印书馆,2007:22-37.

[2] 张五常.经济解释[M].北京:商务印书馆,2000.

[3] 周其仁.市场里的企业:一个人力资本与非人力资本的特别合约[J].经济研究,1996,(06):71-80.

[4] 邓宏图.组织与制度:基于历史主义经济学的逻辑解释[M].北京:经济科学出版社,2011:153.

[5] 詹姆斯·麦基尔·布坎南.同意的计算[M].北京:中国社会科学出版社,2000:48-65.

[6] 舒尔茨 T W.制度与人的经济价值的不断提高[M]//科斯等.财产权利与制度变迁.上海:三联书店,2003:251.

[7] 道格拉斯·诺思.理解经济变迁过程[M].北京:中国人民大学出版社,2008:45.

[8] 林毅夫.关于制度变迁的经济学理论:诱致性变迁与强制性变迁[M]//科斯等.财产权利与制度变迁.上海:三联书店,2003:373-378.

[9] 理查德·斯科特,杰拉尔德·F.戴维斯.组织理论:理性、自然与开放系统的视角[M].北京:中国人民大学出版社,2011:298.

[10] 邓宏图.组织与制度:基于历史主义经济学的逻辑解释[M].北京:经济科学出版社,2011:158.

[11] 罗必良.经济组织的制度逻辑——一个理论框架及其对中国农民经济组织的应用研究[M].太原:山西经济出版社,2000:25.

[12] 乔治·亨德里克斯.组织的经济学与管理学:协调、激励与策略[M].北京:中国人民大学出版社,2007:10.

[13] 邓宏图.组织与制度:基于历史主义经济学的逻辑解释[M].北京:经济科学出版社,2011:154.

[14] 艾丰.论农业产业化[N].人民日报,1995-12-11.

[15] 牛若峰.产业一体化:市场农业发展的基本模式[J].农业经济问题,1995,(06):10.

[16] 牛若峰.农业产业化:真正的农村产业革命[J].农业经济问题,1998,(12):31.

[17] 王能应.论农业产业结构调整与农业组织创新[J].湖北社会科学,2004,(04):103.

[18] 徐金海.专业化分工与农业产业组织演进[M].北京:社会科学文献出版社,2008:156-157.

[19] 杜肯堂.农业产业化的几个问题[J].财经科学,1997,(01):34-38.

[20] 潘耀国.也谈产业化.农民日报[N],1996-1-11.

[21] 宋佰谦,吴云.论农业产业化的内涵及相关的几个理论问题[J].学术论坛,1997,(06):36.

[22] 张文礼.农业组织制度创新与农业产业化经营组织模式选择[J].甘肃社会科学,2000,(06):62-64.

[23] 周立群,曹利群.农村经济组织形态的演变与创新[J].经济研究,2001,(01):69.

[24] 赵志龙."公司+农户"的现状与问题:文献回顾与评论[J].学海,2004,(04):202.

[25] 周立群,邓宏图.为什么选择了"准一体化"的基地合约[J].中国农村观察,2004,(03):2-3.

[26] 向冬梅.农业生产组织结构的类型与现代农业发展的选择[J].贵州大学学报(社会科学版),2006,(05):63.

[27] 牛若峰.农业产业化经营发展的观察和评论[J].新华文摘,2006,(11):53.

[28] 许淑琴.我国农业产业化经营组织模式探讨[J].学习与探索,2010,(03):174.

[29] 涂俊,魏守华,吴贵生.农业产业化经营组织模式与产业特征匹配性初探[J].经济经纬,2007,(04):102-104.

[30] 蒋永穆,王学林.我国农业产业化经营组织发展的阶段划分及其相关措施[J].西南民族大学学报(人文社科版),2003,(08):44-48.

[31] 蔡荣,韩洪云.农业经济组织演化的经济学解释[J].当代经济管理,2011,(03):55.

[32] 张培刚.新发展经济学[M].郑州:河南人民出版社,1992:286.

[33] 杨小东.农地承包制下农业经营组织的演进与绩效分析[J].农业经济问题,2009,(08):38.

[34] 刘洁.中国农业生产经营组织企业化的制度分析[M].北京:中国农业出版社,2009:26-27.

[35] 徐金海.专业化分工与农业产业组织演进[M].北京:社会科学文献出版社,2008:160.

[36] 亚当·斯密.国民财富的性质和增长的原因[M].北京:华夏出版社,2005:8.

[37] 黄凯南.现代演化经济学基础理论研究[M].杭州:浙江大学出版社,2010:78.

[38] 邓宏图.组织与制度:基于历史主义经济学的逻辑解释[M].北京:经济科学出版社,2011:80.

[39] Hannan M,et al. The population ecology of organizations[J]. American Journal of Sociology,1997,82(05):929-964.

[40] Nelson R,Winter S. An evolutionary theory of economic change[M]. Harvard:Harvard University Press,1982.

[41] Barnett W,Hansen M. The red queen in organizational evolution[J]. Strategic Management Jouranl,1996,17:139-157.

[42] 萨缪·鲍尔斯.微观经济学:行为、制度和演化[M].北京:中国人民大学出版社,2006.

[43] 杨虎涛.演化经济学讲义[M].北京:科学出版社,2011:105.

[44] 王冰,杨虎涛.制度变迁与两类企业家的作用——奥地利学派企业家理论的拓展与应用[J].当代经济研究,2003,(12):54-55.

[45] 陈新岗,张秀娈,邱元东.现代奥地利学派企业理论的最新进展[J].经济学动态,2011,(10):110-111.

[46] 多普菲.演化经济学——纲领与范围[M].北京:高等教育出版社,2004:139.

[47] 罗纳德·H.科斯.企业的性质[M]//奥利弗·E.威廉姆森等.企业的性质:起源、演变和发展.北京:商务印书馆,2007:22-37.

[48] 张五常.交易费用、风险规避与合约安排的选择[M]//R.科斯等.财产权利与制度变迁——产权学派与新制度学派译文集.上海:三联书店,2003:137-159.

[49] 奥利弗·E.威廉姆森.经济组织的逻辑[M]//R.科斯等.财产权利与制度变迁——产权学派与新制度学派译文集.上海:三联书店,2003:116-143.

[50] 奥利弗·E.威廉姆森.治理机制[M].北京:中国社会科学出版社,2001.

[51] 阿尔钦 A A,德姆塞茨 H. 生产、信息费用与经济组织[M]//科斯 R 等. 财产权利与制度变迁——产权学派与新制度学派译文集. 上海:三联书店,2003:59-87.

[52] 道格拉斯·诺思. 经济史上的结构和变革[M]. 北京:商务印书馆,1992:40.

[53] 道格拉斯·诺思. 理解经济变迁过程[M]. 北京:中国人民大学出版社,2008:55.

[54] 拉坦 V W. 诱致性制度变迁理论[M]//R. 科斯等. 财产权利与制度变迁——产权学派与新制度学派译文集. 上海:三联书店,2003:327.

[55] 林毅夫. 关于制度变迁的经济学理论:诱致性变迁与强制性变迁[M]//科斯等. 财产权利与制度变迁. 上海:三联书店,2003:371-403.

[56] 青木昌彦. 比较制度分析(中文版)[M]. 上海:远东出版社,2001:2.

[57] 周冰,靳涛. 青木昌彦的制度观与制度演化的进化博弈思想评析[J]. 江苏社会科学,2004,(03):61.

[58] 青木昌彦. 比较制度分析(中文版)[M]. 上海:远东出版社,2001:30.

[59] 牛晓凡. 西方产业组织理论的演化与新发展[J]. 经济研究,2004,(03):116-123.

[60] 余东华. 新产业组织理论及其新发展[J]. 中央财经大学学报,2004,(02):49-54.

[61] 罗必良,吴晨,刘成香. 两种不同农业产业化经营组织形式的选择逻辑[J]. 新疆农垦经济,2007,(03):33-37.

[62] 蔡荣,祁春节. 农业产业化组织形式变迁[J]. 经济问题探索,2007,(07):28-31.

[63] 杨明洪. 农业产业化经营组织形式演进:一种基于内生交易费用的理论解释[J]. 中国农村经济,2002,(10):11-19.

[64] 刘洁,祁春节. "公司+农户"契约选择的影响因素研究:一个交易成本分析框架[J]. 经济经纬,2009,(04):108-109.

[65] 周立群,曹利群. 农村经济组织形态的演变与创新[J]. 经济研究,2001,(01):69-74.

[66] 生秀东. 订单农业的契约困境和组织形式的演进[J]. 中国农村经济,2007,(12):35-38.

[67] 李彬. "公司+农户"契约非完全性与违约风险分析[J]. 华中科技大学学报(社会科学版),2009,(03):97-100.

[68] 张春勋. 关系契约与农产品交易稳定性研究[D]. 重庆:重庆大学博士学位论文,2010.

[69] 罗必良. 中国农业生产组织:生存、演进及发展[J]. 当代财经,2001,(01).

[70] 徐金海. 专业化分工与农业产业组织演进[M]. 北京:社会科学文献出版社,2008.

[71] 蔡志强,刘禹宏. 产业组织演进动力机制的经济学分析[J]. 天津商业大学学报,2008,(03):21-25.

[72] 孙天琦,魏建. 农业产业化过程中"市场、准企业和企业"的比较研究[J]. 中国农村观察,2000,(02):49-54.

[73] 蔡荣,韩洪云. 农业经营组织演化的经济学解释[J]. 当代经济管理,2011,(03):54-57.

[74] 曹阳. 多元化组织、市场化网络、组织共生[J]. 求索,2011,(11):5-17.

[75] 中央编译局. 马克思恩格斯文集(第 5 卷)[M]. 北京:人民出版社,2009:419(注 89).

[76] 中央编译局. 马克思恩格斯文集(第 1 卷)[M]. 北京:人民出版社,2009:207-211.

[77] 中央编译局. 马克思恩格斯文集(第 5 卷)[M]. 北京:人民出版社,2009:10.

[78] 中央编译局. 马克思恩格斯文集(第 10 卷)[M]. 北京:人民出版社,2009:459.

[79] 中央编译局. 马克思恩格斯文集(第 10 卷)[M]. 北京:人民出版社,2009:597.

[80] 中央编译局. 马克思恩格斯文集(第 10 卷)[M]. 北京:人民出版社,2009:597.

[81] 中央编译局. 马克思恩格斯文集(第 5 卷)[M]. 北京:人民出版社,2009:97.

[82] 中央编译局. 马克思恩格斯文集(第 5 卷)[M]. 北京:人民出版社,2009:10.

[83] 中央编译局. 马克思恩格斯文集(第 3 卷)[M]. 北京:人民出版社,2009:56.

[84] 中央编译局. 马克思恩格斯文集(第 1 卷)[M]. 北京:人民出版社,2009:42.

[85] 萨缪·鲍尔斯. 微观经济学:行为、制度和演化[M]. 北京:人民大学出版社,2006:72.

[86] 黄凯南. 现代演化经济学基础理论研究[M]. 杭州:浙江大学出版社,2010:19.

[87] 袁春晓. 产业组织演化论[D]. 成都:四川大学博士学位论文,2002:70.

[88] 戴维斯,诺思. 制度变迁的理论:概念与原因[M]//科斯等. 财产权利与制度变迁. 上海:三联书店,1994:270.

[89] 王军. 产业组织演化:理论与实证[M]. 北京:经济科学出版社,2008:56-57.

[90] 戴维斯,诺思. 制度变迁的理论:概念与原因[M]//科斯等. 财产权利与制度变迁. 上海:三联书店,1994:278.

[91] 余章宝,杨玉成. 经济学的理解与解释[M]. 北京:社会科学文献出版社,2005:95.

[92] 萨缪·鲍尔斯. 微观经济学:行为、制度和演化[M]. 北京:人民大学出版社,2006:73.

[93] 黄凯南. 现代演化经济学基础理论研究[M]. 杭州:浙江大学出版社,2010:104.

[94] 培顿·扬. 个人策略与社会结构——制度的演化理论[M]. 上海:三联书店,2006:33.

[95] 道格拉斯·诺思. 理解经济变迁过程[M]. 北京:中国人民大学出版社,2008:45-64.

[96] Brenner T. Agent learning representation-advice in modeling economic learning[J]. Handbook of Computation Economics,2006,(02):863.

[97] 章平,戴燕. 个体决策与学习行为:有限理性建模综述[J]. 南开经济研究,2006,(03):120.

[98] 邓宏图. 组织与制度:基于历史主义经济学的逻辑解释[M]. 北京:经济科学出版社,2011:202.

[99] 莱昂内尔·罗宾斯. 经济科学的性质和意义[M]. 北京:商务印书馆,2000:20.

[100] 王刚. 关于生态位定义的探讨及生态位重叠计测公式改进的研究[J]. 生态学报,1984,4(02):119-127.

[101] 萨缪·鲍尔斯. 微观经济学:行为、制度和演化[M]. 北京:人民大学出版社,2006:118.

[102] 袁纯清. 共生理论:兼论小型经济[M]. 北京:经济科学出版社,1998.

[103] 李梅英. 基于生物学的企业生态系统共生模式研究[J]. 江海学刊,2006,(06):90-95.

[104] 胡守钧. 社会共生论[M]. 上海:复旦大学出版社,2006.

[105] 程大涛. 基于共生理论的企业集群组织研究[M]. 杭州:浙江大学博士学位论文,2003:113-115.

[106] 李梅英. 基于生物学的企业生态系统共生模式研究[J]. 江海学刊,2006,(06):90-95.

[107] 张志明,曹钰. 集群企业共同创新的路径选择[J]. 经济纵横,2009,(06):92-94.

[108] 曹阳. 多元化组织、市场化网络、组织共生——当代中国农业生产组织现代化基本模式探析[J]. 求索,2010,(11):5-7.

[109] 杨博文,黄恒振. 基于共生理论的企业组织演化研究[J]. 西南石油大学学报(社会科学版),2008,(11):62.

[110] 黄珺. 中国农民合作经济组织形成机理与治理机制研究[M]. 长沙:湖南大学出版社,

2011:41.

[111] 乔根·W. 威布尔. 演化博弈论[M]. 上海:三联书店,上海人民出版社,2006:41.

[112] 罗伯特·艾克斯罗德. 对策中的制胜之道——合作的进化[M]. 上海:上海人民出版社,1996:73.

[113] 王雷. 合作的演化机制研究[D]. 杭州:浙江大学博士学位论文,2004:80-81.

[114] 杨群义. 关于发展农民专业合作社联合社的探讨[J]. 中国合作经济,2012,(04):55-56.

[115] 张晓山,苑鹏. 合作经济理论与中国农民合作社的实践[M]. 北京:首都经贸大学出版社,2010:165-166.

[116] 王小霞,牛福莲. 从合作社到联合社——黑龙江省讷河市农民合作调查[OL]. 中国农民专业合作社网. http://www.cfc.agri.gov.cn/.

[117] 郭晓鸣,廖祖君,孙彬. 订单农业运行机制的经济学分析[J]. 农业经济问题,2006,(11):15-18.

[118] 蒋永穆,王学林. 我国农业产业化经营组织发展的阶段划分及其相关措施[J]. 西南民族大学学报(人文社科版),2003,(08):45.

[119] 熊性美. 第二次世界大战后美国农业危机的一些资料和几个问题[J]. 经济研究,1961,(06):31-48.

[120] 黄少安. 从家庭承包制的土地经营权到股份合作制的"准土地股权"——理论矛盾、形成机理和解决思路[J]. 经济研究,1995,(07):34.

[121] 徐勇,邓大才. 社会化小农:解释当今农户的一种视角[J]. 学术月刊,2006,(07):5-10.

[122] 郑杭生,杨敏. 社会实践结构性巨变的若干新趋势[J]. 社会科学,2006,(10):109-110.

[123] 周建国,童星. 社会转型与人际关系结构的变化[J]. 江南大学学报(人文社科版),2002,(10):50-52.

[124] 詹姆斯·C. 斯科特. 农民的道义经济学:东南亚的反叛与生存[M]. 南京:译林出版社,2001:16-41.

[125] 西奥多·W. 舒尔茨. 改造传统农业[M]. 北京:商务印书馆,2007:32-43.

[126] 郭于华. "道义经济"还是"理性小农":重读农民学经典论题[J]. 读书,2002,(05):105.

[127] 费孝通. 乡土中国[M]. 上海:上海世纪出版集团,2007:6-9.

[128] 吴理财. 对农民合作"理性"的一种解释[J]. 华中师范大学学报:人文社科版,2004,(01):8-9.

[129] 秦晖. 传统与当代农民对市场信号的心理反应——也谈所谓"农民理性"问题[J]. 战略与管理,1996,(02):18-27.

[130] 宋圭武. 农户行为研究若干问题评述[J]. 农业技术经济,2002,(04):60.

[131] 刘滨,康小兰,王坷. 农民行为逻辑与合作能力:一个新的阐释视角[J]. 江西农业大学学报(社会科学版),2009,(06):30-34.

[132] 郭红东. 影响农户参与专业合作经济组织行为的因素分析[J]. 经济研究参考,2004,(63):29-31.

[133] 胡敏华. 中国农民合作行为的博弈分析[J]. 中国经济问题,2007,(01):48-55.

[134] 黄珺. 中国农民合作经济组织形成机理和治理机制研究[M]. 长沙:湖南大学出版社,2011:81-85.

[135] 黄祖辉. 农民合作：必然性、变革态势与启示[J]. 中国农村经济，2000，(08)：4-8.

[136] Helmberger H. Cooperative enterprise and organization theory[J]. Journal of Farm Economics，1962，(44)：275.

[137] 黄珺，朱国玮. 异质性成员关系下的合作均衡——基于我国农民合作经济组织成员关系的研究[J]. 农业技术经济，2007，(05)：39-43.

[138] 刘婷，刘含海. 影响我国农民专业合作社形成的因素分析[J]. 安徽农业科学，2008，(23)：10254-10256.

[139] 张晓山. 大户和龙头企业领办的合作社是当前中国合作社发展的现实选择[J]. 中国合作经济，2010，(03)：5.

[140] 茹靖. 农村专业合作组织的形成、运作现状及动因分析——以四川省群光村、民主村为例[J]. 西昌学院院报(社会科学版)，2010，(03)：93-95.

[141] 崔宝玉，刘峰，杨模荣. 内部人控制下的农民专业合作社治理——现实图景、政府规制与制度选择[J]. 经济学家，2012，(06)：85.

[142] 赵泉民. 农民合作经济组织发展困境分析——以机制问题为中心[J]. 贵州社会科学，2010，(10)：44.

[143] 郑有贵. 农民专业合作社金融支持路径与政策研究[J]. 农村经营管理，2008，(04)：26-30.

[144] 林丽琼. 破解合作社信贷融资困境：社会资本与制度安排——基于成村镇养猪协会会员联保贷款的案例分析[J]. 福建农林大学学报(哲学社会科学版)，2011，(06)：34-38.

[145] 黄健. 农民专业合作社融资情况及金融支持——对湖南156家农合社及94家基层金融机构的调查[J]. 金融经济，2011，(04)：116-118.

[146] 杨喻鹏，兰庆高. 农民专业合作社融资问题研究——基于辽宁省问卷调查[J]. 金融经济，2012，(04)：80-82.

[147] 李玉勤. 农民专业合作组织发展与制度建设研讨会综述[J]. 农业经济问题，2008，(02)：98-101.

[148] 崔宝玉，陈强. 资本控制必然导致农民专业合作社功能弱化么[J]. 农业经济问题，2011，(2)：40-47.

[149] 曼瑟尔·奥尔森. 集体行动的逻辑[M]. 陈郁等译. 上海：上海三联书店，1995：2.

[150] 皮埃尔·布迪厄. 文化资本与社会炼金术[M]. 上海：上海人民出版社，1997：202.

[151] 陶艳梅，景琴玲. 论农村社会资本在新农村建设中的作用[J]. 乡镇经济，2009，(04)：50-53.

[152] 贺雪峰. 村治的逻辑：农民行动单位的视角[M]. 北京：中国社会科学出版社，2009：220.

[153] 浦徐进，刘焕明，蒋力. 关联博弈视角下的农户合作经济组织治理研究[J]. 社会科学辑刊，2011，(06)：39.

[154] 牛喜霞，谢树芳. 新农村建设：重建农村社会资本的路径选择[J]. 江西社会科学，2006，(11)：132-136.

[155] 曹利群. 农村合作社的比较制度分析[J]. 南方论丛，2002，(12)：42-46.

[156] 青木昌彦. 比较制度分析[M]. 北京：中国社会科学出版社，2002：216.

[157] 杨明洪. 农业产业化经营组织形式演进：一种基于内生交易费用的理论解释[J]. 中国农村经济，2002，(10)：11-15.

[158] 周立群,曹利群.农村经济组织形态的演变与创新——山东省莱阳市农业产业化调查报告[J].经济研究,2001,(01):69-83.

[159] 杨明洪.农业产业化:作为一种契约型组织的效率及其决定[J].四川大学学报(哲学社会科学版),2002,(04):33-38.

[160] 生秀东.订单农业的契约困境和组织形式的演进[J].中国农村经济,2007,(12):35.

[161] 周立群,邓宏图.为什么选择了"准一体化"的基地合约——来自塞飞亚公司与农户签约的证据[J].中国农村观察,2004,(03):2-11.

[162] 家禽业亏损"公司+农户"违约多追索难[OL].人民网.http://finance.people.com.cn/nc/GB/146291/9292668.html.

[163] 池泽新,郭锦墉,陈昭玖,等.制度经济学的逻辑与中国农业经济组织形式的选择[J].中国农村经济,2003(11):61-65.

[164] 徐祥临.综合性合作社将成为我国合作社发展的重要方向[J].中国合作经济,2007,(01):24-25.

[165] 蒋永穆,王学林.我国农业产业化经营组织发展的阶段划分及相关措施[J].西南民族大学学报(人文社科版),2008,(08):44-48.

[166] 杨明洪.从"中心化模式"向"中间化模式"农业产业化经营组织演化分析[J].中州学刊,2008,(05):27-30.

[167] 李彬,范云峰.我国农业经济组织的演进规律与趋势判断[J].改革,2011,(07):88-95.

[168] 恰亚诺夫 A.农民经济组织[M].北京:中央编译出版社,1996:269.

[169] 郭晓鸣,廖祖君,付娆.龙头企业带动型、中介组织联动型和合作社一体化三种农业产业化模式的比较——基于制度经济学视角的分析[J].中国农村经济,2007,(04):44-45.

[170] 刘振邦.农业一体化的载体[J].中国供销合作经济,2001,(01):23.

[171] 杜吟棠.农业产业化经营和农民组织创新对农民收入的影响[J].中国农村观察,2005,(03):9-18.

[172] 冯开文,蒋燕,高颖.我国农村微观经济组织从农民组织化到农业一体化的变革[J].经济纵横,2010,(08):57-60.

[173] 储成兵.农民专业合作社联合社的内部治理结构研究[J].现代农业,2011,(12):109.

[174] 陈炳亮.不同学派的企业边界理论评析与研究展望[J].社会科学,2011,(10):55.

[175] 弗尔南德斯,冈萨雷斯,阿鲁纳达.零担货运运输业中的准一体化[M]//诺思等.制度、契约与组织.北京:经济科学出版社,2003:344.

[176] 威廉姆森.比较经济组织:对离散组织结构选择的分析[J].管理科学季刊,1991,36(02):269-296.

[177] 孙天琦,魏建.农业产业化过程中的"市场、准企业(准市场)和企业"的比较研究[J].中国农村观察,2000,(02):51.

[178] 生秀东.劣市场、准市场与农业产业化——"公司+农户"运行机制探析[J].农业技术经济,2001,(06):53-57.

[179] 周立群,邓宏图.为什么选择了"准一体化"的基地合约——来自塞飞亚公司与农户签约的证据[J].中国农村观察,2004,(03):2-9.

[180] 倪学志.准一体化的成本与收益:对呼和浩特地区农业产业化的考察[J].内蒙古大学学报

（人文社会科学版），2007，（05）：104-109.

[181] 苑鹏. 市场经济转型时期村级社区合作组织的功能转换探析——以三个村级社区合作组织的案例调查为例[J]. 农村合作经济经营管理，2001，（03）：10-12.

[182] 杜吟棠，潘劲. 我国新型农民合作社的雏形——京郊专业合作组织案例调查及理论探讨[J]. 管理世界，2000，（01）：161-168.

[183] 应瑞瑶. 合作社的异化与异化的合作社——兼论中国农业合作社的定位[J]. 江海学刊，2002，（06）：69-75.

[184] 哈特·格罗斯曼. 所有权的成本和收益：纵向一体化和横向一体化的理论[M]//陈郁. 企业制度与市场组织-交易费用经济学文选. 上海：人民出版社，1996：302.

[185] 苑鹏. 山西晋中犇牛奶农专业合作社联合社调查思考[J]. 中国奶牛，2011，（07）：12-14.

[186] 朱启臻. 联合社的作用远非经济——以黑龙江省讷河市大豆合作社联合社为例[J]. 中国农民合作社，2012，（04）：34.

[187] 哈特. 企业，合同和财务结构[M]. 上海：人民出版社，2008.

[188] 威廉姆森. 资本主义的经济制度[M]. 北京：商务印书馆，2001.

[189] 弗尔南德斯，冈萨雷斯，阿鲁纳达. 零担货运运输业中的准一体化[M]//诺思等. 制度、契约与组织. 北京：经济科学出版社，2003：344.

[190] 威廉姆森. 比较经济组织：对离散组织结构选择的分析[J]. 管理科学季刊，1991，36（02）：269-296.

[191] 杨瑞龙，聂辉华. 不完全契约：一个综述[J]. 经济研究，2006，（02）：105

[192] 倪学志. 准一体化的成本与收益：对呼和浩特地区农业产业化的考察[J]. 内蒙古大学学报（人文社会科学版），2007，（05）：108.

[193] 哈特，格罗斯曼. 所有权的成本和收益：纵向一体化和横向一体化的理论[M]//陈郁. 企业制度与市场组织-交易费用经济学文选. 上海：人民出版社，1996：302.